近代日本の
エネルギーと
企業活動

北部九州地域を中心として

荻野喜弘【編著】

日本経済評論社

はしがき

　本書『近代日本のエネルギーと企業活動――北部九州地域を中心として――』は，戦前期北部九州・山口地域を主たる対象に，近代日本の経済発展をエネルギーと企業活動という二つの側面から分析した論文集で，福岡経済史研究会による共同研究の最初の成果である。

　本書の発端は，編者である荻野喜弘が2007年3月に九州大学を定年退職するのに合わせて「近代日本の経済発展とエネルギー産業」というようなテーマで論集を編纂しようという話し合いが2006年初めにもたれたことに始まる。発案者の意識には，社会経済史学会編『エネルギーと経済発展』（西日本文化協会，1979年）を継承しつつ，30年後の「エネルギーと経済発展」をまとめてみたいという願望があった。この『エネルギーと経済発展』は，九州大学で開催された昭和52年度大会の共通論題「エネルギーと経済発展」の問題提起，各報告とコメントに加えて，関連する個別報告を再編集して刊行されたものである。この刊行を機に石炭を中心とするエネルギー史や地域史に関する研究が発展することになった。このような流れを汲む「福岡県史」編纂関係者および九州大学の日本経済史関係者の間から新たな論集編纂の話が持ち上がったのである。「エネルギーと日本経済」をキーワードとし，関係する研究者に呼びかけ，「論集研究会」（仮称）を発足させ，参加者の研究テーマに関する協議を開始するとともに，研究会活動の立ち上げを準備することになった。

　「論集研究会」は論集執筆予定者に限定することなく，広く「エネルギーと日本経済」に関心を寄せる研究者を組織することとなり，2006年頃から福岡で研究会を重ね，またメールによる打ち合わせを行ってきた。その結果，日本経済の展開について「地域経済」を軸に「エネルギーと企業活動」の側面から分析するという方向が固まり，2008年秋に論文執筆完了，2009年度刊行という計画を確定し，2度にわたる論文内容検討会を実施した。このような研究会活動

の積み重ねを踏まえて，研究会の名称を「福岡経済史研究会」と定めたのである。研究会名称の確定に際して，研究会は，「福岡経済圏」の経済史研究を主とするが，必ずしも地域を限定することなく，研究者の所属，在住地は問わない，福岡に拠点を置く共同研究の場であることを申し合わせている。

本書は，刊行の経緯から分かるように特定の課題と方法をもって編纂されたものではないが，次のような三つの観点を共有していたといえよう。

1．「地方」と「中央」の構造化という観点。日本経済は，統合された国民経済であると同時に地域経済の複合体であり，重層的構造をもった経済システムとして存在している。このような経済システムは，中央からの垂直的構造化と地方からの水平的構造化との複合的産物であり，それぞれの構造が重層的に絡み合う過程を「中央と地方の構造化」と呼ぶことにし，垂直的構造化と水平的構造化の接点に位置する「地域」の有り様を具体的に分析することによって，日本経済の構造的特質に迫ることが可能となるという観点である。

2．日本経済を「地域的展開」から分析するという観点。1により位置づけられた「地域」は，時間軸と空間軸との交差する地点で構造化されつつ展開する存在である。本書が対象とする時間軸は明治初期から戦時期に及び，空間軸は福岡県を中心に広範囲にわたっており，「地域」に現れる構造の時間的展開のうちに日本経済の歴史的特質を明らかにすることができるという観点である。

3．「地域経済」を統合的に分析する「企業活動」という観点。経済システムは，財政金融，生産，企業，労働という四つのサブシステムから構成されるが，企業はヒト，モノ，カネ，情報等に関する活動を通して，サブシステムを統合化する強力な機能を有しており，企業と政府の相互作用によって経済システムを構築する。このような立場からみれば，企業活動の分析によって，経済システム，地域に即していえば，「地域経済」の統合化の特質を明らかにしうるという観点である。

次に本書に収録する各章の概要を紹介し，そのうえでこれら三つの観点から本書の内容を総括的に示すことにしたい。

第1部「エネルギー」は石炭と電力に関わる四つの章からなる。第1章「両

大戦間期における三池炭の販売動向」(北澤満執筆)は，両大戦間期の三池炭の販売動向を検討し，輸出・内地送炭中心から船舶焚料・輸出・地元消費中心に転換したこと，とくに1930年代にはカルテル規制から分離・除外された外国船焚料と地元消費を重視する戦略を積極的に推進したことを明らかにする。

第2章「製糸経営と燃料問題」(榎一江執筆)は製糸業の石炭消費問題を論じている。製糸業における燃料消費の動向を検討し，1930年代には生糸産出量があまり変わらないなかで，生産糸当りの石炭消費量が半減したとし，燃料費を製糸経営における生産費問題として位置づけ，郡是製糸の事例も踏まえて，1920年代からの燃料費節約の取り組みの違いが，大規模経営の優位と零細経営の淘汰をもたらし，製糸業再編の促進要因となったと結論づける。

第3章「石炭窯の普及における地域的偏在——有田陶磁器業を中心にして——」(宮地英敏執筆)は，近代日本陶磁器業おける石炭窯の導入問題を検討する。陶磁器業では伝統的な登り窯方式の燃料費の削減が重要な経営課題であったが，東濃・瀬戸地方では石炭窯の導入によるコスト削減を実現し，有力産地としての地位を確立したのに対して，佐賀県有田地方では石炭窯の導入が遅れ産地としての地位の後退を招いたとし，その原因を有田が得意とする高級品生産の燃料に北部九州の石炭が不向きであったことを実証している。

第4章「昭和戦前期の大牟田地区における電力需給——三井三池鉱業所の電力戦略を中心として——」(荻野喜弘執筆)は，大牟田地区における電力連携に関して，三池炭の有効活用に端を発した三池鉱業所の電力拡充計画が，北部九州の電力企業の需給関係への対応，電力融通・協調行動の積み上げ，逓信当局の行政指導などによって共同火力発電に帰結し，北部九州において新たな段階での電力協調体制の創出と水火併用発電方式の実現をみたと結論づける。

第2部「企業活動」は鉄道企業，地方銀行，重工業経営，同業組合という多面的な企業活動を取り上げた五つの章からなる。第5章「明治期鉄道業における企業統治と企業金融——九州鉄道の事例を中心として——」(中村尚史執筆)は，明治期の非財閥系大企業として九州鉄道を取り上げ，中小株主と大株主との対立が専門経営者の地位と役割を相対的に上昇させたが，資金調達をめぐる

紛争のためその企業支配力には限界もあり，資金調達手段として社債よりもコストの高い増資を選択せざるを得なかったとし，明治期の非財閥系大企業の企業統治と企業金融のあり方は後発工業国タイプであったと主張する。

第6章「福岡銀行の成立過程――安田保全社と戦時銀行統合――」（迎由理男執筆）は，戦時期の銀行統合による福岡銀行の成立過程を事例に，地方銀行の統合過程において安田財閥系都市銀行と地方銀行との利害対立，大蔵省・日銀という金融行政当局の方針などの複雑な絡み合いを検討し，安田保全社・安田銀行にとって地方銀行は重要な役割を果たしており，安田財閥の影響力の排除を求める地方銀行の主張にもかかわらず，金融当局の調停により設立された福岡銀行に対して，安田側は支配権を維持することに成功したと結論づけ，戦時銀行統合における中央と地方との関係の解明に一石を投じている。

第7章「芝浦製作所の技術開発と技術者人事管理」（市原博執筆）は，機械工業の技術形成に関して，従来の学卒技術者への過大評価と「現場型技術者」の役割の軽視というこれまでの主張に対して，芝浦製作所における技術者に関する分析を踏まえて，機械工業における技術形成にとって，学卒技術者と「現場型技術者」の知識の融合が必要であるとし，芝浦製作所では，「現場型技術者」の上位身分への登用制度が戦時期に至るまで継続していたことを実証している。

第8章「官営八幡製鉄所創立期における労務管理の一側面――製鉄所附属病院を対象として――」（時里奉明執筆）は，創設期官営製鉄所の附属病院の労務管理機能について検討し，福利施設として，労働力の保全という立場から業務上の傷病には官費による治療を行い，また身体検査による労働力の質的管理を担当していたことなどを明らかにし，附属病院が個々の職工の身体管理を通じて当時の労働力管理という労務管理の一翼を担ったと主張する。

第9章「明治期における塩業組合――三田尻塩田大会所を事例に――」（伊藤昭弘執筆）は，近世，明治初期における最大の石炭消費産業であった製塩業に関して，明治期の山口県三田尻塩田大会所を事例として取り上げる。大会所は構成員が塩田所有者に限定されたが，実質は自作中心の構成であり，製塩業者の生産・販売を支援するものであり，産地金融の面では，近世以来の金融シ

ステムを大会所が保持金という共有財産の活用という形で吸収することになり，かかる塩業組合による金融機能が製塩業の継続的発展を可能にしたとする．

　以上の各章の内容を，前述の三つの観点，すなわち①地方と中央の構造化，②地域的展開からの日本経済への接近，③企業活動による経済統合という観点を踏まえて，エネルギーと企業活動に関して，地域と時代が抱えた産業経済的課題と重層的構造の特質を示すことにしたい．

　明治前期には，在来産業の再編成が重要課題となったが，第9章は，三田尻製塩業では同業者団体の再編成による産地金融システムの再構築によって近世から近代への移行が可能となったことを明らかにしている．三田尻大会所の設立は政府指導による同業組合の組織化に先立って進められたが，その先駆的役割は，同会所への製塩業者の結集が緊急課題の解決のために必要であり，会所の金融機能が製塩業継続の保障となった結果であったといえよう．

　明治後期には，重工業の産業的確立が課題であったが，本書は人事労務管理の側面からこの課題を取り扱っている．第7章は，東京立地の芝浦製作所において「現場型技術者」の役割が重要であり，同所での技術者養成制度の仕組みが分析されている．第8章は，地方立地の八幡製鉄所を取り上げ，福利厚生施設としての附属病院の事例分析から，官業経営，傷病の多発，地方立地などの要因を指摘している．両者の扱っている対象領域は異なるが，この時期の重工業経営を考える上で，東京立地の民間経営，地方立地の官業経営を対比的検討することの重要性を示唆している．またこの時期は幹線鉄道における企業経営の確立期でもあったが，第5章は九州鉄道を事例に，設備投資に関する資金調達問題を取り上げ，筑豊地域の運炭鉄道の整備を優先するか否かという地域利害の対立および財閥など自己資本中心の大株主と銀行借入金に依存する中小株主・銀行という株主利害の対立とを分析し，企業統治をめぐる株主，地域，経営者という重層的な企業構造を明らかにした．

　1920～30年代の時期では，不況期に経営の効率化と市場問題が重要な経営課題となったが，本書では「石炭」を取り上げ，石炭生産に関する従来の研究を前提に，石炭の販売と消費という需要サイドから接近している．第1章は，三

井という財閥資本が三池という立地に立脚した販売戦略を展開し，従来からの輸出市場を確保すると同時に，カルテル規制の及ばない外国船焚料と自家用炭を重視するという新たな市場戦略の展開がみられたとしている。第2章と第3章はエネルギー史研究において従来ほとんど言及のない石炭消費について，製糸業と陶磁器業を対象にコスト削減という企業活動の側面から検討している。第2章では，製糸業での取り組みを分析し，企業規模・立地条件による燃料費節約の実態を明らかにし，そのことが業界再編を促す要因となったと主張し，第3章は，陶磁器業では1910年代からの石炭窯導入の差異が産地の盛衰をもたらすことになるとともに，1920年代には石炭窯用の石炭も製品適合性とコストを重視した銘柄選択がなされたと結論づけている。在来的系譜の両産業において経営の効率化が企業や産地の消長にとってきわめて重要であった。

　1930年代から戦時期では，経済統制と地域経済との関連を取り上げている。第4章は北部九州の電力業の競合と協調に関して，電力業の地域的寡占市場の形成が当局の行政指導によって促されたことを明らかにし，第6章は福岡県の地方銀行の合同過程を取り上げ，地銀利害に配慮したきわめて強力な合同政策が推進されたが，安田財閥の存在を無視することができず，安田の支配権を許容した地銀合同になったとしている。

　このような内容をもつ本書の刊行は，近年の研究における中央集権化傾向に対して，多様な研究者を「地方」に結集し，研究成果を「地方」から問うことによって，地方における共同研究組織のあり方を示すという意義もあろう。福岡経済史研究会は，これからも本書に示された研究成果を継承しつつ，先にあげた三つの観点をさらに深め，戦後日本経済の地域的展開に関する共同研究をさらに意欲的に進めたいと念願している。

　最後になるが，日本経済評論社の栗原哲也社長，出版部の谷口京延氏に，執筆者のひとりである中村尚史を介してお目にかかり，本書の刊行をお願いしたところ，ご快諾をいただいた。専門書の出版事情の厳しいなかでのご厚情に厚く御礼申し上げる。

　　2010年2月　　　　　　　　　　　　　　　　　　　　荻野　喜弘

目　　次

はしがき　i

第1部　エネルギー

第1章　両大戦間期における三池炭の販売動向………北澤　満　3

　　はじめに　3
　　1　三池炭の需給動向概観　4
　　2　両大戦間期における三池炭輸出　10
　　3　船舶焚料用炭の増加　17
　　4　三池周辺需要の伸長　20
　　おわりに　23

第2章　製糸経営と燃料問題……………………………榎　一江　31

　　はじめに　31
　　1　製糸業と石炭消費　32
　　2　製糸経営と燃料費　40
　　おわりに　50

第3章　石炭窯の普及における地域的偏在
　　　　　――有田陶磁器業を中心にして――……………宮地英敏　55

　　はじめに　55
　　1　石炭窯の導入――有田を中心に――　56
　　2　石炭窯に適合的な石炭の条件　60
　　3　佐賀県技師による石炭品質分析の再検討　64

4　濃尾における石炭窯利用の変化と有田石炭窯　68
　おわりに　73

第4章　昭和戦前期の大牟田地区における電力需給関係
　　　　――三井三池鉱業所の電力戦略を中心として――
　　　　　　　　　　　　　　　　　　　　　　　　……………荻野喜弘 81

　はじめに　81
　　1　昭和初年の三井三池鉱業所における電力需給　85
　　2　九州共同火力発電の設立と電力供給　95
　　3　大牟田地区における電力需給関係の事例　103
　おわりに　110

第2部　企業活動

第5章　明治期鉄道業における企業統治と企業金融
　　　　――九州鉄道の事例を中心として――……中村尚史 119

　はじめに　119
　　1　企業統治と経営紛争――1899年における九州鉄道の経営紛争――　120
　　2　企業統治と資金調達問題――九州鉄道の負債選択――　124
　おわりに　132

第6章　福岡銀行の成立過程
　　　　――安田保善社と戦時銀行統合――……迎　由理男 137

　はじめに　137
　　1　日銀・大蔵省の金融機関統合政策　139
　　2　安田財閥と関係地方銀行　141
　　3　統合前の福岡の地方銀行　146

4　福岡県銀行の統合過程　154
　　おわりに　166

第7章　芝浦製作所の技術開発と技術者人事管理
　　………………………………………………市原　博　173

　　はじめに　173
　　　1　学卒技術者の蓄積と「現場型技術者」の役割　174
　　　2　技術形成と「現場型技術者」の役割　179
　　　3　技術人材の育成　188
　　　4　人事制度と技術者のキャリア　190
　　おわりに　197

第8章　官営八幡製鉄所創立期における労務管理の一側面
　　――製鉄所附属病院を対象として――………時里奉明　201

　　はじめに　201
　　　1　病院の開院　204
　　　2　病院の拡張　217
　　おわりに　231

第9章　明治期における塩業組合
　　――三田尻塩田大会所を事例に――………伊藤昭弘　237

　　はじめに　237
　　　1　組織　239
　　　2　財務構造　241
　　　3　金融システム　250
　　おわりに　256

索　引　261

第1部　エネルギー

第1章 両大戦間期における三池炭の販売動向

北澤 満

はじめに

 本章は，両大戦間期における三井鉱山株式会社三池炭鉱産出炭（以下，炭鉱については「三池炭鉱」，産出炭については総じて「三池炭」と略称）の販売動向について解明することを課題とする。周知のように三池は，第二次大戦前・後を通じて，日本最大級の出炭・販売量を誇った炭鉱であった。当然ながらその生産・流通には注目が集まり，石炭産業史・炭鉱労資関係史・炭鉱経営史研究などの分野において，数多くの論考が発表されている。

 ただし，三池炭の販売動向に関する分析は，石炭産業が輸出産業の中軸であった明治期に集中しており[1]，内需産業化した第一次大戦期以降に関しては，主たる研究対象が労資関係を中心とする生産過程に集中している傾向がある[2]。しかし，すぐ後に確認するように，石炭産業界における三池炭の地位，三井財閥（三井鉱山・三井物産）内部における三池炭の地位は，当該期に低下しつつも，依然として高かった。また，三池炭の販売動向は，その特殊な炭質から他炭のそれとは大きく傾向を異にしており，全般的な趨勢と同一視することはできない。この問題について，資料に基づきつつ個別具体的に確認することは，石炭流通史・炭鉱経営史研究において，当然必要な作業であるといえよう。

 以下では，まず三池炭販売の概要を明らかにした上で，1920年代後半以降に比率を減少させつつ，しかし数量的には大きな地位を占め続けた輸出販売の動

表1-1　両大戦間期における国内炭の送炭先

	内地送炭	(%)	輸出	(%)	移出	船舶焚料 内国船	外国船	合計	(%)	鉄道納炭
1923年	13,505,274	53.9	1,369,387	5.5	189,258	—	—	3,288,287	13.1	1,481,091
1924年	14,566,264	53.4	1,526,344	5.6	245,029	—	—	4,027,225	14.8	1,562,522
1925年	14,116,706	50.9	2,496,360	9.0	219,060	3,186,238	625,860	3,812,098	13.7	1,564,913
1926年	14,797,321	50.6	2,471,648	8.5	303,666	3,508,050	789,952	4,298,002	14.7	1,664,710
1927年	15,314,259	51.9	2,078,441	7.0	336,599	3,547,177	651,802	4,198,979	14.2	1,591,744
1928年	15,574,875	52.5	2,054,038	6.9	323,052	3,523,962	641,442	4,165,404	14.0	1,671,938
1929年	16,185,642	52.7	1,978,216	6.4	316,895	3,471,287	683,165	4,154,452	13.5	1,723,723
1930年	14,329,004	52.2	1,890,504	6.9	370,302	3,164,901	539,859	3,704,760	13.5	1,572,937
1931年	13,243,498	54.8	1,307,127	5.4	333,763	2,914,021	384,992	3,299,013	13.6	1,542,259
1932年	14,101,529	57.2	1,059,077	4.3	377,968	2,786,912	461,545	3,248,457	13.2	1,414,017
1933年	17,023,518	58.0	1,284,356	4.4	528,944	2,942,419	650,050	3,592,469	12.2	1,590,406
1934年	18,008,162	56.9	1,041,019	3.3	559,572	3,020,538	696,043	3,716,581	11.8	1,674,962
1935年	18,768,288	56.0	978,485	2.9	687,156	3,081,926	806,914	3,888,840	11.6	1,713,991

出典：奥中孝三編『石炭鉱業連合会創立十五年誌』石炭鉱業連合会，1936年，38～39頁。

向，および20年代前半以降において船舶焚料需要が増加していく要因について検討する。その後，主として1930年代に増加する「地元消費」，すなわち三池炭鉱内における山元焚料と，周辺企業需要の増加について分析する。まずは，三池炭の販路について，具体的な見取図を作成することが本章の主たる目的であるが，船舶焚料については技術的な変化が，輸出と地元消費については制度（カルテルによる統制）との関係が，主要な論点となる。

1　三池炭の需給動向概観

まず，表1-1によって，両大戦間期における国内炭全体の送炭先を確認しておこう。先行研究によって指摘されているが，工業化の進展に伴い，第一次大戦期以降においては，国内炭の送炭先は国内需要が中心となっていった[3]。1920年代前半には「内地送炭」（植民地を除く国内への送炭）が5割を超過しており，その後も漸増して，33年には58％を占めるに至る。他方，「輸出」は1923年において約6％程度と，その地位はすでに低かった。その絶対量については，1923～26年の期間において100万トン近い伸びを示していることも目をひくが，1927年には40万トンほど減少しており，その後は33年を例外として減

地売その他		合　計
	（％）	（単位：トン）
5,217,226	20.8	25,050,523
5,350,343	19.6	27,277,727
5,521,797	19.9	27,730,934
5,711,110	19.5	29,246,457
5,967,219	20.2	29,487,241
5,876,097	19.8	29,665,404
6,344,819	20.7	30,703,747
5,599,967	20.4	27,467,474
4,448,098	18.4	24,173,758
4,443,838	18.0	24,644,886
5,310,901	18.1	29,330,594
6,624,126	20.9	31,624,422
7,457,950	22.3	33,494,710

少し続け，1935年には100万トンを割り込んだ（約3％）。

「船舶焚料」は，両大戦間期を通じて1割台前半の比率であった。1920年代半ばまでは数量・比率とも漸増していき，26年には15％近くを占めている。しかし，これが当該期におけるピークであり，昭和恐慌期にかけて減少していく。また，昭和恐慌からの回復過程においても伸び悩んでおり，石炭需要が急激に伸びている1935年においても，20年代半ばの水準まで回復しなかった[4]。

こうした全国的な状況を念頭においた上で，三池炭の送炭先について表1-2で確認する。同表は1915～36年における三池炭の送炭量，および送炭先を示している。まず，「送炭量合計」を確認すると，1920年恐慌後（21年）に大幅な減少を示すが，20年代半ば以降は着実に増加（25年の減少については表注を参照）し，29年には250万トンを突破している。昭和恐慌期には，1920年代のピーク時から60万トン程度の低下を示すが，その後回復し，36年には再度250万トンを突破している。前掲した全国送炭量に占めるシェアは当該期においておおよそ7～8％台であり，特に昭和恐慌期に伸びていた[5]。

次に，送炭先について大まかな動向を検討していく。これも周知の事実であるが，1910年代以前における三池炭の販路の中心は，東アジア・東南アジア向けの輸出であった。同表によっても，1915年時点では全体の約44％を「輸出」が占めていたことがわかる。その後，両大戦間期を通じて比率は低下傾向にあったが，数量は大幅には減少していない。特に1920・26・29・33年などは，前年と比較して大幅に増加していたのである。これらの年が，1933年を除けばいずれも市況が停滞していたとされる時期であったことも指摘しておきたい。また，1930年代にかけて比率が低下したとはいえ，前掲表1-1でみたように，1930年代における全国送炭量に占める輸出量の比率は3～5％程度であったの

表1-2 三池炭の送炭先

	船舶焚料				輸出	(%)	内地送炭	(%)	地元消費			
	外国船	内国船	合　計	(%)					三染	三窒	三煉	電化
1915	66,706	113,393	180,099	10.1	779,089	43.6	457,302	25.6	151,946		1,127	
1916	44,710	116,208	160,918	8.4	804,473	42.0	554,228	28.9	166,292		1,032	109
1917	59,336	101,646	160,982	8.1	807,025	40.7	531,225	26.8	233,047		1,382	3,696
1918	39,951	114,514	154,465	8.0	664,608	34.5	566,525	29.4	246,887		4,946	7,714
1919	90,020	131,130	221,150	11.4	640,829	32.9	556,588	28.6	219,083		11,198	13,863
1920	101,218	103,981	205,199	10.6	729,541	37.5	490,774	25.2	254,349		19,765	12,983
1921	136,766	114,470	251,236	15.9	557,970	35.2	298,953	18.9	202,415		14,547	10,801
1922	165,230	217,271	382,501	20.6	661,500	35.6	386,095	20.8	158,919		16,053	11,273
1923	150,858	240,823	391,681	21.5	633,009	34.7	398,756	21.8	153,531		19,429	13,470
1924	274,982	308,644	583,626	31.2	542,101	29.0	266,873	14.3	237,012		20,323	7,939
1925	191,862	293,335	485,197	26.8	614,420	34.0	272,690	15.1	191,941		16,964	13,161
1926	272,564	472,479	745,043	31.2	888,048	37.2	285,634	12.0	234,610		18,064	14,787
1927	255,539	574,743	830,282	35.9	701,828	30.3	298,874	12.9	274,285		22,923	12,767
1928	172,765	596,767	769,532	30.2	696,037	30.2	298,866	13.0	300,032		64,853	16,375
1929	234,789	647,180	881,969	34.8	762,873	30.1	342,930	13.5	300,667		75,607	15,085
1930	208,384	522,518	730,902	32.6	737,639	32.9	254,675	11.4	283,647		72,043	16,408
1931	151,708	489,925	641,633	31.2	580,037	28.2	315,480	15.3	312,715	1,322	68,188	16,298
1932	195,098	427,307	622,405	32.5	548,216	28.6	239,579	12.5	287,117	7,764	65,061	14,534
1933	276,317	568,285	844,602	35.5	684,363	28.8	325,567	13.7	338,880	3,509	69,226	14,722
1934	279,472	621,435	900,907	37.9	498,289	21.0	405,293	17.1	386,901	8,690	62,306	12,215
1935	347,448	622,923	970,371	39.1	475,199	19.2	411,801	16.6	415,828	27,568	56,483	12,362
1936	254,590	616,256	870,846	34.6	410,953	16.3	358,441	14.2	544,976	60,891	53,047	11,776

出典：三井鉱山株式会社三池支店受渡課編「三池炭の需給概観」1959年6月（九州大学所蔵，九州大学記録資料館編収）により作成。

注：「地元消費」の正式名称は，「三染」＝三井染料工業所，「三窒」＝三池窒素工業（のち東洋高圧工業），「三煉」共同火力。1924年までは暦年，25年は1～11月，26年以降は前年12月～当年11月。

で，三池炭の販路に占める輸出の地位は，他炭と比較すれば依然として相当に大きかったといえよう。

他方で「内地送炭」についても，三池炭は全国的な動向と大きく異なる。「輸出」と同様に1920年代を通じて比率が低下しており，30年代にはやや持ち直すが，それでも「輸出」や「地元消費」を超えることはなかった。全国動向と比較すれば，一貫して販路に占める地位が低かったのである。

当該期において，数量・比率とも大きく伸長したのが「船舶焚料」である。外国船・内国船のいずれについても数量を大幅に増加させており，1929年には合計で約88万トン（約35％）の送炭であった。昭和恐慌のダメージからの立ち直りも早く，1934年には20年代の水準を突破し，翌35年には約97万トン（約

九同	合計	（%）	山元焚料	（%）	送炭量合計
	153,073	8.6	218,477	12.2	1,788,040
	167,433	8.7	229,434	12.0	1,916,486
	238,125	12.0	246,551	12.4	1,983,908
	259,547	13.5	282,302	14.6	1,927,447
	244,144	12.5	284,327	14.6	1,947,038
	287,097	14.8	232,237	11.9	1,944,848
	227,763	14.4	249,098	15.7	1,585,020
	186,245	10.0	243,812	13.1	1,860,153
	186,430	10.2	215,827	11.8	1,825,703
	265,274	14.2	214,572	11.5	1,872,446
	222,066	12.3	213,264	11.8	1,807,637
	267,461	11.2	202,608	8.5	2,388,794
	309,975	13.4	171,567	7.4	2,312,526
	381,260	16.5	161,154	7.0	2,306,849
	391,359	15.4	156,508	6.2	2,535,639
	372,098	16.6	146,954	6.6	2,242,268
	398,523	19.4	123,874	6.0	2,059,547
	374,476	19.5	131,122	6.8	1,915,798
	426,337	17.9	98,629	4.1	2,379,498
	470,112	19.8	100,177	4.2	2,374,778
41,576	553,817	22.3	69,102	2.8	2,480,290
157,612	828,302	32.9	47,982	1.9	2,516,524

『石炭研究資料叢書』第30輯，2009年，5〜87頁にも所
＝三池製煉所，「電化」＝電気化学工業，「九同」＝九州

39％）を記録している。これも，1920年代後半以降は停滞的に推移した全国の動向とは対照的であった。

当該期において「船舶焚料」とならんで大きく伸びたのが「地元消費」と「山元焚料」である。1915年時点でも合計で40万トン近い送炭量を示しているが，1920年代を通じて，特に「地元消費」の数量が増加し，昭和恐慌期にもさほど停滞しないまま，1936年には合計約88万トンとなっている。両者のうち，「山元焚料」は後述するように「地元消費」へと振り替えられていっており，その結果として1930年代にわずかな数量を占めるのみとなった。

このように三池炭は，国内炭一般と比較すると需要先の動向が大きく異なっていた。その最大の要因として，三池炭の特殊な炭質がある。三池炭の特質としては「灰分ノ割合ニ発熱量ノ高キコト粘結率ノ大ナルコト硫黄分ノ高キコト」などが挙げられている[6]。

当該期における三池炭主要銘柄の炭質は，表1－3の通りである[7]。塊炭・粉炭は大きさによる区分であるが，洗小塊は小塊炭を水洗して，悪石を除去したものである。当該期の三池炭鉱においては，小塊炭はすべて水洗し，洗小塊として市場に出していたとされる。他方，錆塊・錆粉は風化によって表面が錆色を呈しているものを呼ぶ。外観は見劣りするが，商品としては他の三池炭とそれほど異なることがなかった，とされている。

三池炭はいずれの炭種も発熱量が非常に高いが，他炭鉱の石炭と比較して，著しく硫黄分・粘結性も高かった。この硫黄分と粘結性の高さが，一般工場用

表1-3　三池炭の炭質

(単位：カロリーは cal/g，その他は%)

	水　分		灰　分		揮発分		固定炭素		硫黄分		発熱量	
	1927年	1934年	1927年	1934年	1927年	1934年	1927年	1934年	1927年	1934年	1927年	1934年
三池塊炭	0.57	0.62	8.92	9.38	37.34	41.60	53.17	48.00	3.25	3.42	7,978	7,865
三池洗小塊	—	—	8.69	8.03	38.63	—	—	52.68	—	3.18	2.65	7,930	7,990
三池粉炭	0.57	—	12.04	12.77	36.30	—	51.09	—	3.68	2.99	7,703	7,422
三池水洗粉	1.07	—	11.12	9.00	35.01	40.69	52.75	49.42	3.12	2.64	7,763	7,904
三池錆塊炭	0.52	0.70	13.33	10.18	38.62	39.02	47.53	50.49	3.57	3.01	7,835	7,918
三池錆粉	0.84	0.56	13.64	14.02	35.30	41.42	50.22	44.00	3.60	3.79	7,589	7,539
田川四尺	—	2.78	—	8.39	—	40.08	—	48.78	—	0.31	—	7,241
大之浦塊炭	—	1.90	—	11.00	—	42.22	—	44.88	—	0.37	—	6,980
新入塊炭	—	2.80	—	16.50	—	38.00	—	42.70	—	0.40	—	6,500

出典：三池支店受渡課編「三池炭の需給概観」26～28頁，門司鉄道局運輸課『沿線炭鉱要覧』(1935年1月)。
注：三池以外の銘柄炭，および「三池水洗粉」の「1934年」データについては，1935年分を表示した。

表1-4　1919年度三池炭需要予想

(単位：トン)

	三池塊炭	三池洗小塊	三池錆塊	三池粉炭	三池錆粉	合　計
海外需要	427,000	181,500	28,900	287,000	—	924,400
内地需要	—	85,000	36,000	394,150	3,700	518,850
自家用炭	30,500	2,000	101,000	23,000	2,400	158,900
合　計	457,500	268,500	165,900	704,150	6,100	1,602,150

出典：三井物産石炭部「石炭会議々事録・三池鉱山三池，筑豊炭及ビ松島炭会議」大正7年9月（米国国立公文書館所蔵，RG131・Entry#71・Box#1458）。

炭としての使いづらさにつながっていた。ただし，三池洗小塊と水洗粉は1927年時点で相対的に硫黄分が低かったが，昭和恐慌期にはさらにその値を下げ，いずれも2.6台となっていたことにも注目する必要があろう。

次に，炭種ごとの需要先について確認しておこう。このようなデータは断片的にしか把握できないが，1919年度における需要予想を表1-4に，1930年代における実際の送炭先を表1-5に示した。両表に明らかなように，炭種によって需要先は大きく異なっていた。表1-4によれば，三池塊炭・洗小塊といった塊炭類の需要先は海外が中心であり（同表では外国船焚料も「海外需要」に含まれると推測される），「内地需要」には粉炭が対応していた。「内地需要」の内容は判明しないが，明治期より利用されていた塩田・鍛冶用のほか，後述する内国船焚料や，一部を混炭した上で工場用炭として利用されていた[8]。錆

表1-5　三池炭の受払(1930年代)

1930年　　　　　　　　　　　　　　　　　　　　　　　　　　　　　　(単位：千トン)

	塊炭	洗小塊	その他塊炭類	粉炭	錆塊・錆中・錆切	錆粉	乙錆粉	その他	合計
供給	553	662	62	2,449	155	625	105	207	4,819
四山汽船積	291	51	0	268	52	95	0	34	791
四山帆船積	1	0	3	2	0	0	0	2	7
汽船焚料	149	37	0	331	19	98	0	96	729
横須浜積出	8	11	1	61	1	22	0	1	105
汽車積出	3	22	0	12	0	16	0	2	55
地売商	0	0	0	1	6	18	0	1	26
コークス原料	0	0	0	77	0	125	43	2	247
自家用焚料	0	0	54	9	25	30	62	64	243
払出合計	452	121	58	761	104	403	105	201	2,204

1933年　　　　　　　　　　　　　　　　　　　　　　　　　　　　　　(単位：千トン)

	塊炭	洗小塊	その他塊炭類	粉炭	錆塊・錆中・錆切	錆粉	乙錆粉	その他	合計
供給	588	243	61	1,221	85	263	73	74	2,607
四山汽船積	299	64	0	291	58	126	0	0	838
四山帆船積	1	8	0	16	0	12	3	4	44
汽船焚料	246	146	1	456	10	13	0	14	886
横須浜積出	7	2	0	39	0	38	6	3	97
汽車積出	0	0	0	6	0	11	0	4	22
地売商	0	0	2	0	1	13	0	4	20
コークス原料	0	0	0	153	0	27	45	4	228
自家用焚料	0	0	53	105	8	13	19	37	236
払出合計	553	221	57	1,067	77	253	72	70	2,369

1935年　　　　　　　　　　　　　　　　　　　　　　　　　　　　　　(単位：千トン)

	塊炭	洗小塊	その他塊炭類	粉炭	錆塊・錆中・錆切	錆粉	乙錆粉	その他	合計
供給	589	263	50	1,553	102	260	52	135	3,004
四山汽船積(輸出)	296	37	0	89	49	16	0	0	186
四山汽船積(移出)	0	0	0	75	2	83	0	0	160
汽船焚料(内国船)	26	45	0	550	12	2	0	0	635
汽船焚料(外国船)	184	115	0	0	0	0	0	41	340
四山帆船積	2	20	0	32	0	21	2	4	81
横須浜積出	14	12	0	35	0	67	3	3	134
汽車積出	0	0	0	6	0	15	0	6	28
地売商	0	0	1	0	2	12	0	3	18
コークス原料	0	0	0	248	0	10	33	1	291
自家用焚料	0	0	45	156	20	18	13	40	292
払出合計	522	228	46	1,190	85	243	50	99	2,464

出典：「石炭受払表」自昭和5年上季至昭和7年上季，自昭和8年1月至昭和11年12月(三池2167・2168)。
注：「供給」は(各月頭の貯炭＋各月の出炭量)×12(ヶ月)。

塊は17万トン程度の予想であるが，過半を「自家用炭」として利用する予想が立てられていた。なお「自家用炭」には，山元ボイラー用や三池港湾内における小汽船・曳船用焚料などが含まれている。

次に表1-5を検討する。同表の「四山汽船積」は，ほぼ輸移出を意味しているが，塊炭類（塊炭・洗小塊など）はほとんどがこの四山汽船積，および汽船焚料としての送炭であった。また汽船については，1935年のみ外国・内国を区分した数量が判明するが，塊炭類の供給は外国船向けが多く，粉炭類はほとんど供給されていなかった。塊炭類のうち，「その他塊炭類」と錆塊は自家用での需要が中心だが，その数量は多くない。

粉炭は当該期において大幅に「払出」（需要）を伸ばしている（「供給」は，1930年度に大量の貯炭が発生していたため，形式的に同年度が大きい）が，その輸移出は停滞的であり，35年には払出合計の1割程度（約16万トン）を占めるにすぎなくなる。この点は，1910年代後半と大きく異なっている。他方で数量を拡大したのが汽船焚料であり，とりわけ内国船焚料については1935年における粉炭需要の約5割を占めていた。

また粉炭に関しては，船舶焚料以外の内地需要（四山帆船積・横須浜積出・汽車積出など）は少なく，当該期においては「コークス原料」・「自家用焚料」といった需要が増加していたことも確認できる。前掲表1-2でみた「地元消費」・「山元焚料」の1930年代における増加は，粉炭供給の拡大を中心としてもたらされていたのである。

以下の節では，三池炭の販路として重要な位置を占めた輸出・船舶焚料・地元消費の動向について，それぞれ詳しく分析していく。

2　両大戦間期における三池炭輸出

まず，両大戦間期における三井物産全体の石炭輸出量，および三池炭がそこに占めた位置について確認しておこう[9]。三井物産全体の石炭輸出決済高は1920年代前半には100万トン台前半であったが，同年代半ばに大幅に増加し，

ピークの26年度には約218万トンであった。その後は急激に減少していくが，1934年度までの期間において100万トンを下回ったのは32年度（約89万トン）のみである。この数値を前掲表1-1でみた全体の輸出量と比較すると，かなりの比率を三井物産による輸出が占めていたことがわかる[10]。

また三池炭の，三井物産の石炭輸出に占める地位も同様に高かった。1920年代においては低い期で4割，高い期では5割台後半の比率を示していた。また，昭和恐慌期以降は多くの期で6割台となり，特に1934年度上期には約8割という高率となっている[11]。三池炭輸出は，前述のように1920年代後半以降の減少幅が小さく，当該期において三井物産の石炭輸出に占める地位を高めていたのである。

また，これは三井物産販売炭に限ったことではないが，上期と下期でかなり数値に開きがある。全体としては，当然ながら需要期である上期（前年11月～当年4月）の輸出量の方が多かった。ただし，三池炭についても，三井物産全体についても，両大戦間期で最大の数値を示す1926年度は下期の方が多く（三池炭の場合，上期約51万トン，下期約57万トン），その後28年度（同じく上期約41万トン，下期約44万トン）・29年度（上期約44万トン，下期約52万トン）と，下期の数量が多い期が存在する。こうした傾向については，年度内における炭況の変動のほか，三池炭の売炭方針によるものも大きい。

分析対象時期よりややさかのぼるが，第一次大戦期の好況下における売炭会議でのやりとりにも，その点がよくあらわれている。当該期においては，国内石炭需要に対する供給が不足しており，それに対する三池炭の充当が提案されていた。特に三井物産石炭部の渡瀬四郎は「一体ニ三池炭ヲ海外ニ出シ過ギル様思ハル。今後ハ時機ヲ見テ内地ニ紹介スル事ヲ努メ度シ」と明確に従来の方針（＝輸出中心主義）からの転換を主張した。これに対し，三井鉱山常務の牧田環は「三池炭ノ内地売ハ不況時代ニ内地炭界ヲ荒ス事トナラザルヤ。三池炭ハ最モ輸出向ナリ。之等ヲ考フレバ三池炭内地売ハ自殺行為ニ非ズヤト思フ。要スルニ長年月ニ亘ル三井ノ発展ヲ考フル事トシタシ」と反対し，意見が対立している[12]。

表 1-6　三池炭の輸出量

(単位：トン)

年	上　海	香　港	シンガポール	鴻　基	バタビヤ	マニラ	その他	合　計
1920	210,630	171,060	158,910	22,040	36,920	88,120	35,750	723,430
1921	162,620	171,370	106,690	17,420	17,080	64,240	18,170	557,590
1922	221,990	149,110	120,120	2,170	15,950	42,740	107,640	659,720
1923	216,380	145,600	108,620	7,240	62,490	63,090	24,400	627,820
1924	220,170	162,950	30,790	13,780	5,550	47,130	43,530	523,900
1925	289,540	135,270	119,840	15,210	8,010	16,140	51,215	635,225
1926	373,270	102,270	211,140	14,530	22,560	15,530	74,800	814,100
1927	243,510	147,710	182,250	21,520	9,860	13,910	52,020	670,780
1928	299,780	112,410	146,460	16,460	8,550	6,160	48,800	638,620
1929	271,370	149,410	223,490	18,290	8,740	17,400	67,460	756,160
1930	284,880	125,960	188,260	23,930	4,440	15,860	66,190	709,520
1931	298,520	82,030	144,070	21,880	4,840	15,600	44,110	611,050
1932	121,230	174,140	180,580	14,290	—	12,220	39,950	542,410
1933	180,800	235,570	197,840	8,720	—	6,610	28,780	658,320
1934	71,570	192,360	208,430	5,080	—	6,300	7,110	490,850
1935	27,560	213,110	198,210	10,670	—	—	12,700	462,250
1936	—	237,010	192,260	10,670	—	3,350	10,770	454,060
1937	—	200,460	253,010	3,080	—	7,370	8,330	472,250

出典：三井鉱山株式会社『三池港務所沿革史・第九巻商事・会計』(五十年史稿72-2)。

　その後の動向を確認すると，輸出から船舶焚料・地元消費へという需要の変化があるとはいえ，三池炭販売の方針は大筋で牧田の考える方向（＝一般的な国内販売の回避）で展開していった。特に，国内の石炭市況が悪化したとされる時期に，輸出量は増加，ないし維持の傾向を示している場合が多い。前述したように，反動恐慌期の1920年や送炭調節が強化された1926年に大幅に増加していることからも，国内市場（船舶焚料を含む）への供給が困難な際に，調節弁として利用される側面を有していたのである。

　送炭調節が強化される1930年代には，とりわけこの側面が強く反映されている。三井鉱山は，1934年に輸出分（外国船焚料を含む）を国内の送炭調節量から分離させ，事実上の統制外におくことに成功しているが，これが地元消費・山元焚料を送炭調節から分離させたこと（後述）と並んで，当該期における三池炭（ひいては三井物産取扱炭）販売の自由度を大幅に高めたことは重要であ

表1-7　香港・広東・江門揚輸出量

(単位：トン)

	三井物産	(%)	三菱商事	(%)	開平	(%)	山下	太古	鈴木	その他	合計
1919年	402,988	41.0	72,318	7.4	134,013	13.6	12,282	76,692	10,329	273,213	981,835
1921年	515,168	36.7	64,690	4.6	264,975	18.9	3,482	109,880	73,270	371,872	1,403,337
1923年	525,974	36.4	83,943	5.8	228,051	15.8	43,608	77,579	138,567	347,396	1,445,118
1925年	509,726	38.8	173,942	13.2	98,594	7.5	84,652	50,383	32,399	364,496	1,314,192

出典：三井物産株式会社香港支店長「大正十五年度支店長会議資料」(物産388)。

る[13]。

　以上のような三井物産全体の輸出状況を踏まえた上で，具体的な輸出先を表1-6によって確認しよう。これ以前の時期と同様に，その多くが上海・香港・シンガポールなど，東アジア・東南アジア向け輸出であり，1931年までは上海向け輸出が常に首位を占めていた。ただし，1927年には上海の数値が大幅に減少し，それをカバーするほどではないが香港の数値が上昇している。また，前掲表1-2にみた1929年における輸出量の増加に際しても，上海は逆に減少しており，香港やシンガポール・マニラにおける増加が貢献していたことがわかる。

　上海市場における三池炭の販売動向については，資料上の制約により詳細に明らかにすることはできない。1927年における上海向け輸出の減少は，主として「商況不振」によるものとされる[14]。ただ，この時点における輸出減退は1928年には終息しており，上海でも昭和恐慌期まで30万トン程度の販売を行っていた。

　1932年における上海向け輸出の大幅な減少は，上海事変とそれに伴う日貨排斥が最大の要因である。ただし，この際においても香港・シンガポールへの輸出増加が，全体としての減少幅を抑えていることが確認できる[15]。また，1934年における上海向け輸出のさらなる半減については，輸入税率の引き上げが影響したと推測される[16]。

　次に，断片的にではあるが考課状類が残存している香港支店・シンガポール支店・マニラ支店について，具体的な販路を検討していく。上海に次ぐ三池炭の輸出市場であった香港（および広東）に関しては，1920年代半ばについて，

表1-8　海外支店の三池炭取扱高

(単位:トン)

	銘柄	香港			シンガポール			マニラ		
		荷物	焚料	合計	荷物	焚料	合計	荷物	焚料	合計
1922年度上期	三池塊	65,186	63,620	128,806						
	三池錆塊	863	13,423	14,286						
	三池洗小塊	24,078	46,579	70,657						
	三池粉	44,303	620	44,923						
	合計	134,430	124,242	258,672						
1928年度上期	三池炭				47,184	25,608	72,792			
1929年度上期					28,115	48,224	76,339			
1929年度下期					72,324	49,266	121,590			
1931年度下期					4,471	29,750	34,221	10,746	1	10,747
1934年度上期					67,306	30,107	97,413			
1936年度下期					54,669	30,734	85,403			

出典:三井物産各支店「考課状」各期(米国国立公文書館所蔵)。
注:各期の取扱高を示す。ただし,シンガポールの1931年度下期の数値は売約高。

資料が存在する[17]。

　まず,表1-7によって,香港・広東市場への輸出における三井物産の地位をみる。同表の「三井物産」の数値は,前掲表1-6にみた三池炭の香港輸出量の数値よりはるかに大きいが,これは同表が三池炭以外の香港輸出量を含んでいることのほか,香港支店の管轄に広東・サイゴンが含まれること,本表が支店の「取扱高」を表示していること,などに起因する(表1-8も同様である)。1919年には4割を超えており,25年でも38.8%と,競合企業と比較してかなり優位に立っていた[18]。以下,三菱商事・開平が10%内外で続いているが,特に1925年における三菱の伸びが著しかった。また当該期において,三井物産の取り扱う石炭のなかでは,撫順炭の数量が急増している。1920年には4万トン弱であったが,1925年度には約17万トンへと増加した[19]。社会的な混乱の影響を受けていること(開平),日本国内市場の調節弁としての側面を有していること(日本の商社各社)などにより,国内需要と比較して,それぞれの浮き沈みが激しいことも特徴の一つである。

　表1-8は,海外各支店における三池炭の取扱高について,「荷物」・「焚料」別に表示している。同期における需要先としては,「荷物」・「焚料」がほぼ

半々程度であった。この区分は，三井物産が取り扱った時点で「荷物」であったか，「焚料」であったかを示しているに過ぎないので，「荷物」といってもすべてが陸上需要であったわけではなく，やはり焚料中心といえよう。ただし，香港における焚料炭についても，1920年度に約31万トンであった三池炭の「外港渡」が，25年度には約15万トンへと半減しているように，1920年代前半において大幅に減少していた，という側面もあった[20]。

　1922年時点における重要契約先としては太古社・青筒線など海運関係が多いが，青島セメント・広東電灯・九龍倉庫などの名前も挙がっている（ただし，三池炭のみを供給しているわけではない）[21]。また，広東における生糸工場同盟罷業の影響を受けていることから，ここにも多少の需要があったことがうかがえる。

　シンガポールに対する三池炭の輸出は，上海・香港に次ぐ地位を占めている。また，シンガポール支店が取り扱う商品における石炭の地位も綿製品・セメントに次ぐ重要なものであった。ただし，シンガポール市場における三井物産の地位は1920年で約25％，24年が1割，25年で2割程度と，上海・香港と比較するとかなり低かった[22]。競合する企業としてバターフィールド・英印汽船・Mc. Alister & Co. などが挙がっているが，いずれも1～2割程度のシェアであった。炭種としては，地理的な関係からオーストラリア炭・南亜（マレーシア）炭・蘭領印度炭の比重が大きかったが，為替相場の状況や需要先の要望によって，英国炭が需要されることもあった。このように，三井物産自体のシェアはそれほど大きかったわけではないが，そのシンガポール輸出に占める三池炭の位置は非常に高く，1920年・25年のいずれにおいても9割前後を占めていた。これは，シンガポールにおける石炭需要の中心が船舶焚料であるため，三池炭の品質と合致していたことが大きかった。

　1929年におけるシンガポール支店の考課状によると，1927～28年にかけては，シンガポールにおいても華商による排日運動の影響が大きく，また同時期以降は再び南亜炭との競合が激しくなっていったことが指摘されている[23]。

　マニラ支店については，これら支店と傾向が異なる。前掲表1-6で確認し

表1-9 三井物産マニラ支店の約定先（1931年度下期）

(単位：トン)

約定先	炭　種	数　量	摘　要
メラルコ（荷物）	撫順粉炭	25,000	6月/12月渡
メラルコ（荷物）	撫順粉炭	60,000	来年中渡
マドリガル社（荷物）	撫順塊炭	20,000	大連渡
マドリガル社（焚料）	撫順塊炭	400	シンガポール渡
マドリガル社（荷物）	夕張洗中塊	20,000	室蘭渡
マドリガル社（荷物）	夕張特洗粉	20,000	室蘭渡
マドリガル社（荷物）	夕張洗中塊	650	室蘭渡追加
マドリガル社（荷物）	金包里塊炭	900	基隆渡
マドリガル社（荷物）	四脚亭切込炭	700	基隆渡
マドリガル社（焚料）	四脚亭切込炭	200	基隆渡
マドリガル社（荷物）	松島洗中塊	400	セブ渡追加契約
米陸軍（荷物）	三池洗小塊	2,000	マニラ渡
米陸軍（荷物）	三池再篩炭	5,233	マニラ渡
米陸軍（荷物）	三池再篩炭	8,062	コレキドル渡
米海軍（荷物）	三池洗小塊	4,000	オロンガポ渡
地売諸口（荷物）	撫順塊炭	2,416	
地売諸口（荷物）	撫順粉炭	124	
地売諸口（焚料）	撫順塊炭	668	
アンキー社（焚料）	撫順塊炭	360	大連渡
地売諸口（荷物）	三池洗小塊	14	
地売諸口（焚料）	三池洗小塊	201	
地売諸口（焚料）	鴻基粉炭	110	
地売諸口（荷物）	室蘭コークス	29	
地売諸口（荷物）	東京瓦斯コークス	102	
合計		171,569	

出典：三井物産株式会社馬尼拉支店「昭和六年下半期考課状」(RG131・Entry#71・Box#1449)。

た通り，三池炭のマニラへの輸出は，前述した各市場と比較すると（特に1920年代半ば以降は）かなり少ない。この点は表1-8でも確認できるが，同時に焚料扱がほとんど存在しないのも大きな特徴である。しかし，三井物産のマニラ輸出量全体を確認すると，少なくとも1920年代にはシンガポールを上回っていた。また，マニラ市場における三井物産の地位も高く，1920年には市場全体の33％（約20万トン），1925年には約35％（約17万トン）のシェアであった。ただし三井物産が首位ではなく，マドリガル（1925年のシェア約61％）が半数以上を占めていた[24]。1931年度の考課状を確認すると，同社と三井物産との間

で, マニラ市場に関して何らかの販売協定を結んでいたようである[25]。

マニラ支店については, 表1-9によって主要約定先の一覧を確認することができる。当該期マニラ市場における三池炭の約定高は2万トン弱程度であり, 約定先はほとんどが軍関係であった。1920年代後半から昭和恐慌期にかけて撫順炭の売込が増加するのは他の海外市場 (および日本国内市場) と同様であったが, マニラにおいて特徴的なのは台湾炭 (四脚亭炭など) と北海道炭礦汽船 (以下,「北炭」と略称) 夕張炭の数量が多かったことである。台湾炭は距離的な関係が大きいと考えられるが, 北海道炭にはその面での (三池炭に対する) アドバンテージはない。当該期において, 北炭は海外販売を三井物産に委託しているので, 三井物産内部において炭種ごとの海外販売市場の棲み分けがあったのではないかと思われる[26]。また, 夕張炭の利用区分がいずれも「荷物」であり, 粘結性の高い夕張粉炭が多く需要されていることから, マニラはシンガポールと異なって, 船舶焚料以外の需要先がそれなりに多かったことも推測できる。この点も, 三池炭の輸出が相対的に少ないことの理由となりうる。

3 船舶焚料用炭の増加

第一次大戦期以降における三池炭の船舶焚料需要の増加に関しては, 新鞍がすでに指摘しているように, 1910年代に始まる三池炭の焚き方指導と, 三池洗小塊のブランド確立が重要である[27]。

前述のように, 三池炭はその炭質のために船舶焚料としても最適というわけではなかった。特に問題となったのが粉炭である。明治期より三池炭は海外で需要されてきたが, これは主として三池塊炭に対するものであり, 前掲表1-5にみられるように, 1930年代に至っても, 海外需要 (輸出・外国船焚料) の大部分は塊炭類であった。元来, 塩田用や鍛冶用にしか用いられていなかった三池粉炭を, いかにして国内船舶に利用させるかが問題となったのである。

三池築港が完成した1908年以降, 同港で焚料を積み込む船舶が増加した。ただし三池炭については, 三池塊炭のほか比較的粘結性の弱い錆塊や, これに錆

粉を混ぜた錆切炭は利用されていたが，粘結性の強い三池粉炭のみでボイラーを焚くことはできず，これについては筑豊炭（田川炭・山野炭）などを混炭していた。その数量は，1914年で約7,000トン，20年には約23,000トンに達した[28]。輸送費を考えれば当然ながら余分なコストである。価格が相対的に安く，コークス，および塩田用以外に大した販路のない三池粉炭が，船舶焚料用炭として単独で利用できるようになることが望まれていたのである。

最初にこうした状況に変化をもたらしたのが，三井物産船舶部・弘中機関長によるボイラー，および焚き方の改良であった。火床，および汽罐部の「ファイヤバー」を改造し，通風をよくする，というのがその内容であった。

これによって，まず三井物産社有船は三池粉炭のみで焚料利用することができるようになった。前掲表1-4に示した「自家用炭」のうち，社有船焚料は塊炭30,000トン，粉炭17,000トン，洗小塊2,000トン，錆塊80,000トンと，依然として錆塊が中心だが，粉炭も相当に利用（が予想）されていた[29]。また，1935年度については三井物産船舶部焚料を中心とする「準自家用炭」（後述）の炭種別需要内訳が判明するが，同年度の総量約19万トンのうち，粉炭が約15万トン，錆粉が約1万トンであり，塊炭類は2万トン弱に過ぎなかった[30]。断片的ではあるが，物産社有船における粉炭利用の進展がうかがえよう。

しかし社有船以外の船舶に関しては，第一次大戦期までは旧態依然であり，普及は進まなかった。この部分については，1920年恐慌以後に三池炭の利用が進展したとされている。

そのきっかけとしては，当該期における（特に海運界における）不況と，それに伴う燃料費節減の必要性，および1922年に三池港の内港北側が浚渫され，特に船舶の来航が増加したことなどが要因として挙げられる[31]。ただ，当初は三池炭を焚き慣れないために，その炭質に起因する苦情も多かった。このため三井物産では，1923年に「三池炭焚方ト概念」という小冊子を来航船に配布しており，これも普及に一役買っている。

以下にその要点をまとめておこう[32]。前出の弘中は，焚火の三要素として「釜換」・「スライサー」・「通風」を挙げる。とりわけ三池炭のような粘結性の

強い石炭を焚く場合（それゆえにクリンカーの発生によって通風を妨げてしまう場合）には，「釜換ノ精疎巧拙」の影響が非常に大きいと指摘する。同時に三池炭には火付きが悪いという特徴もあるため，釜換の際に火種を絶やさないように，灰・クリンカーを掻き出す方法の工夫を強調している。

スライサーは，特に「焚焼中白熱セル火ノ架床ニ粘着スルヲ防ギ以テ通風ヲ助ケ燃焼ヲ良クスルニハ最モ必要ナル火具」である。遠洋航路においては，2〜3本の予備のスライサーを用意すること，その使用の要点を会得すること，形状に注意することが説かれている。

上記二点に留意することで自然と通風は良くなるわけだが，その上で送風管の弁の調節・通風路の気密に注意を促している。さらに「火層ノ厚サ」，「ファイヤバーノ間隙」などについて，塊炭焚きと粉炭焚きでは異なることを説明している。結果として，いくつかの作業については焚き手の負担増につながっているが，三池炭の灰分の少なさや，火力の強さによる投炭量の減少が，これを相殺することになる，と結ぶ。

こうした三井物産側の努力と，選炭・洗炭の徹底などによる三池炭自体の品質向上（前掲表1-3参照）により，特に内国船焚料の粉炭需要増加は著しかったが，1930年代に至っても三池港内における曳船・浚渫船の焚料は錆塊・錆中塊が中心であった[33]。しかし，1930年代半ばにおいては全体として石炭需給が逼迫したため，こうした小船についても粉炭（沈殿炭などの雑炭も含む）の利用が促されることとなった。実施に際しては，元三井物産船舶部機関長の名草由之介（弘中の助手を務めていた）が，曳船肥俊丸に対して1カ月にわたって焚き方指導を行った，とされる[34]。

他方，外国船舶の焚料としての利用は，これとは異なる経路をたどった。外国船舶や海外輸出については，前述の通り大正初期より三池塊炭や三池洗小塊を積み込んでいた関係もあり，当該期には大きな問題は生じていなかった。また前掲表1-5で確認したように，1935年に至っても外国船焚料の炭種は塊炭類が中心であり，粉炭類はほとんど供給されていなかった。当該期の汽船焚料における粉炭需要の増加は，もっぱら内国船においてみられたのであり，三池

表1-10　山焚料の内訳（1937年度上期・予想）

	坑所ボイラー用炭	坑所発電所用炭	ガス発電所用炭	坑所工作場用炭	坑所雑用炭	坑所コークス・ガラ・煉炭製造用炭	坑所所在の諸工業用炭	運炭鉄道（専用線）用炭
筑豊	224,383	65,220	47,058	5,089	8,937	79,286	―	340
北海道	33,211	35,508	―	4,370	62,344	45,740	―	760
常磐	21,745	9,100	―	1,702	4,288	675	―	―
肥筑	35,135	2,100	―	720	840	9,690	―	―
宇部	14,790	―	―	―	5,050	―	―	―
その他	9,840	51,240	―	916	410	820	―	250
三池	9,726	32,643	―	1,402	3,364	267,680	248,303	2,239
合計	348,830	195,811	47,058	14,199	85,233	403,891	248,303	3,589

出典：三井鉱山株式会社「石炭連合会関係」自昭和十二年一月至昭和十二年六月（三池2034）。

炭販売に関する限り，外国船と内国船では炭種面で大きな相違があったのである。とりわけ昭和恐慌期に，20万〜30万トン程度の塊炭（類）販売を確保できていたことは，三井物産・鉱山の経営に良好な影響を与えたといえよう[35]。

また外国船焚料の増減は，国際情勢の変化とも密接に結びついている。例えば，前述のように上海への輸出が激減した1932年度においては，上海寄港を回避した外国船舶が三池・基隆などで焚料積取を行ったため，前掲表1-2にみられる通り，三池炭の外国船焚料需要は増加し，焚料炭の市況は好転していた[36]。

4　三池周辺需要の伸長

前述の通り，輸出の比率が2割台にまで低下した1930年代において，これを代替したのは内地送炭ではなく，船舶焚料，および三池炭鉱周辺における需要（前掲表1-2における「地元消費」と「山元焚料」）の増加であった。

ただ，これら需要の比率が，両大戦間期において急激に増加し始めたわけではない。1910年代においても，「地元消費」と「山元焚料」を合計すれば20％程度の比率を占めていた。同時期においては，山元焚料が20万トン以上，これに対して地元消費はほとんどが三池染料工業所（以下，三池染料と略称）による消費であった。

運炭鉄道(会社線)用炭	小蒸気船用炭	その他	合計
120	—	950	431,383
4,780	—	—	186,713
—	—	—	37,510
—	50	—	48,535
—	690	—	20,530
—	3,060	146	66,682
—	3,103	—	568,460
4,900	6,903	1,096	1,359,813

(単位：トン)

まず，「地元消費」の側から検討しよう。三池染料は，1893年に三井鉱山三池コークス工場として設立されたが，1916年にアニリン・アリザリン染料の工場，硝酸・塩酸などの工場を設置しており，1910年代後半における同所の石炭消費の増加はこれによるものが主であったと考えられる（1918年に三池染料工業所と改称）。コークスの原料としては，両大戦間期には水洗粉炭・未洗粉炭や，沈殿炭などが利用されていた[37]。

　三池製煉所[38]も1,000トン台とわずかではあるが，1910年代より消費が確認される。その後1920年代前半は1万トン台の消費であったが，1928年に3倍近くに増加し，以後7万トン近い需要がみられる（34年以降，やや減少している）。これは発生炉用の石炭について，当初は田川炭鉱の伊田小塊（灰分が多かったため，のちに同じく筑豊炭である山野塊炭に代替）を用いていたものが，1923年以降三池炭の使用に成功したために，増加をみたものであり[39]，前述した内国船舶焚料需要の拡大と軌を一にしている。

　三池窒素については1931～32年は三池窒素工業のみの値，33年以降は東洋高圧との合計値と推測される（1937年に三池窒素は東洋高圧と合併）。1930年代前半には1万トン未満の消費に過ぎないが，35年に大幅に増加している。これは，同年における硫安工場の操業開始によるものであろう[40]。

　他方「山元焚料」については，内容をはっきりと把握することはできないが，1937年度上期における石炭鉱業連合会（以下，「連合会」と略称）の「山焚料」予想数量が判明する（表1-10）。これらを利用して，おおよその実態を推測する。1936年度における前掲表1-2「地元消費」と「山元焚料」の合計が1年で約88万トンであり，37年度は需要が大幅に増加することが予想されていたから，表1-10における三池の「山焚料」の合計数値（半期約57万トン）は，表1-2の「地元消費」と「山元焚料」の合計とおおよそ一致すると考えて差し

支えあるまい[41]。三池の「山焚料」合計は，一炭鉱で全国合計の約42％を占めていた。1921年に定められた連合会の送炭調節規定では，この部分は送炭に含まれない（すなわち，統制に服する必要はない）部分とされていたので，この事実はきわめて重要である。

前掲表1-2と1-10では項目名がかなり異なるので，若干の整理が必要であろう。表1-10で特に三池の数量が大きいのは「坑所コークス・ガラ・煉炭製造用炭（以下，「コークス・ガラ等」と略）」と「坑所所在の諸工業用炭（以下，「諸工業用炭」と略）」であり，特に後者は，全国で三池のみで計上されている。三池同様に，炭鉱周辺地域で重化学工業化が進行した宇部の諸炭鉱（沖ノ山・東見初など）についても，全く適用されていなかった[42]。

その「諸工業用炭」のうち，約16万トンは九州共同火力（以下，九同と略称）用炭であり，これは1936年11月の連合会理事会で「山焚料」扱いとなることが決定されたものであった[43]。また，「コークス・ガラ等」の多くの部分はコークス原料用炭であったが，これも1934年5月の連合会理事会で「山焚料」扱いが決定している。前掲表1-2に示された三池染料・三池窒素・三池製煉などの需要のうち，コークス原料用として利用されている石炭が表1-10では「コークス・ガラ等」で表され，九同用炭とコークス以外の「地元需要」炭が「諸工業用炭」に含まれたものと推測される。表1-2の「山元焚料」には，表1-10の項目でいえば「坑所発電所用炭」・「坑所ボイラー用炭」・「小蒸気船用炭」などが含まれる。1935年における表1-2「山元焚料」の急減は，「坑所発電所用炭」分が，九同の設立により「地元消費」の「九同」へと移行したことによるものであろう[44]。

前述のように，連合会の定めた「山焚料」としての送炭は，カルテルの規制に服す必要がないという点で大変有利なものであった。しかし，三池周辺の工場で多くの石炭を利用することの利点は，これのみにとどまらない。周知のように，需要地における石炭価格のかなりの部分は輸送費によって占められていたので，炭鉱周辺において産出炭の2～3割を消費できることは，それだけでも大きな強みとなる[45]。

また，1930年代には送炭調節に加えて，昭和石炭株式会社による販売統制も開始された。これによって石炭販売企業（三井物産・三井鉱山も含まれる）は，石炭販売取引に際して販売量・価格を昭和石炭に報告し，その価格や数量が妥当なものであるかを査定されねばならないこととなっていたが，石炭販売会社と資本的に関係の深い会社（例えば，財閥における傘下会社のような存在）に対する販売炭は「準自家用炭」とされ，売約条件について自由とされた（ただし，契約の報告義務はある）[46]。

　三井鉱山の準自家用炭のうち，三池周辺分に関しては，前述した三井物産船舶部の焚料需要，電気化学工業などのほか，1933年度には三池コークス原料が約17万トン計上されていた[47]。前掲表1-2の「地元消費」のほとんどが申告されていないし，1934年度からはコークス原料も脱落している。コークスについては，前述の通り同項目が1934年度より「山焚料」扱いとなり，そもそも送炭としてカウントされなくなったためである。準自家用炭に，自家発電などの需要がみられないのも同じ理由で，これらの三池炭需要はもともと「山焚料」扱いであった。特に三池コークス原料は，需要先として相当に大きな数量（三井鉱山準自家用炭の約4割，昭和石炭全体に対しても約12％）を占めており，その扱いが昭和石炭の「準自家用炭」（送炭としてはカウントされるし，昭和石炭への報告義務もある）から，連合会の「山焚料」（送炭としてもカウントされず，取引内容の報告義務もない）へと，より三井鉱山にとって有利な扱いへと変遷していったことは，同時期における三井鉱山・物産の売炭戦略において，重要な意味をもったといえよう。

おわりに

　最後に，三池炭の需要動向の変化について，技術的・制度的な要因と関連づけて確認し，それが三井鉱山・三井物産の経営にもった意味を考察し，結びとしたい。

　明治期において，外貨獲得に重要な役割を果たした三池炭の輸出であったが，

1930年代においても，その比率を減少させながらも，50万トン程度の水準を維持していた。これが可能となった要因としては，三池炭の炭質（高カロリー），明治期以来の取引の継続性という側面ももちろんあるが，選炭・洗炭技術の発展による炭質の向上，三井物産による使用方法の宣伝，海外市場における他社との協定の存在，など当該期に行われた努力によるものも大きい。また海外市場において，市場ごとに販売する炭種を変えていた可能性も指摘しておきたい。これは多数の海外支店を擁する三井物産であったからこそ，可能となる方法である。

1930年代には，絶対額でも輸出が減退しているが，それは海外市場での競争力減退にのみ基づいているわけではなく，三池炭にとってより有利な市場，すなわち三池「地元消費」が急激に開けてきたためでもある。この石炭化学工業需要の存在により，三池炭は安定的な需要先を得たことになるし，需要側も，（少なくとも輸送費の分だけは）割安に原料炭を仕入れることができたはずである。

両者が三井にとって強みとなったのは，上述の理由に限定されない。特にカルテルの規制が強化された1930年代において，輸出および外国船焚料に関する送炭は国内の統制から分離され，調節量超過時の賦課金も低額にとどめられていた。他方，自家用炭（「山焚料」）については，送炭調節開始当初より送炭からの除外が認められてきたが，三井鉱山は，やはり送炭調節が強化された1934年以降において，かなり強硬な主張によって三池コークス原料用炭，および九州共同火力用炭を「山焚料」扱いとさせることに成功した。これに伴い，三池炭のうちで完全にカルテルの統制に服しているのは一般の国内送炭と内国船焚料のみとなり，比率でいえば三池炭全体の5割以下となったのである。

以上のように，三池炭の特殊性と自らの交渉力によって「増産の自由」を確保した三井鉱山・物産であったが[48]，ここに至る過程において，いわば「お荷物」であった三池粉炭を内国船焚料として利用可能にした技術的な進歩，およびその普及のための宣伝活動についても強調しておかなければならない。採炭の深部化，および機械化などに伴い，ある程度粉炭供給が増加していくこと

は避けられないので，これをまとまった量で販売できる需要先を確保できたことのメリットは大きいし，三池は港湾と隣接しているので，輸送費の面でのアドバンテージもやはり大きかったといえよう。

最後に，三池炭の売炭手取を三井鉱山他炭と比較してみよう[49]。1925年度上期における三池炭の売炭手取は1トン当り8.44円であり，田川は8.1円，山野は6.82円と，相対的にかなり高かった。しかし，1926年度上期に1円近く低下し，同下期には7.28円となり，田川（7.45円）に逆転されてしまう。以後，1920年代後半は田川と同程度の水準で推移している。当該期の急落が何に起因するものかは不明であるが，田川・山野はそれほど低下していないので，一般的な市況のみでは説明できない。ただ，当該期に三池炭の内国船焚料需要の増加が著しいことを考慮すれば，粉炭販売の増加による価格押し下げ圧力が，それなりに大きかった可能性は指摘できよう。

それよりも重要なのは，昭和恐慌期における手取の動向である。1930年度上期には6.83円と，田川（7.21円）はおろか山野（6.95円）よりも低位にあったのだが，その後は底堅い推移をみせている。昭和恐慌期における三池の底値は1931年度下期の5.24円であったのに対し，田川は4.47円（32年度下期），山野は4.46円（同）と，大きく差を付けている。以後，1935年度まで一度も田川・山野を下回ることはなく，同年においても50銭ほどの優位を示していた。

恐慌期における輸出，および外国船焚料需要（いずれも価格の高い塊炭類が中心）の底堅い推移，さらには三池周辺需要の拡大が，同炭鉱の売炭手取を（相対的には）良好に推移させたのである。このように三池炭の存在は，販売数量・価格の両面について，両大戦間期における三井物産・三井鉱山の収益の安定性に寄与していたといえよう。

注
1) 明治期における石炭輸出を分析した研究としては，杉山伸也「幕末，明治初期における石炭輸出の動向と上海石炭市場」（『社会経済史学』第43巻第6号，1979年3月），同「日本石炭業の発展とアジア石炭市場」（『季刊現代経済』第47号，1982

年4月），山下直登「日本資本主義確立期における東アジア石炭市場と三井物産」（社会経済史学会編『エネルギーと経済発展』西日本文化協会，1979年），同「日本帝国主義成立期の香港市場と三井物産」（『エネルギー史研究』第10号，1979年3月），同「日本帝国主義成立期の香港市場と三井物産」（『エネルギー史研究』第11号，1981年3月），などが挙げられる。

2) 三井物産の歴史に関して，通説的位置を占める日本経営史研究所『稿本三井物産株式会社100年史（上・下）』日本経営史研究所，1978年，三井文庫編『三井事業史・本篇第三巻中』三井文庫，1994年，などにおいても，当該期三井物産の事業における石炭取引の相対的な地位低下（特に輸出に関して）を反映して，概説的にしか扱われていない。当該期における三池炭販売に言及した数少ない研究として，新鞍拓生「戦間期北部九州の石炭市場」（『市場史研究』第21号，2001年12月），長廣利崇「戦間期炭鉱企業と三井物産」（和歌山大学経済学会『研究年報』第11号，2007年），などがある。新鞍の研究は，三池炭の販売動向の変化に言及しているが，国内船舶焚料に関する指摘にとどまっている。また，長廣の研究は主たる関心が国内取引にあり，輸出や地元消費に焦点を当てているわけではないので，未だ検討の余地は大きいといえよう。

3) 新鞍拓生「戦間期日本石炭市場の需給構造の変化について」（『経済学研究』九州大学経済学会，第66巻第5・6号，2001年3月）。

4) 当該期における船舶焚料需要の停滞については，牧野文夫『招かれたプロメテウス』風行社，1996年，87～108頁，新鞍「戦間期日本石炭市場」114～115頁，などを参照。

5) なお表1-2の「送炭量」は，送炭調節において把握される「送炭」では除外されている「山焚料」炭（同表では「地元消費」・「山元焚料」であらわされている。後述）を含んでいるので，カルテル（石炭鉱業連合会など）が発表している送炭量（表1-1の数量）とは異なる。

6) 三井鉱山株式会社「三池港務所沿革史・第九巻商事・会計」（五十年史稿72-2，三井文庫所蔵），26～36頁。以下の炭質に関する説明も同資料による。なお「五十年史稿」・「三池」・「物産」・「川村」という記号を付した資料は，いずれも三井文庫所蔵資料である。

7) 表示した銘柄はいわゆる三池本層炭のみである。ほかにもいくつかの種類がある（ホヤ炭・盤下炭など）が，以下単に「三池炭」という場合，本層炭を指す。

8) 前掲表1-2の1919年度における「船舶焚料」の「内国船」分（約13万トン）と，表1-4の三池粉炭の「内地需要」（約40万トン）の差をみても，同時期において船舶焚料以外の国内粉炭需要が相当に存在していたことが推測される。

9) 三井物産株式会社「事業報告書」各期による。なお，三井物産における「販売

高」・「決済高」・「取扱高」などの用語については，上山和雄『北米における総合商社の活動』日本経済評論社，2005年，第1章，などを参照のこと。
10) ただし，原資料の性格が異なるため，表1-1・1-2と，「事業報告書」の数値を単純に比較することはできない。
11) 同期における三池炭輸出量の伸びは，同年における内地送炭調節の厳格化と関連していると推測される。詳しくは，拙稿「1930年代における送炭調節の展開(1)」(『経済学研究』九州大学経済学会，第72巻第5・6合併号，2006年3月，194頁)，を参照。
12) 三井物産株式会社「石炭会議々事録・鉱山炭松島炭会議」大正7年9月（米国国立公文書館所蔵，RG131・Entry#71・Box#1458），12〜13頁。以下，「RG131」から始まる記号を付した資料は，いずれも同館所蔵資料である。引用文には，句点を補った。
13) 1934年度における三井鉱山の策動については，拙稿「送炭調節の展開(1)」193〜194頁を参照。
14) 三井物産株式会社本部業務課「業務総誌」昭和3年上期（物産2673-6）。
15) 三井物産「業務総誌」昭和7年下期（物産2673-11）。実際は，香港・広東や，シンガポールでも排日運動が高まるのだが，同時に円安によって両地方への進出が容易となったことが指摘されている。
16) 久保亨『戦間期中国〈自立への模索〉』東京大学出版会，1999年，228頁。表1-6では「その他」に含まれる漢口向け輸出も，同年に途絶している。
17) 三井物産株式会社香港石炭支部「石炭考課状」大正11年度上半期（RG131・Entry#71・Box#1458），三井物産株式会社香港支店長「大正十五年度支店長会議資料」（物産388）。
18) ちなみに，上海市場では1920年代半ばにおける三井物産輸出量の比率は約32%であった。同市場を主たる地盤とする開平炭が奉直戦争の影響を受けたことにより，やはり首位に立っていた（三井物産株式会社石炭部長「支店長会議石炭部報告」大正15年〔物産367〕，44頁）。
19) 香港支店長「石炭会議資料」12〜14頁。ただし，取扱量の増加に比例して販売数量が増加しているわけではないことも明記されている。なお撫順炭の販売については，1931年に三菱商事に対しても取扱が許可されたことにより，海外市場でも激烈な競争が繰り広げられることとなった（「撫順炭販売ニ付キ三井物産会社ノ歴史」〔川村23-2〕）。撫順炭の海外販売についても興味深い論点であるが，紙幅の都合から三池炭との関係のみに分析をとどめ，後日稿を改めて論じたい。
20) 香港支店長「石炭会議資料」12〜13頁。その原因として，青筒線（Blue Funnel Line）の需要減，鴻基炭による需要の侵食，などが挙げられている。なお「外港

渡」については，表１－６の輸出量には含まれないものと推測されるが，詳細は不明である。
21)　香港石炭支部「石炭考課状」10～11頁。
22)　三井物産株式会社石炭部長「支店長会議石炭部報告」大正10年６月（物産366），22頁，三井物産「石炭部報告」大正15年，45頁。なお，1925年における地位の向上は，同時期の為替低落によるものとされている。
23)　考課状によると，日本の一等炭（三池炭を含む）は南亜炭と競合し，二等炭はボルネオ炭と競合していた，とされる。1929年度上期における三池炭の最高値段が１トン当り11.5ドルであったのに対し，南亜炭は同11.25ドル，ボルネオ炭は同10ドルであった（三井物産株式会社新嘉坡支店「昭和四年下半期考課状」RG131・Entry#71・Box#1455）。
24)　以上，三井物産「石炭部報告」大正10年，22頁，同，大正15年，45頁。ただし，マドリガルの1924年度取扱量277,216トンのうち118,000トン，25年度同297,593トンのうち125,000トンは，三井物産の販売炭であった。同社は，ほかにインド炭・豪州炭などを買い付け，積み取りにあたったとされている。
25)　三井物産株式会社馬尼拉支店「昭和六年下半期考課状」（RG131・Entry#71・Box#1449），５～７頁。
26)　当該期における北炭の石炭販売については，拙稿「第一次大戦後の北海道石炭業と三井財閥」（『経営史学』第35巻第４号，2001年３月），を参照。なお，1931年における北炭の総輸出量50,294トンに対し，マニラ向けは39,710トンであり，両大戦間期において常に輸出先の首位を占めていた（北海道炭礦汽船株式会社「五十年史・第七編販売（第一次稿本）」102～104頁〔北海道開拓記念館所蔵〕）。
27)　新鞍「北部九州の石炭市場」33頁。なお同論文に，当該期において三池炭がMiike Nuts Coalというブランドを得たことが強調されているが，Nuts Coalとは小塊炭のことである。明治期においては，外国船にも三池炭の粘結性が忌避されていたが，やはり焚き方指導を行ったことにより「東洋一第一の良い石炭」という名声を博すようになった，という回顧もある（「小林正直氏談話速記」〔五十年史稿478〕，８～22頁）。
28)　三井鉱山「港務所沿革史・商事・会計」42～50頁。
29)　三井物産「石炭会議々事録」大正７年９月。
30)　三井鉱山株式会社「昭和社石炭受払表」自昭和８年１月至昭和11年12月（三井文庫所蔵）。なお，「準自家用」には三井物産船舶部焚料のほか，共立汽船（北炭の傍系会社），玉造船所，電気化学工業，串木野鉱業所などの需要が含まれるが，1935年度においては，船舶部焚料がその大部分を占めていた。
31)　三池港への入港船数は，1915年に総数で369隻，外国船は52隻であったのに対し，

20年には同544隻と103隻，25年には803隻と160隻となっている（三井鉱山株式会社「三井鉱山五十年史稿・巻十九販売及輸送〈一〉」〔五十年史稿21〕，118〜119頁，および第5表）。比率としては，外国船の増加が著しかった。

32) 三井鉱山株式会社「三池港務所沿革史・第十巻附口之津三角港・三池炭ノ焚キ方」（五十年史稿73），138〜154頁。

33) 当該期において曳船は，「三池港に於ける本船の出入操作船」として機能しており，諏訪丸・肥後丸など5隻ほどが運航していた（三井鉱山「五十年史稿・販売及輸送（一）」115〜119頁）。

34) 三井鉱山「港務所沿革史・第十巻」123〜124頁。

35) 反対に，外国船はなぜ三池粉炭価格を利用しなかったのか，という点も重要な問題である。三池塊炭価格1に対する同粉炭価格の比率は1930年度下期が0.7で，33年度下期0.74であり，後者については田川（0.83）などを下回っているので，むしろ三池粉炭は割安であり，価格面のみでは説明できない（三井物産「業務総誌」各期）。管見では，この問題を究明するためには，外国船舶における焚料燃焼の実態について考察する必要があるように思われる。今後の課題としたい。

36) 三井物産株式会社石炭部「昭和七年上期考課状」（RG131・Entry#105・Box689）。

37) 三井鉱山株式会社「三井鉱山五十年史稿・巻十二化学工業（一）」（五十年史稿15），18頁。

38) 1912年に三井鉱山株式会社大牟田亜鉛製煉所として設立され，1918年に三井三池製煉所と改称した（三井鉱山株式会社三池支店受渡課編「三池炭の需給概観」1959年6月〔九州大学所蔵，九州大学記録資料館編『石炭研究資料叢書』第30輯，2009年，5〜87頁にも所収〕，85頁）。

39) 三井鉱山株式会社「三井鉱山五十年史稿・巻十一製煉」（五十年史稿13），141頁。

40) 三井鉱山「三池炭の需給概観」87頁。

41) 連合会の送炭調節は上期が4〜9月，下期が10月〜翌年3月であり，表1−2の年度区分と異なっているので，完全に一致することはない。

42) 1930年代における宇部地域の重化学工業化と，そこへの宇部炭の供給については，三浦壮「昭和戦前期における宇部石炭鉱業の需給構造」（『エネルギー史研究』第23号，2008年3月），を参照。

43) 三井鉱山株式会社「石炭連合会関係」自昭和十二年一月至昭和十二年六月（三池2034）。なお，三池のコークス原料炭，および九州共同火力用炭が「山焚料」扱いとなる経緯については，拙稿「送炭調節の展開(1)」192頁も参照。

44) 九州共同火力設立の経緯については本書第4章，および荻野喜弘「1930年代初期の福岡県大牟田における電力融通問題」（『経済学研究』九州大学経済学会，第71

巻第2・3号，2005年3月)，を参照。
45) この点を十分に実証するためには，三池周辺企業への石炭販売価格を確認することが必要となるが，残念ながら全く資料が残存していない。しかし，三池港での船舶焚料渡の場合はともかく，それ以前の主たる需要先であった輸出の場合の輸送費を考えれば，(三池周辺企業側にとって) 相当に安値で販売しても，三池鉱業所側の売炭手取は向上するものと予想される。
46) 昭和石炭の統制のうち，準自家用炭についての規定は，澤田慎一編『解散記念誌』1942年，137～138頁を参照。
47) 昭和石炭株式会社「第60回協議員会協議事項」1934年3月19日，「第86回協議員会協議事項」1935年4月22日。ちなみに昭和石炭全体では1933年度が約190万トン，34年度が約211万トンであり，三井鉱山全体では同約63万トン，約52万トンであった。規定からして当然であるが，財閥傘下企業を多く擁する三井・三菱の比率が高かった。
48) ここで，三井物産や三井鉱山が，その市場支配力を背景として石炭カルテルを自らの利害に服従させた，と主張するつもりはない。国内の多くの石炭販売業者はほとんど石炭を輸出していなかったし，三池周辺の工場に石炭を売り込もうとする競合者も，ほとんど存在しないのだから，これを統制から外すべきとする三井の主張は，必ずしも不当なものとはいえない。
49) 三井鉱山株式会社「三井鉱山五十年史稿・巻五ノ二総説 (営業)」(五十年史稿7)。それぞれ販売の条件が異なることに留意する必要がある。

第2章　製糸経営と燃料問題

榎　一江

はじめに

　本章は，エネルギー消費に焦点をあて，戦前期日本製糸業における燃料問題，とりわけ石炭消費について検討を行う。
　そもそも日本における石炭消費は江戸中期以降製塩業と結びついて伸び，その傾向は明治初期まで続いていた[1]。蒸気船の時代とともに船舶用炭の需要が増大し，輸出量も増大したが，20世紀に入ると石炭産出量に占める輸出比率は漸減傾向を示し，国内消費の比重が増大していった。一般に石炭の国内消費量は船舶・鉄道・工場・製塩用に分類され，なかでも顕著に増大したのは鉄道および工場用であった[2]。工場用炭の利用は幕末維新期の官営工場にはじまり，紡績業などの近代産業に波及していったが，明治後期に至って国内消費量の半ば以上に達し，第一次大戦期にも一層消費量を伸ばしていった[3]。その一部を占めた製糸燃料ではあったが，製糸業の燃料問題を扱った研究はそう多くない。蓄積の厚い製糸業史においても，生糸生産に関する議論は原料繭と労働力の問題に集中し，燃料問題は等閑に付されてきたからである。しかしながら，官営富岡製糸場の建設に際し，立地条件の一つとして石炭利用の便が問われたことからもわかるとおり，燃料の確保は製糸経営にとって重要な問題であった[4]。生糸の生産過程では繭を煮とかすために湯を沸かす必要があったし，原料繭を乾燥するために，また繰糸工程の動力として汽罐が利用されるようになると，

さらにその燃料問題が発生した。繭代を除く生産費のなかで,賃金につぐ重みをもつ燃料費の問題に製糸経営が無関心であったはずはない。この点に関して,近年,環境経済史の観点から再検討が進んでいる。例えば,在来燃料としての木炭に着目するものや,製糸業の発展と山林荒廃との関係を明らかにする試みがある[5]。こうした研究が,製糸業における薪炭から石炭へのエネルギー転換の過程に焦点をあて,古典的な「環境問題」を論じたのに対し,本章が扱うのは石炭消費そのものである[6]。後述のように,製糸燃料は工場用炭の一定部分を占め,重要な石炭需要先の一つであり続けた。工場電化が進む時代にもなお石炭を消費し続けた製糸業に着目し,エネルギー消費の観点からその経営における燃料問題を考察するのがここでの課題となる。同時にそれは,石炭需要に関する研究にも貢献し得る課題となるであろう。戦間期の石炭需要に関する研究はそう多くないが,第一次大戦前後の時期に見られた需要構造の変化は,石炭産業における独占形成の観点からも重視されており,いくつかの研究がある[7]。それによれば,大戦ブーム期に国内向け需要が急増し,外国向け石炭が減少するなかで石炭市場の流動化が生じたという。北澤満は,特に粉炭需要の拡大に着目し,需要拡大に対応して粉炭を増産した炭鉱経営の対応を論じている[8]。こうした需要構造の変化に着目するならば,主に粉炭を利用した製糸業の燃料問題も一つの重要な論点となりうるだろう。まずは,製糸業における石炭消費の動向を確認したうえで,問題の所在を明らかにしたい。

1　製糸業と石炭消費

(1) 製糸燃料の変遷

　片倉製糸の今井五介による回顧(「製糸燃料の変遷」)によれば,日本製糸業の中心地たる岡谷地方では,器械製糸への移行とともに汽罐が導入されたのちも長く薪炭を燃料としていた。1889年頃には薪材の高騰により石炭の使用も試みられたが,それが本格化するのは1903年に篠井線が塩尻まで延長され,諏訪

索道株式会社が塩尻岡谷5哩間に鉄索（ケーブルカー）を架設して輸送を開始した1904年からであった。このとき燃料は，西條炭（東筑摩郡間村，本城村産）へと一変したという。西條炭については，すでに1892年に岡谷地方有数の製糸家・林国蔵らが採掘許可を願い出た記録がある[9]。薪材の高騰をうけ，燃料不足を予見した製糸家たちは，自ら炭鉱経営に乗り出していったようである。その詳細は不明であるが，林国蔵は，さらに1901年には津川炭鉱（福島県石城郡内郷村）の経営に着手し，岡谷の製糸工場に向けて常磐炭の販売を開始した。1905年11月に中央線が岡谷駅まで開通すると，常磐炭の移入が引き合うようになり，西條炭は駆逐された。こうして，製糸燃料は薪材から石炭へと推移していったのである[10]。

　こうした燃料の変遷は，この地方で利用された汽罐の特徴とも一致していた。鈴木淳によれば，信州には在来技術を利用した汽罐製造の流れがあり，製糸家に安価な加熱用汽罐を供給していた。それは，薪を燃料とするため火力が弱く，また鉄板が薄いため継ぎ目のかしめが不完全になり，高い圧力を持たせることが出来ず，結果として破裂を免れていた。つまり，加熱用に利用するこの地方独特の安価な汽罐には，薪が最適な燃料だったのである。しかし，1891年頃から諏訪周辺でも動力用に蒸気機関の利用が始まり，燃料に石炭が使用されるようになると，地元業者が本格的な動力兼用汽罐の製造に着手してこれを供給した[11]。付言すれば，燃焼部分の構造上，塊炭は薪炭を利用した汽罐でも使用できたが，粉炭の利用に際しては，改造するか新しい汽罐を採用する必要があった[12]。以後，加熱用・動力用ともに石炭利用の汽罐が普及し，先述の鉄道開通とともに，製糸燃料としての石炭利用が本格化することになったのである。

　とはいえ，動力としての汽罐の優位は決定的ではなかったようである。高村直助は，鉄道の開通とともに石炭入手が容易となったのちも，諏訪郡で100釜以上の大規模水力工場が増大したことに注意を喚起している[13]。『全国製糸工場調査表』によれば，郡内100釜以上の水力工場は1911年調査の31工場（7,586釜）まで増加し続け，減少に転じたのは1915年調査時であった。この時，100釜以上の水力工場は14工場（2,423釜）まで減少し，水車の代わりに動力とし

て選択されたのは電力であった。例えば，片倉組では天龍川筋の６工場すべてが電力工場となっている。こうした水力から電力への転換は，経営上の理由というよりも諏訪湖氾濫問題への対応として水車を撤去せざるを得なくなったことによるものであり，1913年に製糸家らが19の水車を撤去するにあたっては，湖岸の９町村が補償金を支払うことで合意したごとくである。したがって，水車は汽罐とともに製糸業の発展を支える動力源であったが，1913年を画期にその役割を終えたのである。

　日本製糸業の中心地における以上の経過において，エネルギー消費の観点から重要なのは，動力に関して石炭消費が抑えられていた点であろう。水力発電による電力利用を選択したこの地域では，依然として豊富な水力を利用する技術選択を行っていた。同様に加熱用に関しても石炭消費が抑えられ，厳冬期の１，２月に休業するこの地方独特の慣行も形成された。熱効率の悪い厳冬期に休業する慣行は製糸業一般に普及したが，それは燃料確保に困難をきたしていたこの地方特有の問題から生じたものであった。こうした石炭消費量の小ささは，製糸業と石炭消費との関係を看過する一因となったように思われる。しかしながら，製糸経営の多くが豊富な水力を利用できたわけではない。一般には汽罐の導入とともに石炭利用を本格化させ，その消費量を伸ばしていったのである。次に，他地域を含む製糸地帯の石炭利用状況を確認しよう。

(2) 常磐炭と製糸地帯

　石炭利用の進展は，輸送網の整備に大きく依存した。とりわけ内陸部に位置する製糸地帯にとって重要だったのは鉄道であり，先述のように，岡谷地方で石炭利用が進んだのは中央線開通後のことであった。また，須坂・中野・松代などの北信地域では1888年の信越線の開通により北海道炭を直江津より移入しはじめたという。ここでは，石炭・薪併用を続け，1899年から1906年までは新潟県柏崎産の重油を薪の代用としていたものの，重油の価格高騰により，石炭利用が再び本格化した[14]。1909年に長野県内で消費された工場用炭６万３千トンのうち製糸工場分は実に99.1％にも及んでいたが，岡谷駅到着分は４万３千

トンであったから，その他の地域でも石炭利用が進んでいたことがわかる[15]。ただし，北信地域では主に北海道炭が利用されたのに対し，岡谷地方では1911年に常磐炭6割，西條炭2割5分，九州炭1割5分であったというから，その内実は地域によって異なっていた。一般に関東・甲信地方の製糸地帯では常磐炭の利用が多かったが，それは輸送費を含む価格によって選択されていたようである[16]。

1897年3月の日本鉄道常磐線開通によって京浜市場と直結した常磐炭田が急速に発展する過程で，常磐の粉炭が両毛地方から甲信地方にかけての製糸工場に大量に需要されたことはすでに指摘されている[17]。鉄道は廃物でしかなかった粉炭の長距離輸送を可能にし，常磐炭田発展の道を開いたのである。ある論者は，「石炭商売といえば殆ど塊炭ばかりで，九州炭でも需要は極めて少く，ことに常磐炭などは粉炭は商売にならぬので，採掘炭も塊ばかりを搬出して，粉炭は全部坑内に捨てていたのである。(中略)鉄道の開通から常磐の出炭が急激に増加したのは，粉炭が製糸家に売れるようになったからで，まず両毛方面の製糸家が常磐炭を使い出し，それから甲信方面に及んだのである」と回想している[18]。以来，製糸業の発展とともに常磐炭の需要も拡大していった[19]。

両毛地方の製糸家たちが常磐炭を利用するようになったのは，それが製糸地帯に向けて直接鉄道輸送を行うことで低コストを実現したためであった。そのため，炭価のみならず鉄道運賃の改定が製糸経営に大きな影響を与えたであろうことは想像にかたくない。鉄道国有化に伴う貨物運賃改正時は，その一例である。1912年9月に発表された「鉄道院大貨物等扱及運賃表並に連絡航路運賃」(鉄道院告示第13号)は，貨物運賃を全線で累加式遠距離逓減制度に改め，発着手数料も運賃に含めた[20]。普通運賃は賃率の統一を果たすべく一般に引き上げられたが，山陽線のみに特例が設けられた。また，貨物特定運賃を定め，従来の特約運賃を廃止することも改正のポイントであった。買収後の国有鉄道は，それまでの特約運賃を継続したため，おびただしい数の特約運賃が設定され，取扱上，困難を招いていたからである。この運賃改正により，一般に，長距離輸送を行う荷主は遠距離逓減の恩恵を受けることになったが，常磐炭を利

表2-1 粉炭1トン当り運賃

(単位：円)

到着駅	綴駅		磯原駅	
	新運賃	増分	新運賃	増分
鴻　巣	2.31	0.275	2.12	0.346
熊　谷	3.36	0.210	2.17	0.280
深　谷	2.46	0.219	2.27	0.289
本　庄	2.50	0.181	2.21	0.250
神保原	2.50	0.168	2.31	0.250
新　町	2.50	0.207	2.31	0.276
倉ヶ野	2.46	0.219	2.27	0.299
高　崎	2.41	0.194	2.23	0.278
前　橋	—	—	2.17	0.306

出典：「製糸と石炭運賃（上）」(『中外商業新報』1913年11月26日)。

用する群馬・埼玉地方の製糸業者たちには逆効果をもたらした[21]。無煙炭を燃料とするこの地域では、採炭搬出地との距離が80マイルから150マイル以下になり、新運賃の適用は負担増を招いたのである。高萩・前橋間の場合、1トンにつき1円78銭であった運賃が、新賃率では2円22銭となり、1釜当り7トンの石炭を要するとすれば、増分は釜当り2円38銭となった。そのため、前橋各地の製糸業者は鉄道院に陳情し、改正運賃の適用を年末まで引き延ばすことに成功した。さらに、群馬・埼玉県の製糸業者は、現行の特約割引運賃を特定運賃とするよう請願運動を展開したのである。

　貨物運賃の改正が、製糸業者の負担増を招いた要因は、距離の問題だけではなかった。従来、塊炭と粉炭とを区別して前者に高く、後者に安く設定されていた運賃に対し、新運賃はこの区別をなくしたため、粉炭の運賃が大きく引き上げられた。それが、賃率の安い粉炭を利用していた製糸業者にとって、大きな打撃となったのである。表2-1は、各駅発着の粉炭1トン当りの運賃について示したものである。福島県綴駅、茨城県磯原駅ともに、埼玉県北部から群馬県にかけての地域で16銭から34銭の負担増を招いたことがわかる。実際、常磐の粉炭使用量（月）は、前橋2,000トン、深谷1,300トン、大宮1,000トン、合計7,500トン以上になり、年間では9万トン以上に達したという。関東各地の製糸工場に使用される無煙炭を産出する常磐炭鉱主側も、同様の運動を展開

したことは言うまでもない。運賃改正による不利益は明らかであったから、製糸業者と炭鉱主たちは一連の運動を展開することによってその解消を目指したのである。この問題は、鉄道開通後も運賃改正によって絶えず輸送コストの変動が生じる可能性を示しており、炭価のみならず輸送コストが製糸経営の石炭利用に及ぼす影響の大きさを知ることができる。低廉な燃料を確保するという経営姿勢に貫かれた製糸業者たちは、他の燃料との価格差を考慮しつつ、時には政治的な運動を展開しながら燃料を確保していたのである。こうした製糸経営によって消費された石炭について、全国的な動向を確認しておこう。

(3) 石炭消費量の推移

まず、製糸業の動力化率について概観しよう。南亮進によれば、製糸業の動力化率は1909年にすでに67.7%であり、全産業の28.2%を大幅に上回っていた。種類別構成を見ると、蒸気が79.2%、水車が20.1%であったが、蒸気は1919年に84.5%まで上昇した後急速に低下し、水車も1909年以降低下を続けた。代わって上昇したのは電動機であり、1930年には50%を越えた。とはいえ、製造業全体の動力に占める電動機の割合は86.7%であったから、製糸業のそれは必ずしも高くない。また、1940年に至っても60.3%であったから、その上昇のテンポも遅く、蒸気機関への依存が長く続いたことが製糸業の特徴であった[22]。次に、石炭消費量について確認すると、製糸業の石炭消費量が確認できるのは、1909年以降である。1909年の『農商務統計表』によれば、この時すでに製糸業は31万5千トンを消費し、工場用炭の9.4%を占めるに至っている。従来、明治期の石炭消費産業としては、消費量が捕捉できる綿糸紡績（58万7千トン）、製紙（23万8千トン）、電気事業（37万9千トン）、ガス事業（13万5千トン）が取り上げられてきたが、製糸業における広汎な石炭需要の存在を確認することが出来る。決して大口の顧客ではなかったが、製糸業は石炭需要を支える産業の一つであったといえよう。『全国製糸工場調査表』によれば、1893年から1908年にかけて、繰湯に「蒸汽」を用いる工場数は1,174から2,182へ、また動力を「汽力」とする工場数は513から1,552へと増加していた。先述のように、

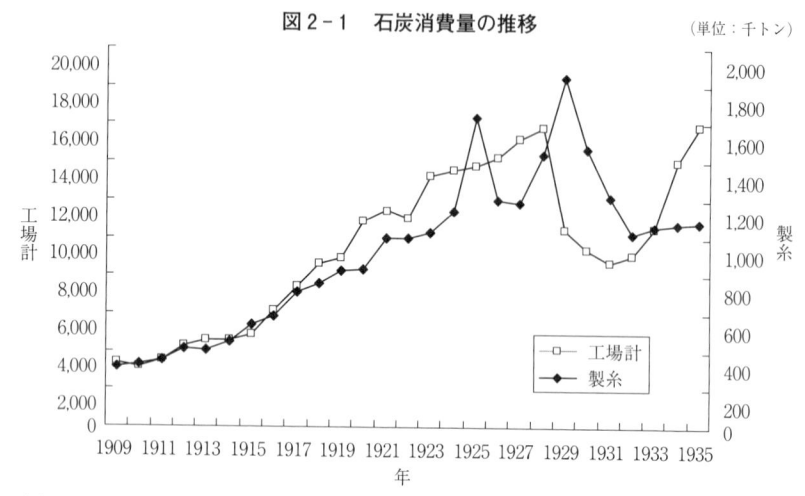

図2-1　石炭消費量の推移
（単位：千トン）

出典：1909〜18年は『農商務統計表』。1919年以降は『工場統計表』。
注：1923年から28年までは官営工場を含む。石炭消費量は，1928年までは「燃料消費高」，1929年以降は「燃料及動力使用額」に限定される。

加熱用汽罐の燃料は石炭以外にも求められたが，動力用汽罐の燃料は石炭が中心であったから，この急増は石炭消費量の増加を示すものと見てよいだろう。そこで，「工場統計表」を用いて石炭消費量の推移を確認しよう[23]。

　図2-1によれば，製糸業の石炭消費量は1910年代を通じて増大し，急増する工場用炭消費量の10％前後を維持した。1920年代に入ると，1925年と1929年の急増が目をひく。その後停滞する製糸業の石炭消費は，1930年代に急増する工場用炭全体に占める割合を急落させたが，なお100万トンを維持していた。表2-2で石炭以外の燃料構成について概観すると，木炭の使用が1920年代にも増加している点が注目される。1920年に減少した後急増し，22年の4万1千トンをピークに減少傾向を示すものの25年，27年には消費量をのばし，一定の水準を維持していた。その後，1931年には1万トンを切り，木炭消費量は急減した。なお電力に関しては，1929年と34年の突出が目を引くが，一定の法則を見出すのは困難であり，消費量もそう多くはなかった。依然として他の燃料消費もみられるものの，この時期，製糸燃料の中心となっていたのは石炭であったと言ってよかろう。そこで，試みに石炭消費量と生糸生産量との関係をみて

表 2-2　製糸業の燃料構成

年	石炭(千トン)	木炭(トン)	電力(千kWh)
1919	825	16,738	―
1920	832	12,586	―
1921	1,143	34,570	―
1922	996	41,050	―
1923	1,025	24,706	34,993
1924	1,141	15,010	19,849
1925	1,635	28,376	15,073
1926	1,200	12,309	19,751
1927	1,181	18,377	29,662
1928	1,438	15,584	36,312
1929	1,842	10,097	128,903
1930	1,469	11,019	8,979
1931	1,215	8,502	35,799
1932	1,021	6,415	30,759
1933	1,054	5,645	44,506
1934	1,068	6,087	86,009
1935	1,076	6,804	37,787
1936	800	4,332	28,882

出典：『工場統計表』各年。
注：このほか「コークス」，石油，薪，「ガス」の消費が見られるが省略した。

みよう。図 2-2 によると，生糸生産量は1922年から1929年まで急速に伸びたものの若干の減少を見せ，1934年をピークに減少する。この間，生産糸1トン当りの石炭消費量は炭価に反応して増減を繰り返していたものの，1929年以降明らかに低下していることがわかる。つまり，生産糸当りの石炭消費量は半減しているのである。輸出の不振にあえぐ製糸業において，石炭消費量が落ち込むことは当然とみなされてきた。しかしながら，単に生産の縮小が石炭消費の減少をもたらしたわけではない。一定の生糸を生産するために必要となる石炭消費量が1930年代に入り半減している事実は，糸価の低迷から生産費削減を余儀なくされた製糸経営において燃料費削減の主体的な取り組みがあったことを示唆している。そこで，日本製糸業においてこのような変化が見られた要因を追究し，製糸経営と石炭消費に関する考察を深めよう。

図2-2 生糸生産量と石炭消費

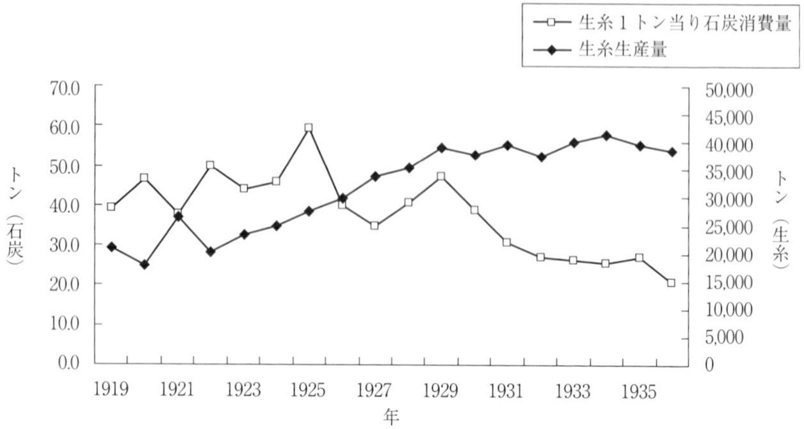

出典:『工場統計表』(各年)。
注:図2-1に同じ。

2 製糸経営と燃料費

(1) 生糸生産費問題

　製糸経営にとって,石炭消費量は燃料費の問題として表れた。当然ながら,コストを抑えるための試みは,さまざまに実施された。例えば,1919年には高炭価を反映して,燃料の節約とともに代用品の工夫が盛んに見られた。岐阜名古屋方面の製糸業者は泥炭を乾燥して石炭の代用としたり,棉実粕,牛馬糞を利用して雑炭くらいの熱量を確保していると報じられている[24]。また,地方の製糸業者が木炭の買占めを行ったために,需要の少ないはずの夏季に木炭価格が騰貴するといった現象もみられた[25]。乾繭や煮繭工程で必要とされる燃料には,依然として,石炭,木炭,薪などが混在しており,製糸経営は安価な燃料を選択して燃料費の節約に努めていたようである。しかしながら,先述のように製糸燃料の中心は石炭が占めるようになっていた。

　生産費の増大から,より根本的に原価を構成する生産費のあり方を見直そう

第2章 製糸経営と燃料問題 41

表2-3 生糸100斤当り生産費

項目	釜数	100釜以下	101〜500釜	501釜以上
直接費	購繭費	48.27	52.51	61.13
	賃金	128.03	127.61	134.67
	食費	42.76	42.58	42.48
間接費	燃料	47.47	44.58	34.08
	金利	78.90	96.89	82.27
	管理費	78.07	75.92	71.93
合 計		423.10	440.09	426.56
	屑物	53.34	60.74	55.90
差 引		369.76	379.35	370.66

出典：横浜商業会議所調査部『生糸生産の概況』（調査資料第9輯），刊行年不明。ただし，調査は1923年時点のもの。
注：ⅰ．購繭費は運賃，工場外乾繭費，旅費日当等の繭を仕入れるための費用。ⅱ．賃金は選繭費，繰糸賃，揚返賃，検査整理賃，煮繭手見番等の給料。ⅲ．管理費には，建物機械の減価償却費，器具・器械修繕費，職員給料，工女募集費，通信費，消耗品費，諸税諸掛，保険料，娯楽衛生費，その他が含まれる。ⅳ．生産費総額は，購繭費，賃金，食費，燃料，管理費から屑物代金を差し引いたものとする。

とする動きが出てきたこともこの時期の特徴である。例えば，生糸100斤当りの生産費（上一番1,500円）は，1919年1月には燃料費40円71銭，繰糸工賃58円40銭，食料費48円94銭，その他228円93銭で計376円98銭，原料費である繭代1040円を含む原価は1416円98銭であったが，1920年7月には，燃料費48円35銭，繰糸工賃160円65銭，食料費76円85銭となり，これらの高騰に危機感を募らせたのである[26]。1924年には，糸価の崩落を受け，製糸業者自身が生産費の調査に乗り出している。蚕糸中央会の調査は，さしあたり福島，愛知，長野，群馬，鳥取，愛媛，宮崎，京都の8府県を対象とし，規模別に選ばれた25工場で1923年の実績について実施された。表2-3のように生産費は概ね，全体の3割を賃金，2割を金利が占め，以下，管理費，購繭費，食費，燃料の順に漸減して残りの5割を占めた。規模別に見ると，最も生産費が高いのは101〜500釜規模の工場で，金利の大きさがその要因であった。501釜以上になると，規模拡大に伴う購繭費の増大がみられるが，管理費や燃料でスケールメリットを発揮することによって相殺される格好になっている。とりわけ経営規模の拡大がコス

ト削減につながることを明確に示したのが，燃料費であった。

　もっとも，これらの数値は，各工場の経営目的，生産する生糸の品質，兼営状況などによっても大きく左右される。一般的には300〜500釜の工場が製糸経営上最も有利とされていたが，その規模の工場はごく少数であり，小規模経営を中心とした多種多様な経営の混在が問題視されていた[27]。そのため，より正確な実態把握を目指して，類似の調査が頻繁に実施されるようになった。例えば，1929年度から3カ年継続事業として実施された「製糸業実態調査」がある。これは，1927年に農林省内に設置された蚕糸委員会の答申に基づく調査であり，製糸業の企業形態，生産の設備および技術，生産費，生糸の販売および金融などが調査され，「製糸業実態調査成績」（大日本蚕糸会発行）としてまとめられた。調査方法は，まず，農林省で印刷した調査票を地方庁から配布し，調査工場がこれに記入する方式を取った。また，地方庁の係官は工場に出張して調査の指導を行い，設備および技術に関する事項は自ら記入して正確を期し，農林省係官も随時各府県に出張して，調査の統一を図った。生糸100斤当り加工費については，諸給料，利子，燃料及動力費，賄材料費，乾繭及購繭費，その他について調査された。例えば，1930年の実績では諸給料41.9%，利子11.7%についで燃料費が10.9%を占め，以下賄材料費7.8%，荷造費等5.4%，乾繭費3%，修繕費2.3%といった費目別割合が示された[28]。

　こうした調査を通して，個別経営は生産費に対する統一的な管理方針を習得し，他経営との比較を通じてコスト意識を高めていったと考えられる。もちろん，それまでも生産費を把握していなかったわけではない。全国製糸工場調査においても，生糸100斤当り生産費の調査は行われており，全体の平均生産費が発表されてきた。しかしその平均値は，経営規模や生産する糸格といった重要な指標を捨象した一つの目安にすぎなかった。主として製糸業者たちの念頭にあったのは，原料である繭代と加工に要する繰糸工の賃金，そして生糸販売額の多寡であった。これに対し，1920年代の生産費調査では原料繭代を除く経費が統一的に整理され，比較の対象となった。ここには，生糸原価を構成する適切な生産費があるという前提のもと，その確定を目指す意図があったように

図2-3 釜数別工場数

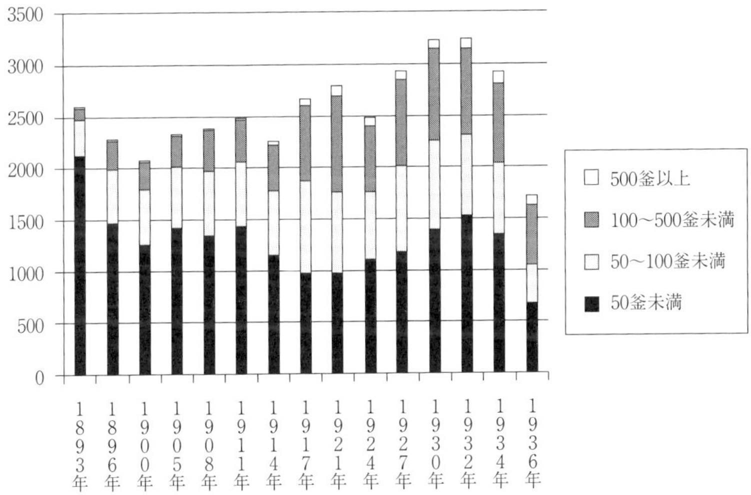

資料：農林省蚕糸局編纂『第十二次全国製糸工場調査』全国製糸業組合連合会，1932年，3頁。農商務省蚕糸局『全国器械製糸工場調』（昭和7年度，9年度，11年度）より作成。
注：調査対象は，10釜以上設備工場。

思われる。同時にそれは，適正な生産規模を維持するという観点も有していた。

器械製糸工場の規模別推移を図2-3で見てみよう。50釜未満の工場は1920年代にも増加していた。小規模経営の急増は，工場数や釜数の増大以上に石炭消費量の伸びを大きくしたように思われる。そうした経営の多くは糸価に反応して投機的な経営を行いがちであった。また，炭価の動きにも敏感に反応したから，1927年に炭価が高騰すると，石炭消費量が激減し，表2-2で見た木炭使用量の増加にもつながったと考えられるのである。こうした小規模経営の動向は日本製糸業全体にとって必ずしも望ましいものではなかったから中小経営の淘汰が議題にのぼることになる。しかしながら，製糸業がスケールメリットの乏しい産業であることに変わりはなく，大規模経営においても生産費問題は深刻であった。とりわけ大規模経営のコスト削減を実現しうると考えられたのが燃料費であったから，各経営は積極的に燃料問題に取り組み始めたのである。そこで，郡是株式会社を事例として，大規模製糸経営の燃料問題に対する取り

組みを具体的に見ていこう。

(2) 郡是製糸における燃料節約

　郡是製糸株式会社は，1896年に京都府何鹿郡に成立した製糸経営であったが，第一次大戦期に急速な規模拡大を遂げ，京都府・兵庫県を中心に多くの工場を展開していた。

　1919年になると，休戦後も低落する様子のない石炭価格について，「之れが消費に対しては最も注意を払ひ節約を計ること」が「用度」から注意された[29]。さらに，8月には具体的に，「石炭投入に際し焚口の開閉を迅速にし以て冷気の吸入を少くし，パイプの裸出及蒸汽漏洩の個所等は絶えず點検して直に之を修理すること」が注意されている[30]。石炭購入についても，炭質と価格との比較を実施するために取引先ごとに送炭させ，「特別の場合本社と協議の上臨機購入するものの外一切直接購入は断じて之をせざること」とした[31]。当時，同社は石炭取引に際し，①本社，玉糸，口上林，中上林，萩原，成松，福知山，②雲原，江原，八鹿，梁瀬，養父，③山崎，津山（岡山県），宮津，舞鶴，竹野，宮崎（宮崎県），⑥園部，和知，⑤美濃（岐阜県），⑥長井（山形県）の各工場で組合をつくり，それぞれ一括して取引を行うことで調達コストの削減に努めていた。やはり，1919年の高炭価が燃料費節約の機運を高めたようである。

　さらに，生糸生産費問題が本格化すると，本社を中心として「燃料消費節約」に関する調査が盛んに実施されるようになった。工場では蒸気の有効利用を狙い，バルブから「U. W. 式スチームトラップ」への切り替えも推進された[32]。また，工務課長は長野県での視察に際し，職工問題とともに汽罐に注目している。視察報告によれば，小松組では蒸気を繰糸場用・煮繭場用・暖管用に分けて使っており，動力を水力電気に依存する「丸二ノ片倉」では暖管用に35～40ポンドを使用していたという。それらと比較して使用量でそん色のある同社としては，以後，繰糸場用と暖管用とを区別したい考えを示している[33]。各工場も，石炭価格のみならず品質について言及するようになっていた。例えば，福岡県にある宇島工場長は産炭地に近いにもかかわらず良質高価な石炭を

使用する不経済を訴えた[34]。このように生産現場においても，燃料への関心が高まったことがこの時期の特徴といえる。

　もちろん，用度課も調達コストの引下げに余念がなかった。石炭運賃についての交渉を実施し，「飾磨は一頓に付拾銭舞鶴は全七銭を引かせることにした」ので，各工場でも運送店と交渉するよう要望している[35]。また，諸物価の下落にもかかわらず石炭価格のみ1割内外の高値を記録した1927年には，秋高を見越して6月から明年5月までの長期契約を行っている[36]。各工場に対しては，受け入れを厳重にし，品質の相違，目方不足などに注意するよう促すとともに，貯炭設備を完備するよう要求した[37]。また，同社理化学研究所は石炭試料を採取し，その試験を実施した[38]。一般に，揮発分の多少は良否に関係し，水分，灰分は少ないほど，固形炭素，カロリーは多いほど良質とされる。同社で使用される大浦粉炭の場合，炭質の良さは明らかであるが，製糸工場用として適当であるかどうかはさらなる研究が必要とした[39]。このように炭質に対する厳しい調査のもと，価格に見合う最適な粉炭を使用しようとしていたのである。しかしながら，工場による燃料消費量の差は依然として残っていたため，本社機械課は人為的な問題を重視し，火夫の交代によって習慣的な消費を是正しようとした[40]。このように，以後，燃料研究の中心を占めた機械課は，各工場の実態を調査し，「燃料研究班報告」（1931年4月）をまとめた。

　表2-4によれば，同社工場は，九州の大浦・大浦粉炭を主に利用していたが，いくつかの例外があった。山形県の長井工場，福岡県の宇島工場，熊本県の熊本工場は，それぞれ町田・雄別，伊田八尺粉炭，飯塚炭を用い，工場着1万斤単価は著しく低かった。また，朝鮮半島の2工場，中上林工場は撫順炭を利用したが，その単価はむしろ高くなっていた。同社工場の多くが使用した大浦・大浦粉炭の原価は，受渡場所によって若松港帆船乗で6.8円，舞鶴港汽船乗で8.6円となっており，他に各駅で受け渡しを行う工場もあったが，工場に到着するまでの諸費用を含む1万斤当りの単価は，舞鶴港に近い舞鶴工場の58.2円から山間部に位置する三成工場の97.20円まで，大きな差があった。輸送コストの異なる工場間では，燃料問題に対する取り組みも異なっていたと考

表2-4　郡是製糸における各工場の石炭調達

炭　名	受渡場所	原　価	工　場	工場着 1万斤単価
大　浦	若松港帆船乗	6.80	福知山	63.54
	舞鶴港汽船乗	8.60	舞　鶴	58.02
	舞鶴港汽船乗	8.60	本工場	60.96
	舞鶴港汽船乗	8.60	学　院	60.96
	舞鶴港汽船乗	8.60	玉　糸	60.96
	舞鶴港汽船乗	8.60	口上林	77.64
	花ヶ島駅レール乗	10.10	宮　崎	64.26
	今市駅レール乗	10.65	今　市	67.50
	木次駅レール乗	12.17	三　成	97.20
大浦粉炭	益田駅レール乗	9.59	益　田	62.94
	若松港帆船乗	6.80	宮　津	65.28
	若松港帆船乗	6.80	八　鹿	66.18
	若松港帆船乗	6.80	山　崎	67.02
	若松港帆船乗	6.80	梁　瀬	67.68
	若松港帆船乗	6.80	養　父	68.34
	若松港帆船乗	6.80	久　世	69.18
	若松港帆船乗	6.80	江　原	70.62
	若松港帆船乗	6.80	萩　原	70.98
	若松港帆船乗	6.80	成　松	71.04
	若松港帆船乗	6.80	津　山	73.68
	舞鶴港汽船乗	8.60	園　部	70.92
	舞鶴港汽船乗	8.60	和　知	72.54
	古井駅レール乗	11.70	美　濃	74.40
伊田八尺粉炭	宇島駅レール乗	4.35	宇　島	30.00
飯　塚	上熊本駅レール乗	6.36	熊　本	42.66
町田・雄別	山　元	4.00 7.75	長　井	45.00 64.56
撫順・山野	舞鶴港汽船乗	8.60	中上林	75.78
撫　順	大田駅レール乗	12.50	大　田	78.90
撫　順	清州駅レール乗	13.30	清　州	83.88
平　均		8.42		60.76

出典：郡是製糸株式会社機械課「燃料研究報告」（1931年4月）。
注：成松，園部，大田，清州工場には，ほかに工場着一万斤単価空欄の記載あり。

えられる。例えば，島根県仁田郡に位置した三成工場は，出雲館製糸所を買収して22年に操業を開始した工場であったが，先述の石炭単価が著しく高くなっ

表2-5　郡是製糸における石炭消費の推移

年度	対1日1釜		対10貫		対1釜生糸生産量(kg)
	石炭（斤）	燃料費（銭）	石炭（斤）	燃料費（円）	
1922	25.19	23.26	1.34	17.36	160
1923	22.58	34.06	1.10	23.42	175
1924	22.70	24.46	0.98	14.89	197
1925	23.36	22.16	1.03	13.72	194
1926	24.50	21.28	1.03	12.64	202
1927	23.40	22.30	0.97	12.98	206
1928	20.70	20.20	0.92	12.60	192
1929	18.20	15.90	0.82	10.06	190
1930	—	—	—	—	216
1931	20.60	14.20	0.61	5.91	288
1932	22.90	14.10	0.70	6.02	281
1933	27.60	18.50	0.75	7.04	315
1934	32.50	24.30	1.40	10.50	302
1935	32.20	25.40	1.37	10.78	310
1936	29.60	24.10	1.22	9.82	311
1937	28.40	24.60	1.15	9.94	320
1938	25.20	28.40	0.97	11.99	303

出典：郡是製糸株式会社「工務年報」（各年度）。ただし，対1釜生糸生産量はグンゼ株式会社社史編纂室編『グンゼ株式会社八十年史』グンゼ株式会社，1978年，56～59頁。

注：1933年までは「汽罐場調査」，34年以降は「燃料調査」によるため，集計範囲が異なる可能性がある。なお，燃料費には，石炭価格のほか，係員費，動力費が含まれている。また，石炭のほかに木炭，薪が計上された工場もあるが，それは含まない。1922年から1933年の対10貫データは，年間操業日数を320日と仮定して対1釜データより算出。

ていた。同工場では，当初石炭の使用を試みたようであるが，23年から26年までは木炭のみが燃料として計上されていた。その後，石炭の利用が始まっても，木炭，薪との併用が続いたようである。ほかにも，石炭の他に燃料を計上した工場がある。1922，23年の中上林，26年から29年の津山，1928年の山崎工場である[41]。これらの工場では，1920年代においても，価格の動向によっては石炭以外の燃料を利用しつつ，燃料費の節約を図っていたのである。

改めて，石炭消費に関する全社的な動向を確認しておこう。表2-5によると，同社統計は，石炭使用量を使用釜数で除した値を一つの目安としていた。1釜当りの石炭使用量は，1920年代後半に著しく減少したが，急速な釜当り生糸生産量の増加に伴い，1934年にかけて増加していった。生糸対10貫当りの石炭消費量は漸減しており，1930年代に微増したものの燃料節減に対する取り組

みは継続的に実施されたようである。1934年以後，釜当り石炭使用量は再び減少しており，同じく生糸生産量に対する石炭使用量も着実に減っていった。この間，生糸生産に必要とされる石炭消費量そのものの減少が進んでいたと言ってよいであろう。日本製糸業の衰退が明白となったこの時期，経営を存続させた製糸工場では石炭消費量の大幅な節減が実施されていたのである。

(3) 産業合理化と燃料問題

　戦間期におけるエネルギー節約政策を検討した小堀聡によれば，燃焼指導を中心としたエネルギー節約政策が最も普及したのは深刻な煤煙問題を抱えた大阪府であった[42]。ここでは，煤煙防止が不完全燃焼防止政策として追求され，燃料節約効果が実証された結果，燃料節約が産業合理化の一翼を担う政策課題として浮上した。1932年には，汽罐取締規則による汽罐士の免許制度が設けられ，煤煙防止のみならず燃料節約技術をもった人材の育成が図られた。同様の汽罐士制度を導入したのは，東京・京都であり，大都市での煤煙問題がこの取り組みを本格化させたことがわかる。その後，内務省は1935年4月に汽罐取締令を制定し，汽罐士制度を全国化した。

　こうしたエネルギー節約政策に対し，農村に位置する製糸工場がどのような影響を受けたかは定かではない。しかし，京都府・兵庫県に複数の工場を展開した郡是製糸が，大阪府の取り組みに通じていたであろうことは容易に推察される。火夫の交代により問題解決を図ろうとしたことからもわかるとおり，同社の燃料節約は燃焼方法の改善に及んでいた。そのような取り組みは，生糸生産量に対する石炭消費量を着実に減少させたと言えよう。

　ところで，全国的には，産繭額は1930年をピークに減少に転じ，蚕糸業の産業としての成長性は明らかに限界が見えていた。1930年の製糸業法は，中小経営の淘汰を目指し，150釜以下の経営に免許を与えない方針を示したものの既存の経営はそのまま免許を受けた。1936年には休業中の製糸経営の免許を取り上げる措置をとり，条文通りの運用が実施された結果，過剰設備の整理が進み，製糸工場数は激減した。経営を存続させた企業も，内需への対応を急ぐととも

に，事業の多角化に向かって新たな経営方針を模索しつつ，製糸業の合理化を進めた。製糸業は「商業的経営」から脱皮し，「工業的経営」を行うべきだというスローガンのもと，生糸生産に携わる個別経営は標準生産費の実現を図っていったのである[43]。

製糸業における生産費問題は，燃料費削減を進展させ，電気利用の道を開くことにもなった。例えば，「電気応用といえへば燈火用が一般的には関の山」の蚕糸業に電気の応用を説く論者は，電熱を生繭乾燥に利用することを主張した[44]。生繭の乾燥は，汽熱・火熱によるものが一般的で，木炭や石炭を燃料としていたが，常に火災の危険性を伴っていたためである。また，蒸気を利用する工場で働く工女の能率低下に対しても，電気を利用すれば蒸気パイプをはずし必要な箇所だけに放熱器を設けることができ，さらに夏は扇風機，冬は電気暖房を入れれば仕事の能率も上がるという。しかし，安全や能率の面で電熱の有利性を説く現状においては，電気料金の問題が依然残されており，実際には，蚕糸業者と電気供給業者とが連携して研究する必要性を説いたにすぎなかった。電熱繭乾燥機の実用化に関しては，電気料金のさらなる引下げが必要であった[45]。しかしながら，乾繭装置の不備はその後も問題視され，科学的応用が追及されていった[46]。

昭和初期の産業合理化の時代には，コスト対策の一つとして燃料の節約が求められ，そうした観点からの技術開発も進められていた。例えば，製糸工場で最も多くの蒸気を消費する煮繭作業に関して，進行煮繭機（100釜用）が6石の煮繭湯を沸騰し，浸透用の蒸気室に多量の蒸気を噴出させる必要があるのに対して，ある煮繭機の場合，煮繭湯は10分の1の6斗でよく，浸透に使う蒸気源は約2升の密閉小室で行うため，蒸気消費量が僅少で済み，燃料の90％を節約することができるという[47]。この時期の技術開発が，燃料費の削減という観点をもっていたことは特筆に価しよう。もっとも，中小製糸業者の多くが没落する中で，こうした取り組みを実現できたのは大規模経営に限られていた。逆に言えば，製糸業者の整理が進み，零細経営が廃業を余儀なくされるなかで，製糸業の燃料消費は生産規模以上に縮小を見たのである。

おわりに

　かつて，エネルギー消費量の増大は経済発展の重要な指標であった[48]。経済活動の活発化に伴ってエネルギー消費量が増すことは自明であり，その需要を満たすべくエネルギー産業の発展が企図された。しかしながら，石油ショック以降，日本のエネルギー消費は抑制され，安価なエネルギーを大量に消費する社会のあり方そのものが問われている[49]。低炭素社会の実現に向けて企業がCO_2削減に取り組むことが期待されている現在，改めて企業経営とエネルギー消費との関係が問われている。

　製糸業における石炭消費は，生糸輸出の進展とともに増大し，工場用炭の1割前後を占め続けた。第一次大戦期以降，急増する工場用炭のなかで製糸業の占める割合は低下したが，1920年代には再び消費量をのばしていった。日本製糸業は不況を増産で乗り切ろうと生糸生産量を増大させたが，石炭消費量は中小規模工場数の増加に伴って急増した。しかしながら，安価な燃料の確保に努めた製糸業において，石炭消費量は炭価に敏感に反応し，代替燃料との切換えや節約が実施された。さらに，恒常的な生産費の節減が求められるようになると，大規模経営を中心に燃料費の節約が進み，生糸生産量の増大にもかかわらず石炭消費量が減少していった。高炭価を発端とする燃料費の節約は，コスト意識を高めた経営によって生産費の見直しへと発展した。そして，製糸業の再編がすすみ，零細経営が淘汰されるなか，燃料費の節減は石炭消費量そのものを抑制し，製糸業の石炭消費量を急速に減少させたのである。

　従来，製糸業における石炭消費の動向は，基本的には産業の盛衰によって説明されてきた。例えば，「世界大恐慌期のニューヨーク生糸相場の下落により製糸業の輸出が不振に陥ったため，製糸業用炭もそれに従って1930年から消費高，比率とも低下した」との指摘がある[50]。確かに，「工場統計表」における製糸工場数は1931年をピークに減少し，従業者数も1929年の44万人をピークに減少する。しかしながら，そこで産出される生糸は，必ずしも減少しておらず，

この間，生糸生産量に対する石炭消費量は著しく低下していった。この事実は，低迷する日本製糸業において，急速にエネルギー効率を高めた経営の姿を示している。生産費の削減に取り組む製糸経営において，石炭の価格・品質に対する要求はきわめて高くなっていたと考えられる。そのような需要に対し，適切な供給を行い得た炭鉱経営のみが，発展的な展望を持ちえたといえよう。

注
1) 18世紀石炭市場の展開については，隅谷三喜男『日本石炭産業分析』（『隅谷三喜男著作集』第4巻，岩波書店，2003年，7～42頁）に詳しい。
2) 今津健治「明治期の工場用石炭消費量について」（秀村選三他編『近代経済の歴史的基盤』ミネルヴァ書房，1977年，549～564頁，今津健治『近代日本の技術的条件』柳原書店，1989年，219～233頁に再録）。なお，統計データの詳細は，今津健治「明治期の工場用石炭消費量統計」（『エネルギー史研究ノート』6，1976年3月），90頁の第1表を参照。
3) 『農商務統計表』によれば，1896年の国内石炭消費量306万9千トンのうち，工場用炭は51％を占めていた。
4) 1872年に300釜規模で操業を開始した富岡製糸場では，煮繭と繰糸用の湯をボイラー4基（1台は予備）の蒸気で沸かし，繰糸機，揚返機及び揚水ポンプを5馬力の蒸気機関（ボイラー1基）で運転した（玉川寛治「繊維産業」中岡哲郎他編『産業技術史』山川出版社，2001年，257頁）。
5) 前者は，谷口忠義「在来産業と在来燃料——明治～大正期における埼玉県入間郡の木炭需給」（『社会経済史学』64-4，1998年，61～86頁）。後者は，杉山伸也・山田泉「製糸業の発展と燃料問題——近代諏訪の環境経済史——」（『社会経済史学』65-2，1999年，3～23頁）。なお，薪炭から化石燃料へのエネルギー転換をめぐる問題は，1980年代以降のドイツにおける環境史研究の主要なテーマの一つであり，その概要については，出北廣道『ドイツ学界における環境史研究の現状——エネルギー問題への接近方法を求めて——」（『経済学研究』九州大学経済学会，67-3，2000年8月，61～85頁）に詳しい。
6) 例えば，フランスのエネルギー産業史では，「環境問題」としてダム建設に伴う自然破壊などを問題にしてきたのに対し，電力の普及に伴うエネルギー消費のあり方の変化そのものを「問題」としてとらえる見方が強まっている（中島俊克「フランスにおける環境史研究の動向——社会経済史の観点から——」『社会経済史学』73-4，2007年11月，85～92頁）。エネルギー消費のあり方そのものが問われている

7) 例えば，筑豊炭に関して，松尾純廣「第一次大戦前後における筑豊炭市場と企業間競争」(『エネルギー史研究』14, 1986年12月, 26～49頁), 荻野喜弘「第一次大戦前後における筑豊炭の市場動向」(『エネルギー史研究』15, 1991年12月, 1～35頁)。

8) 北澤満「第一次大戦後における石炭需要の変化と炭鉱経営の対応――粉炭需要・供給の拡大について――」(九州大学石炭研究資料センター編『エネルギー史研究』17, 2002年3月, 159～178頁)。

9) 齊藤保人『西条炭採掘史攷――諏訪岡谷の製糸業最盛期を支えた燃料炭』西条炭採掘史研究会, 2007年, 48, 49頁。

10) 今井五介「製糸燃料の変遷」(『石炭時報』9-12, 1934年, 52, 53頁)。

11) 鈴木淳『明治の機械工業――その生成と展開――』ミネルヴァ書房, 1998年, 141～170頁。なお，製造費用を最小限に抑えたこの地域のボイラーが，工場の大規模化や石炭の利用が進むにつれ，破裂事故を頻発させた過程については，中林真幸『近代資本主義の組織――製糸業の発展における取引の統治と生産の構造』東京大学出版会, 2003年, 54, 55頁に詳しい。

12) 前掲齊藤保人『西条炭採掘史攷』70頁。

13) 高村直助「明治後期諏訪製糸における水車動力」(『国立歴史民俗博物館研究報告』25, 1990年3月, 75～97頁)。

14) 『信濃蚕糸業史』下, 1937年, 966～975頁。

15) 長野県諏訪郡平野村役場『平野村誌』下, 1932年, 388, 389頁。

16) なお，常磐炭は燃焼カロリーが低いために煮沸に適しており，またそれゆえに安価であったため，製糸用炭として有利であったという (新鞍拓生「戦間期日本市場の需給構造の変化について」『経済学研究』九州大学経済学会, 66-5・6, 2000年2月, 129頁)。

17) 前掲隅谷三喜男『日本石炭産業分析』(『隅谷三喜男著作集』第4巻, 304頁所収)。

18) いわき市史編さん委員会編『常磐炭田史』いわき市, 155頁。原文は脇坂峰吉「炭業四十年の跡」『石炭時報』20-4。

19) なお，その後の常磐炭田の不振については，長廣利崇「1920年代における常磐炭鉱企業の停滞」(『大阪大学経済学』55-4, 2006年3月, 33～50頁)。

20) 以下，貨物運賃制度に関しては，國吉省三『鉄道運賃論』文雅堂, 1924年, 288～295頁参照。

21) 運賃改正による関東製糸業者の影響については，「製糸と石炭運賃 (其一)――関東製糸家の打撃」(『中外商業新報』1913年11月26日), による。

22) 南亮進『動力革命と技術進歩──戦前期製造業の分析──』東洋経済新報社，1976年，86，138～148頁。
23) 「工場統計表」は，製糸業の石炭消費量すべてをとらえているわけではない。製糸業においては，「工場統計表」の対象とならない経営が9割以上を占めるからである。例えば1922年の調査工場数は2,863であったが，「蚕糸要覧」における製糸総戸数は20万7,738戸に達し，うち10釜未満が20万4,311戸に及ぶ。設備釜数でみれば，総釜数55万釜のうち器械製糸3,736戸が28万釜を占め，座繰製糸15万3,888戸が19万釜，玉糸製糸50,114戸が8万釜となっている。器械製糸釜数が過半を占める一方で，製糸戸数の圧倒的多数を占めたのは座繰小経営であり，こうした経営がどのように燃料を消費していたのかを知ることは難しい。製糸業の石炭消費量が過小評価されている点に留意しつつ，「工場統計表」を用いて分析を続けることにしよう。
24) 「燃料節約研究」『大阪毎日新聞』1919年5月7日。
25) 「農商務省から木炭調節の厳命──製糸家が買占めたので夏季に大暴騰」(『報知新聞』1919年8月9日)。
26) 「標準価格を決すべき生糸生産費は幾何か（上，下）心許ない我蚕糸業の将来」(『東京日日新聞』1921年4月26日，27日)。
27) 今井五介「蚕糸業の悩みと其の合理化」(『時事新報』1928年8月16日～26日)(神戸大学新聞記事文庫蚕糸業18-004)。
28) 農林省蚕糸局『製糸業実態調査成績』大日本蚕糸会，1932年。
29) 「場長会録事」1919年1月。
30) 「場長会録事」1919年8月。
31) 「場長会録事」1919年8月。
32) 「場長会録事」1923年11月。
33) 工務課長「長野県の職工及び汽罐に付き視察報告」(「場長会録事」1924年12月)。
34) 「場長会録事」1925年4月。
35) 用度課「石炭運賃に干する件」(「場長会録事」1925年9月)。
36) 用度課「石炭契約に干する件」(「場長会録時」1927年7月)。
37) 用度課「石炭の受引並に貯炭に関する件」(「場長会録事」1925年5月)。
38) 理化学研究所は，蚕糸の理化学研究を進めるため1925年に設置され，1938年には蚕糸科学研究所と改称してナイロンの研究を行った（グンゼ株式会社社史編纂室編『グンゼ株式会社八十年史』1978年，281頁）。
39) 理化学研究所「各工場使用石炭試験成績に干する件」(「場長会録事」1925年11月)。
40) 「場長会録事」1926年4月。
41) 郡是製糸株式会社『工務年報』各年度。

42) 小堀聡「戦間期日本におけるエネルギー節約政策の展開——燃焼指導に着目して——」(『歴史と経済』第195号,2007年4月,48〜64頁)。
43) 「製糸業者は従来只商業的利潤の追求のみを事として来た関係から商業的製糸経営には堪能であるが全く科学的であるべき工業の経営並に工業の生産利潤の獲得には幾分欠くる処があると感ぜられる。」(長野県工業試験場技師岡村源一「産業合理化と蚕糸業合理化に就て」『生糸の国』第9巻第5号,1937年5月発行,13〜15頁)。
44) 農事電化協会特別委員工学士司城正木「電気と蚕糸業に就て」(『大日本蚕糸会報』35-410,1926年4月,378〜383頁)。
45) 河東田辰雄「電熱繭乾燥機実験の概要」(『大日本蚕糸会報』422号,1927年4月,13〜15頁)。
46) 例えば,蚕糸工業所専務理事小松嘉蔵「生糸工業の合理化」(『蚕糸界報』456号,1930年2月,14〜24頁)。
47) 野澤舀「生糸コスト対策を探求す」(『蚕糸界報』512号,1934年10月,81頁)。
48) 石光亨「日本のエネルギー消費と経済発展」(『国民経済雑誌』108-6,1963年12月,67〜83頁)。ここでは,エネルギー消費量の水準の低さが,低開発状態の一指標としてとらえられている。
49) 例えば,1973年度と2003年度を比較すると,経済規模は2倍,製造業全体の生産額も1.7倍に増加したにもかかわらず,製造業のエネルギー消費は微増に止まっている。その要因は,省エネルギーの進展と産業構造の変化に求められている(『エネルギー白書』2005年版)。
50) 前掲新鞍拓生「戦間期日本市場の需給構造の変化について」95〜157頁。統計データの不備を指摘しつつも,産業別石炭消費量の全体構造の把握を試みているが,この点については,石炭需要産業からの分析がなお必要であろう。例えば,製糸業については,「石炭の養蚕地帯への燃料としての進出と製糸業の生産高の増加により,製糸業は石炭需要を増加させ」(129頁)たとするが,養蚕用の石炭消費量が統計上製糸業に含まれることはないと思われる。また,生産高の増加と石炭需要の増加を直結させるのも問題がある。

第3章 石炭窯の普及における地域的偏在
――有田陶磁器業を中心にして――

宮地 英敏

はじめに

　本章の課題は，近代日本陶磁器業の発展にとって最も重要な技術導入であった石炭窯が，高級品陶磁器産地として成長を遂げていく佐賀県有田地方で導入されるのが遅れた原因を明らかにすることである。筆者は以前，石炭窯が近代日本陶磁器業に与えた技術上のインパクトを考察した[1]。それを簡単にまとめるならば以下のようになる。近世以来の登り窯による陶磁器製造では，製造コストの約5割を燃料費に費やしていた[2]。それが，1910年代に広く普及した石炭窯によって薪から石炭へと燃料が転換することにより，燃料費の割合を約2～3割まで低減させることができた[3]。こうして石炭窯を導入した日本陶磁器業は，価格競争力を強めて海外市場へも飛躍していくこととなる。しかし，筆者が以前に行った石炭窯導入に関する考察は，主に岐阜県東濃地方および愛知県瀬戸地方を対象としたものであり，全国的な視点には欠けていた。そこで本章では，石炭の大産地である北部九州地方に位置し，石炭窯導入の時期に愛知・岐阜に続く陶磁器業産地であった有田陶磁器業を対象としつつ，石炭窯導入の全国的な展開を検討する一助としたい。

　さて本章の構成は，まず「1　石炭窯の導入――有田を中心に――」において，1910年代から20年代にかけての有田における石炭窯導入の様子を概括する。そこでは，有田が東濃や瀬戸と比べて，相対的に石炭窯の導入が遅れた地域で

あることが具体的に明らかにされる。その上で「2　石炭窯に適合的な石炭の条件」では，石炭窯を利用する際に重要であった，石炭に求められた具体的な品質に関して，技術者へのインタビューなども用いつつ明らかにする。「3　佐賀県技師による石炭品質分析の再検討」では，前節で明らかにされた石炭窯に理想的な石炭を念頭に置きながら，実際に九州一帯の石炭を，当時の技術者が化学分析した結果を再検討することになる。「4　濃尾における石炭窯利用の変化と有田石炭窯」では，1920年代における有田・東濃・瀬戸の石炭窯利用の変化を捉える。「おわりに」では，有田において石炭窯導入が遅れた点を，有田陶磁器業と北部九州の石炭業の両面から位置づけることになる。

1　石炭窯の導入──有田を中心に──

そもそも，石炭窯導入のために欧州の石炭窯を日本の在来築窯技術で設置できるように改良し，実現させた人物として松村八次郎（1869～1937）がいる。筆者が以前に取り上げたように[4]，松村八次郎は名古屋の陶磁器製造業者であるが，もとは佐賀県西松浦郡曲川村（現佐賀県西有田町）に生まれ，東京職工学校（現東京工業大学）でG.ワグネルに学んだのち，名古屋の陶磁器製造問屋である松村九助（1845～1912）のところに婿入りした人物であった。その松村八次郎が石炭窯改良に関心を向けたのは，正しく彼の出身地が有田近隣であったことに由来する。東京職工学校時代の松村八次郎は，「濃尾磁業家に比し，大に後れを取りたる」自分の故郷を活性化させるためには，「肥前の如く，至るところに石炭に富むの地にありては，（中略）是非とも石炭を用ゆることに，改良せさるへからす」という認識から石炭窯改良に取り組んでいた[5]。

松村八次郎によって1906（明治39）年に開発され，1909年頃から東濃および瀬戸で急速に普及していった松村式石炭窯は，時を同じくして松村八次郎の故郷である有田にも伝えられた。有田における松村式石炭窯としては，1908年末に完成し，年を越して翌年1月に初窯出を行った，香蘭社の石炭窯が先駆的事例として挙げられる。香蘭社では，18.2m×11.5m×高さ5.6m（ドーム屋根

部を含めた場合には10.8m）で，床下の煙道までが1.5mという，標準的な大きさの松村式石炭窯を設置した[6]。香蘭社の松村式石炭窯に関しては，金岩昭夫の研究が参考になる[7]。金岩昭夫によると，松村八次郎が義父九助とともに有田を訪れ，松村の実家とともに，香蘭社と青木兄弟商会（青木甚一郎）[8]に松村式石炭窯を設置した[9]。また，青木兄弟商会の築窯に協力した技師梶原幸七が，その後有田村黒牟田地区にて独自に築窯を行った際，それがうまく稼動し，有田での松村式石炭窯の普及に役立ったという[10]。

ところが山田雄久の研究によると[11]，香蘭社に設置された石炭窯については，松村式石炭窯と倒焔式石炭窯の双方とも[12]，「美術・日用品製造には品質面で問題があったため，主として碍子製造において石炭窯を用い」ていたと説明している[13]。ここで問題となるのが，山田雄久が「品質面で問題」があるとした点である。東濃や瀬戸で松村式石炭窯が普及したのは，ヨーロッパから直接技術輸入した石炭窯と異なり，日本の石炭にも適合的で焼成した製品品質が確保されたことに起因する。松村式石炭窯をより簡略化した瀬戸の加藤惣十のケースであるが，それでも製品の中国向茶碗は，従来の登り窯と比べて「品質上等なる故，白にて3厘，画附にて8厘高」で取引することができたという[14]。また東濃でも，煎茶碗，コーヒー碗皿，盃，猪口，奈良茶碗，湯呑などが「石炭にて良好に焼成」できていた[15]。

こうして，1個当りの単価が2～5厘の煎茶碗や猪口を生産し，「盛大の勢ひを以て進むものは，日用普通品の類のみにして，装飾ある品，即ち，勝手道具以外の品には見るべきものなき土地」であると評されていた東濃や[16]，「名誉の歴史を有する土地」ではあるが「其技を修め其業を継ぐ者は今幾干かあるや」と指摘されていた瀬戸では[17]，松村式石炭窯は積極的に導入され燃料費の低減をもたらして大きな役割を果たした[18]。しかしそれでも，製品に「いぶり」がついてしまって，満足なものはなかなか焼けなかったと言及されることもある[19]。このため，「松割木は近年石炭窯の普及と共に漸次減し，現今大器焼成用の登窯に用ゐらるゝのみ」[20]と言われたように，大きく美術的な製品を焼成する際には，依然として登り窯が使われていたのである。

表3-1　1920年代前半における石炭導入状況

(単位：基)

	薪　窯	石炭窯	総　数
愛知県	541	115	656
岐阜県	313	268	581
佐賀県	220	極少数	220+ a

出典：有田町史編纂委員会『有田町史陶業編Ⅱ』309頁より作成。
注1：愛知県は1922年、岐阜県は1921年、佐賀県は1923年の値。
注2：談話中では単位が「室」であるとされる。しかし、『農商務省統計表』などで確認すると、表中の数値は窯数に近似しており、室数はその数倍に達する。そこで単位は、藤木技師の記憶違いか、聞き手の錯誤だと判断した。

ましてや、「都て能く、古作の図様形状等を守て、其趣味を失はざるのみならず、大に精粗の各種を通じて整備せる処は、工技の熟練に外ならずして、他に優るの第一義なりと思惟したり」[21]とまで好評価を得ていた有田では、若干であろうとも「いぶり」「くすみ」などが残る松村式石炭窯の導入は躊躇せざるをえなかった。その後の有田における石炭窯の導入の様子を確認しておこう。東濃や瀬戸で松村式石炭窯が急速に普及した大正期に、佐賀県の産業技師藤木保道が東濃および瀬戸を視察した報告談が残されている。その数値を表3-1に掲げた。ただし、上絵付工程の錦窯などは除き、本焼工程のみの窯の値である。ここで岐阜県ではすでに総窯数の5割弱、愛知県でも総窯数の2割弱を石炭窯が占めるようになっている[22]。ところが先ほど述べたような美術品製作のための限界があり、佐賀県ではほとんど石炭窯が導入されていなかった。そこで、視察から帰郷した藤木保道技師は、佐賀県下で焼成工程への石炭燃料の使用奨励を大々的に行い、翌1924（大正13）年には西松浦郡に27基、藤津郡に15基の石炭窯を設置させることに成功した[23]。

上記の点に関して、4年を経た1928（昭和3）年の調査であるが、次のように興味深い内容が記されている。

〔史料3-1〕[24]

　有田地方

　　窯は丸窯及古窯多く、燃料は県下及近県産の松薪及細木を使用す。近来、

県当局は石炭窯の建設を奨励し，一窯に付，建設費五百円を補助せる結果，漸次石炭窯使用の機運に向はんとしつつあるも，未だ広く普及するに至らず。

つまり，1924（大正13）年に藤木保道が先頭に立って石炭窯の普及に努めた際に，佐賀県から窯1基につき500円の補助金が支出されたというのである。大正末頃の東濃や瀬戸における石炭窯の設置費用が約500円であるので[25]，佐賀県の各窯屋は設備投資に対して自己負担することなく，ほぼ全額を県からの補助金で賄えたであろう。このために，それまで美術品には合わないなどの理由で有田に普及していなかった石炭窯が，一気に42基も登場することになったのである。こうして，早くも翌1925（大正14）年には工学会において，「名古屋の松村八次郎は，更に独特の窯式をだせり。而も独仏式の大窯は，大工場の外に行はれ難く，小形の角窯のみ瀬戸辺に拡まりて，更に美濃に及ぶ，夫より肥前にも伝播」[26]したと評価されるようになった。

ところが，補助金をつけて強引に普及させた石炭窯は，やはり有田では持て余す存在となってしまった。有田での石炭窯設置から4年を経た1929（昭和4）年の調査書でも，「従来は多く木材の薪を用ゐて来て居るものであるが，近年に至りて石炭窯の使用盛に行はれ」るようになったと述べつつ，「現在に於ても品質の美術的なるものは，石炭窯にては尚不能の状態で，有田地方の如き，比較的大規模な工場でも，尚薪を燃料として居る向が多い」[27]と指摘されている。折角の県による補助政策も効果は薄く，やはり依然として登り窯が主に使われ続けていたのである。

ここで表3-2を見てみよう。これは，松村式石炭窯が普及し始めた明治末年から大正初期における，石炭の使用状況に関するデータである。参考となるデータ数は少ないが，田川の方城炭砿，金谷炭砿，豊国炭砿と，鞍手の新入炭砿から産出された石炭が使用されている。瀬戸や東濃では，わざわざ北部九州から石炭を輸送して松村式石炭窯に利用していたのである。瀬戸や東濃の窯屋では，低品質の日用飲食器生産において，石炭の価格によって製品価格を大幅

表 3-2　明治末年から大正期における石炭窯の使用石炭

窯屋名	所在地	調査年	使用石炭
定林寺窯	東濃	1909（明治42）年	方城炭砿，新入炭砿
加藤春光	瀬戸	1910（明治43）年	新入炭砿，豊国炭砿，方城炭砿
妻木（B）	東濃	1911（明治44）年	金谷炭砿
加藤甚兵衛	東濃	1911（明治44）年	新入炭砿（二等炭）
妻木（A）	東濃	1911（明治44）年	方城炭砿
加藤惣十	瀬戸	1912（大正元）年	新入炭砿（二等炭）

出典：熊沢編『窯業全集第3集』454～461頁より作成。

に低落させることで，価格競争力を武器にして市場を掌握していった[28]。それならば，なぜ有田陶磁器業は北部九州に立地するというメリットを生かし，低品質低価格製品を生産するという戦略を採らなかったのであろうか。初期には瀬戸および東濃に後れを取ったかもしれないが，その後の巻き返しの可能性は当然持っていたはずである。次節以降では，有田が低品質低価格路線へと転換しなかった，またはできなかった理由を探ることを目的に，まずはより詳細に石炭に注目して考察を進めることとしよう。

2　石炭窯に適合的な石炭の条件

　松村式石炭窯などによる焼成が，日常的に使われる一般的な陶磁器の焼成には十分でも，高額で取引される美術品の焼成には不十分であり，それが有田における石炭窯普及の隘路となっていた点を確認した。それは，窯自体の問題というよりもむしろ，後述するように日本の石炭の問題でもある。それでは，美術的な水準をもクリアし得る，陶磁器焼成のために十分な石炭とはどういう品質のものであったのであろうか。高級飲食器で名高い大倉陶園の岩田恒三郎工場長によると，「先ず第一に長焔を要す。従って揮発分の多きを望み，且つ又発熱量の大なるを要するを以て，固定炭素の多きを望む事なり。灰分は出来る丈け少く，硫黄分又無きものを希望す」ると種々雑多な条件が列挙された。その上で，「斯く条件を並べ立つれば，中々に好良の石炭は少」ないと身も蓋もない説明がなされていた[29]。

表3-3　石炭窯に使用する石炭の条件

成　分	適合値			
揮発分	40〜45%	◎適合値	○誤差5%	△誤差10%
固定炭素	30〜40%	◎適合値	○誤差10%	△誤差25%
灰分①	10%以下	◎適合値	○誤差5%	△誤差10%
硫黄分	1%以下	◎適合値	○誤差5%	△誤差10%
焔	長い			
骸炭粘結性	中位			
灰分②	融結せず			

出典：久住「窯業化学分析報告」57頁より作成。ただし，誤差に関しては筆者が便宜上設定。

しかし上記のような一般論では，石炭窯に必要とされた石炭の品質に関して，その詳細がわからない。そこで本節では，陶磁器焼成窯を専門とする技術者であった山口為男氏の助けを借りつつ，理想的な石炭の品質に関して考察していくこととしたい[30]。山口為男氏は，本節で掲げるような理想的な石炭条件を提示し，第4節以降で実験結果を詳細に分析することとなる石炭の試験を行った，佐賀県窯業試験場の久住久技師の後輩にあたる。

有田陶磁器業において石炭窯に用いる石炭の条件としては，久住久は表3-3のような基準を提示した。まず岩田恒三郎が筆頭に挙げた焔の長さであるが，窯内で陶磁器に直接焔が当たってしまうと，器物表面の色合いに変化をもたらしてしまう。陶磁器は窯内で，匣鉢（サヤ，ボシ，エンゴロ）と呼ばれる陶磁器を保護する簡単な焼き物にはめ込まれて並べられている。窯内では焔が天井まで巻き上がり，その後に全体に広がる動きをするのであるが，焔が短い場合には，天井まで上昇せず，匣鉢の間を縫って直接器物に焔が触れてしまうので好ましくなかった[31]。しかし焔に関する点は，その他の種々の条件を満たした十分条件であり，焔の長さそれ自体が石炭に求められる必要条件ではなかった。

陶磁器焼成に用いる石炭で，第一に考慮しなければならない点は揮発分である。揮発分とは，石炭を比較的低温で焼成した時に，重量の減量割合から固有水分を測定した数値であるが，この石炭全重量に占める割合が40%〜45%の範囲内に収まるのが理想的であるとされた。仮に揮発分が45%を超えるようであると，下絵用の絵具の色合いを著しく変化させてしまうため，取り扱いが困難

であった。しかし九州炭は「概して揮発分少なし」[32]と指摘されるように，45％という上限よりもむしろ40％の下限の方が重要であった。石炭の揮発分が40％を下回ると，後述する硫黄分と反応して硫酸塩となり，それが灰分中に残存することとなった。そして，灰が釉薬に付着することによって釉薬の耐火性を低下させた。釉薬とは，高温で焼成させてガラス質へと変化させるものであるため，耐火性が低下することは，十分にガラス質にならず，品質を保持できないことを意味したのである。

続いて重要な成分は灰分の分量であり，10％以下であることが理想とされた。灰が陶磁器に付着した場合，灰そのものが釉薬の役割を果たしてしまう。そのため，石炭の灰が多すぎ，かつ粘結性が低い場合には，それが陶磁器の表面に付着して，釉薬を変化させてしまう危険性があった[33]。また一方で，石炭の灰の多寡にかかわらず，灰分の粘結性が高い場合には，別の問題を生じさせた。粘結性の高い灰では，燃え残った灰分が固着して塊と化してしまう。これは，一時的には窯室内の温度を高温に高めた後，空気の流れを遮断して今度は逆に窯室内を低温へと変化させてしまう。一定温度で長時間の焼成を要する陶磁器業では，窯室内の温度に異常をもたらす原因は，是が非でも取り除かざるを得なかったのである。またロストル（引掻き棒）でもなかなか取り出せない灰の塊は，それ自身が窯を痛めつけるという難点も併せ持っていた[34]。

三つ目に問題となるのは硫黄分である。これは１％以下という基準が出されているが，少なければ少ないほど陶磁器焼成には適していた。硫黄分は，先述のように揮発分と反応して硫酸塩となり，さらに釉薬と反応して耐火性を低下させることに加え，硫酸塩の結晶が陶磁器表面に析出することもあった[35]。日本陶器（現ノリタケカンパニーリミテド）で取締役兼工場支配人を務めた伊勢本一郎は代表的な石炭窯による焼損じとして，「シミ，アメ色，ブク，焼過ぎ，焼不足，釉ハゲ，曲キレ，破損等」[36]を列挙しているが，このうち二つ目に登場する「アメ色」こそが，硫黄分による釉薬の色の変化であった。西欧においては純白が，日本や中国では青みがかった白が好まれるという違いはあったが，洋の東西を問わず硫黄分によって黄色がかった白色は，清潔感を持たれず陶磁

器の色合いとしては好まれなかったためである[37]。

　石炭中の固定炭素が少ない場合には，揮発分や灰分が反比例的に増加してしまうという問題を抱えていた。また逆に，固定炭素の比率が高い場合には，長時間をかけて燃焼が固定炭素の表面上でのみ進行していくことになる。そのため，燃焼時間の調節が難しく，かつ窯の一部だけを高温にして傷めてしまった。また，石炭燃焼後も未燃分として一部が残ってしまうという難点も抱えていた。つまり，固定炭素が多ければ多いほど良いというわけではなかったのである。そこで，固定炭素についても30〜40％という数値が望ましいという分析結果が出された。

　さて残るは骸炭粘結性についてである。骸炭とは一般的には石炭を高温乾留したコークスのことであるが，ここでいう骸炭粘結性とは石炭が崩れやすいか否かという特徴のことである。骸炭粘結性が弱い，つまりは崩れやすい石炭の場合には，窯に石炭を投げ入れた際に石炭が粉末状になり，灰を描き出す火網からこぼれ落ちてしまう。このため，大幅なカロリーのロスとなる。一方で骸炭粘結性が強い，つまりは石炭の塊としての結合が強固な場合には，投炭をする際に一カ所に石炭の大きな塊が位置取ってしまい，窯内の焔や熱の流動を妨げるという弊害を誘発する。このために，骸炭粘結性は，弱からず強からずという，中位のものが適合的であるとされた[38]。

　また表3-3中の各種成分の合計値は100％とならないが，これは石炭中には水分が含まれているためである。水分が直接的に石炭窯での燃焼に与える影響は小さいため，捨象して考えることが可能である。しかし，水分が少なくなると，反比例的に揮発分，固定炭素，灰分，硫黄分などが増加することを意味するため，それらが適度に存在している必要はあった。

　石炭窯の普及を目論んだ有田では，佐賀県窯業試験場によって以上のような石炭窯に適合的な石炭の品質が研究されていた。そして，表3-3のような石炭を探すべく，全国各地の石炭の標本検査へと，その研究を進めていった。そのうち，主に九州北部の産炭地からの石炭標本の分析が残されている。次節以降では，その分析結果を基にしつつ，有田が使用できた石炭に関してさらに考

察を深めることとしよう。

3　佐賀県技師による石炭品質分析の再検討

　本節では，先程の久住久による佐賀県窯業試験場での実験データをもとにしながら，表3-4から表3-9まで，北部九州炭の品質を陶磁器焼成用という観点から確認する。ただしその際には，厳密な数値基準に基づいて分析すると，陶磁器焼成に適合的な石炭は皆無になってしまう。そこで以下のような操作を行う。久住久の挙げた条件に合致している場合には◎を付ける。影響が比較的大きい揮発分，灰分，硫黄分では誤差5％以内で○，誤差10％で△を附し，残りを×とする。ある程度の幅が許される固定炭素分では，誤差10％以内の場合には○を，誤差25％以内の場合には△を附し，残りを×とする。便宜上，揮発分，灰分，硫黄分，固定炭素分の順番にみていくこととする。

　まずは有田町が属する佐賀県の石炭について表3-4を作成した。揮発分をみると，調査対象の15種類の石炭のうち，上部の杵島炭（粉炭），浦崎炭，杵島炭（微粉炭）の3種類は多すぎて不適合である。また，山代小岩炭から久間村志田炭までの下位8種類は少なすぎる。この揮発分の段階で，佐賀県内で産出される石炭のうち伊万里炭から西岳炭の4種類しか石炭窯に適さない。灰分についてみると，上記の4種類の石炭のうち，伊万里炭，多久炭，西岳炭は多すぎる。また杵島洗粉炭は硫黄分が多すぎる。このように有田近隣の佐賀県の石炭は，どれも陶磁器業に適合する品質ではなかった。

　続いて，有田は佐賀県の西部に位置するため，隣接する長崎県産の石炭について表3-5より検証する。長崎県産の石炭の場合には，まず揮発分から見ると，誤差1割の範囲内に折尾瀬炭①および②，中里炭①および②，中通炭と12種類中5種類の石炭が残される。このうち灰分の数値と，硫黄分の数値から中里炭①と折尾瀬炭②が不適合となる。ところが残された中里炭②，折尾瀬炭①，中通炭の3種類は，ともに固定炭素分が多すぎたことがわかる。つまりは，有田に隣接する長崎県の石炭もまた，どれも使用には不適合であった。

第3章 石炭窯の普及における地域的偏在

表3-4 佐賀県産の石炭 (発熱量の単位:カロリー,以下同)

石炭名	発熱量	揮発分		固定炭素分		灰 分		硫黄分		備 考
杵島炭(粉炭)	6,620	61.0%	×	24.7%	△	13.3%	×	3.00%	×	灰やや融着
浦崎炭	6,840	51.1%	×	34.7%	◎	11.6%	×	0.49%	◎	
杵島炭(微粉炭)	6,050	47.1%	×	29.2%	×	23.7%	×	2.69%	×	灰融着
伊万里炭	6,200	40.1%	◎	48.4%	△	11.5%	×	1.24%	×	
多久炭	7,640	39.7%	○	50.2%	×	10.0%	◎	—		
杵島洗粉炭	7,070	37.6%	△	52.1%	×	10.2%	○	2.86%	×	
西岳炭	6,820	37.5%	△	45.6%	△	16.9%	×	0.40%	◎	
山代小岩炭	6,600	36.3%	×	55.9%	×	7.8%	◎	0.72%	×	骸炭不粘結
東山代炭	6,780	35.6%	×	55.1%	×	9.3%	×	0.60%	×	
古川四尺炭	8,200	35.4%	×	59.7%	×	3.8%	◎	0.25%	◎	
福島炭	7,300	34.1%	×	49.3%	×	16.6%	×	0.48%	◎	
山代炭	6,930	33.3%	×	57.0%	×	9.7%	◎	1.47%	×	
東松島炭	6,390	32.5%	×	46.9%	△	20.5%	×	1.74%	×	骸炭粘結最強
唐津二枚炭	4,790	22.0%	×	45.4%	△	32.6%	×	—		
久間村志田炭	6,780	15.3%	×	77.9%	◎	6.8%	◎	2.33%	×	

出典:久住「窯業化学分析報告」57~63頁より作成。

表3-5 長崎県産の石炭

石炭名	発熱量	揮発分		固定炭素分		灰 分		硫黄分		備 考
三河内炭	5,690	62.10%	×	11.22%	×	26.68%	×	1.98%	×	骸炭不粘結
一ノ川炭	7,650	47.04%	×	41.19%	○	11.77%	×	3.04%	×	
折尾瀬炭②	6,500	41.46%	◎	46.54%	△	12.00%	×	1.40%	×	
中里炭②	6,500	39.50%	○	56.92%	×	3.58%	◎	—		
折尾瀬炭①	6,790	38.60%	○	51.70%	×	9.70%	◎	0.70%	◎	
中通炭	7,750	38.50%	×	53.60%	×	7.90%	×	0.70%	◎	
中里炭①	6,220	37.20%	×	47.83%	×	14.97%	×	2.15%	×	
今福炭(掘返し)	7,300	35.63%	×	56.24%	×	9.53%	◎	3.68%	×	骸炭粘結著しい
木場炭	6,850	34.84%	×	48.15%	△	17.01%	×	—		
今福炭第三坑	6,210	32.30%	×	56.76%	×	10.94%	△	2.38%	×	
相浦炭	6,220	27.37%	×	71.38%	×	11.24%	×	1.02%	○	
対州炭	5,070	7.74%	×	65.96%	×	26.30%	×	0.78%	×	

出典:久住「窯業化学分析報告」57~63頁より作成。

表3-6 遠賀郡産の石炭

石炭名	発熱量	揮発分		固定炭素分		灰 分		硫黄分		備 考
高松塊炭	6,850	45.14%	○	44.22%	△	10.64%	△	0.45%	◎	骸炭粘結やや強
高江炭	7,750	42.41%	○	53.23%	×	4.36%	◎	0.25%	◎	
高松水洗中塊	7,300	39.24%	○	45.40%	△	15.36%	×	2.32%	×	骸炭粘結強
中鶴炭	5,360	36.80%	△	51.58%	×	11.62%	×	0.62%	×	
大正鉱業炭	6,820	36.54%	△	50.82%	×	12.64%	×	0.39%	◎	
高松炭	6,500	32.90%	×	55.96%	×	11.14%	×	0.35%	◎	

出典:久住「窯業化学分析報告」57~63頁より作成。

続いては筑豊地域に場所を移し,遠賀郡産の石炭から順次見ていくこととしよう。表3-6が遠賀郡産石炭の成分比を表している。揮発分に関しては,高

松炭が低すぎるのみで，残りの5種類は適合的である。ところが，高松塊炭と高江炭以外は灰分多すぎて不適合となる。高松塊炭と高江炭は両者とも硫黄分が少ないが，高江炭の方は固定炭素分が若干多すぎる。このため，高松塊炭のみが成分分析によって適合的であった。ところが，高松塊炭には但し書きとして，「骸炭粘結やや強」という記入が見られる。成分分析による比率は適合的であったが，粘結性を含めた場合には，高松塊炭は使用が困難であった。

続いて，嘉穂郡産の石炭を表3-7に掲げた。揮発分では，上山田炭および嘉穂炭のみが範囲内にとどまっている。しかし灰分が両者ともに多すぎる。硫黄分および固定炭素分を検討するまでもなく，嘉穂郡産石炭の中には石炭窯に適合的な石炭は存在しなかった。

表3-8は田川郡産の石炭に関するデータである。まず揮発分をみると，20種類中，方城炭①から方城炭②までの14種類と，かなりの石炭が適合的な範囲内に収まっている。この14種類中，方城炭①，田川炭③，宮尾炭①，方城炭④の4種類は灰分が多すぎて不適合だとわかる。残る10種類中，岩屋炭は硫黄分が多すぎて残すは9種類となる。このうち香春炭は固定炭素分が多すぎ，また付記により宮尾炭②は「骸炭不燃結」[39]とされているため不適合である。こうして本宮尾炭が揮発分の10％誤差以内で，豊国炭から方城中塊炭までと田川炭②の計5種類が固定炭素分の20％誤差以内で使用に適していた。

最後に表3-9で，糟屋郡産の石炭をみていく。揮発分に関しては，昭和炭以外は理想的な値の10％誤差以内に収まっている。また灰分と硫黄分を踏まえても，敷島塊炭・高田塊炭・粕屋炭の3種類が適合的である。ところが，固定炭素分を見ると，敷島塊炭は固定炭素分が超過しているので，粕屋炭と高田塊炭が固定炭素分20％の誤差内で適合的といえる。

以上のように，田川郡や粕屋郡など，骸炭粘結性の点で不明な点もあるが，佐賀県窯業試験所による科学的な調査・分析の結果，筑豊炭田や粕谷炭田の石炭の中にはいくつか石炭窯に使用可能な石炭が存在することが判明した。それらは完全に有田の理想とする炭質ではないが，若干の誤差の範囲内に収まっていた。先述の東濃や瀬戸で用いられていた石炭も，これらのグループに分類さ

第3章 石炭窯の普及における地域的偏在 67

表3-7 嘉穂郡産の石炭

石炭名	発熱量	揮発分		固定炭素分		灰 分		硫黄分		備 考
筑紫塊	7,300	54.40%	×	31.80%	◎	13.80%	×	0.29%	◎	
上山田炭	7,640	41.80%	◎	44.30%	△	13.90%	×	2.14%	×	骸炭粘結強
嘉穂炭	7,070	39.59%	○	48.95%	○	11.46%	○	0.65%	○	
鯰田塊炭	7,300	30.53%	×	56.34%	×	11.57%	○	0.84%	◎	
嘉門炭	7,070	29.11%	×	59.65%	×	11.24%	○	2.56%	×	
玄王炭	7,930	28.68%	×	64.52%	×	6.80%	◎	0.66%	◎	
大城炭	7,090	27.26%	×	57.70%	×	15.00%	×	0.49%	◎	
二瀬炭	6,500	26.30%	×	50.38%	×	23.56%	×	0.54%	◎	

出典:久住「窯業化学分析報告」57～63頁より作成。

表3-8 田川郡産の石炭

石炭名	発熱量	揮発分		固定炭素分		灰 分		硫黄分		備 考
田川炭④	6,200	56.22%	×	22.38%	×	21.40%	×	0.42%	◎	
方城炭①	7,300	48.14%	△	38.23%	◎	13.01%	○	0.99%	◎	
本宮尾炭	6,460	48.10%	△	43.20%	○	8.70%	◎	0.27%	◎	
宮尾炭②	7,660	47.67%	△	43.53%	○	8.80%	◎	0.28%	◎	骸炭不粘結
豊国炭	7,380	46.36%	○	46.88%	△	6.76%	◎	0.46%	◎	
式部炭	7,360	45.84%	○	46.68%	○	7.48%	◎	0.80%	◎	
起行小松炭	7,300	44.88%	○	50.00%	△	5.12%	◎	0.25%	◎	
方城中塊	7,300	44.59%	○	45.34%	○	10.07%	○	0.84%	◎	
岩屋炭	6,500	42.10%	◎	48.70%	○	9.20%	○	2.54%	×	
香春炭	6,840	41.55%	◎	50.77%	×	7.68%	◎	0.95%	◎	
田川炭③	6,200	41.24%	◎	36.64%	◎	22.12%	×	0.45%	◎	
田川炭②	7,720	40.77%	△	49.50%	△	7.75%	◎	0.41%	◎	骸炭粘結弱
宮尾炭①	7,300	40.15%	○	42.52%	○	17.33%	×	0.33%	◎	
方城炭④	4,790	39.50%	○	27.70%	○	32.80%	×	0.65%	○	
方城炭②	7,640	39.20%	○	55.50%	×	5.30%	○	0.73%	○	
方城鱗状	7,750	35.60%	×	57.64%	×	3.56%	◎	0.33%	◎	
共愛炭	7,070	34.88%	×	55.12%	◎	10.00%	○	1.49%	×	
方城炭③	7,500	32.12%	×	47.60%	△	7.30%	◎	0.41%	◎	
田川炭①	7,070	27.18%	×	60.20%	○	10.42%	○	0.45%	◎	骸炭殆無粘結
田川三尺	5,930	22.54%	×	52.26%	×	25.20%	×	0.20%	◎	

出典:久住「窯業化学分析報告」57～63頁より作成。

表3-9 糟屋郡産の石炭

石炭名	発熱量	揮発分		固定炭素分		灰 分		硫黄分		備 考
敷島中塊	7,360	46.61%	○	39.85%	◎	11.50%	×	0.52%	◎	
糟屋炭	7,640	45.80%	○	47.92%	△	6.28%	◎	0.22%	◎	
高田塊炭	6,840	43.22%	◎	46.70%	○	9.78%	○	0.54%	◎	
田富炭	7,750	40.53%	◎	45.74%	○	13.73%	×	0.27%	◎	灰融着,骸炭粘結強
敷島塊炭	7,640	37.20%	△	50.49%	×	10.06%	○	0.58%	◎	骸炭粘結弱
昭和炭	6,820	33.04%	×	44.91%	△	17.05%	×	4.06%	×	

出典:久住「窯業化学分析報告」57～63頁より作成。

れるものばかりであった。ところが，実際にはそれでも有田での石炭窯利用には限界があった。次節ではこの点に関して検討していくこととしよう。

4 濃尾における石炭窯利用の変化と有田石炭窯

第1節の表3-2で触れたように，東濃および瀬戸において石炭窯が普及し始めた明治末年から大正初期にかけては，東濃および瀬戸で使用される石炭は，主に筑豊地域で産出された石炭であった。ところが，第一次世界大戦を経たのちの大正末年から昭和初期にかけ[40]，石炭窯の利用が広まるのと比例して，両地域において使用される石炭に変化が見られていく。

東濃では，生産額の約9割が飲食器関係であり[41]，特に1923（大正12）年に導入された，村落ごとに製造できる製品を限定する「専製権制度」を表3-10からみると，いくつかの村落でのコーヒーカップやバター皿以外は，製品の白さを要求されない国内向け・東アジア向けが大半であったことがわかる。またその輸出向けのコーヒー碗も，「並碗」と記述されるように高級品ではなかった。この東濃地域で1928年に主に用いられていた「石炭は主として九州及撫順炭にして，各地元の石炭商より購入す。炭価（小売炭価——引用者）は多少の相違あるも（中略）一等品一万斤に付百六十円内外（川崎炭）（1トン当り26.7円——引用者），（中略）等外品一万斤に付百二十円内外（川崎炭）（1トン当り20.0円——引用者）」と指摘されたように，明治末年と同じく九州の石炭に加えて，中国の撫順炭も次第に流入し始めていた[42]。

一方で瀬戸の陶磁器業は，東濃と異なり飲食器関係の生産額は7割程度であり[43]，残りは「花瓶，置物等の家具，装飾品，便器，玩具，碍子，其他工業用品等，殆んど総ての種類に亘」[44]るといわれるほど，さまざまな物品を生産していた。特にアメリカ向輸出では，「米国に輸入せらるる陶磁器は食卓用，台所用及トイレット用品大部分を占め，此中装飾附家庭用品は其輸入最も多」[45]いと指摘されたように，飲食器に加えて家具や装飾品などが重要であり，品質が相対的に重視された。また森村組や名古屋製陶所などを除けば「日本物には

表3-10　東濃における専製権一覧（1923年）

町　村	専製権を付与された品名
土岐津町	中猪口, 湯呑コーヒー, 覗き, 玉子さしコップ, ビク湯呑, 中湯呑形小皿, バタ皿, 白間湯呑, 土瓶, 輪立, 間平茶碗, 反り形, 中華丼
多治見町	角平煎茶, 中丸奈良茶碗, 中出し煎茶, 小出し煎茶, 小丸煎茶反り煎茶, 盃, 小平茶碗, 間平茶碗
市之倉村	盃, 小深, 白コーヒー並碗
笠原村	中平茶碗, るり緑コーヒー並碗, 間平茶碗, 白コーヒー並碗小平茶碗, ダミ画三五皿, 小丸茶碗, 印度猪口
妻木村	白コーヒー並碗, 染付コーヒー並碗, 銅版四寸皿, バタ皿ダミ画三五皿, 白三寸皿, 白六寸肉皿
下石町	クリート, 徳利, 玉子コーヒー碗, 中形二重碍子, 汁次ぎ, 急須神酒壺, 石鹼入, 小形二重碍子, 蓋物, 仏器, 口漱ぎ, 輪立, 土瓶　二号茶台碍子, 白間湯呑
曽木村	白六寸肉皿
駄知町	銅版四寸皿, 生盛皿, 六寸皿, 七寸皿, 銅版中抜三五皿, 銅版五寸皿銅版三八皿, 八寸皿, 丸寸皿, 反り形中華丼, 白六寸肉皿, クリートダミ画三五皿, 蓋物
肥田村	銅版三五皿, バタ皿, 反り形中華丼, 染付け三寸丼, 白三寸皿,ダミ画三五皿, 白六寸肉皿
瑞浪町	印度猪口, 反り形中華丼, 大丸煎茶
泉町	反り煎茶, 小丸煎茶, 平煎茶, 青地中丸削煎茶, 青地松皮小丸煎茶　小猪口, 中猪口

出典：岐陶工連50年史編集委員会『美濃陶業五拾年史』岐阜県陶磁器工業協同組合連合会，1982年，94～95頁より作成。

所謂「安物」が多い。値段の安いのが寧ろ日本物の特色」であるといわれ，品質的にも「輸入磁器は，各種共日本より輸入せられるものは，各国品中の最低のもの」であると指摘され続けてきた[46]。しかし，『最近（1920年代後半——引用者）に於ては，チェコスロヴァキア品の如きは，単に品質に於て本邦品に優(まさ)り居るのみならず，価格に於ても本邦品より寧ろ安く」[47]なっている状況では，アメリカ向を種とする瀬戸陶磁器業でも品質の向上が急務となっていた。昭和初年における瀬戸陶磁器業の燃料消費量を表3-11に掲げた。1920年代半ばにはすでに石炭が燃料の過半を占めていたが，それが順次拡大していった様子がわかるであろう。この際に，瀬戸で用いられる石炭は，明治末年の九州石炭中心から，「撫順炭，北海道炭，九州炭」[48]という順番に変化を見せていた。

表3-11 瀬戸陶磁器業における燃料消費（1926～1930年）

（単位：トン）

	1926	1927	1928	1929	1930
石 炭	51,791	59,114	83,215	88,935	68,888
薪 材	15,699	13,962	15,003	9,573	7,296

出典：日本銀行調査局『瀬戸地方ニ於ケル陶磁器業』28頁より作成。

表3-12 撫順炭および北海道産の石炭

石炭名	発熱量	揮発分		固定炭素分		灰 分		硫 黄		備 考
撫順炭	7,530	39.09%	○	62.88%	×	3.35%	◎	0.45%	◎	骸炭やや粘結
登川炭	7,480	42.60%	◎	49.62%	△	4.40%	◎	0.24%	◎	骸炭やや粘結
美流渡炭	7,300	37.74%	△	49.49%	△	7.09%	◎	0.54%	◎	骸炭やや粘結
幌内礦炭	7,370	47.09%	○	45.89%	○	5.38%	◎	0.57%	◎	骸炭微粘結
住友唐松礦炭	7,480	45.13%	◎	42.49%	○	7.76%	◎	0.30%	◎	骸炭微粘結

出典：撫順炭は久住「窯業化学分析報告」58頁，北海道の各石炭は小笠原『北海道鉱業誌1928』の該当箇所より作成。

　東濃と瀬戸における以上のような変化を踏まえた上で，撫順炭および北海道炭の炭質を表3-12で確認しておく。まず撫順炭および北海道炭はすべて，灰分10%以下であり硫黄分も1%以下であるが，それぞれ基準を大きく下回っている。加えて揮発分は登川炭の42.6%を筆頭にして，その他の炭質も概ね利用に適した範囲内に収まっている。固定炭素分については，撫順炭は多すぎて窯内の温度を一定に保ちづらいという欠点を持つが，北海道炭はどれも程よい分量であった。もう一つ注目すべきは骸炭粘結性であったが，やや粘結もしくは微粘結というように，脆すぎず硬すぎずという絶妙な粘り具合であったことがわかる。このうち特に登川炭が最も適合的であったようで，「炭質は堅硬にして光沢を帯ぶ，燃焼に際し僅かに粘着するに止り，燃焼し易く，発熱量大にして品質本道炭中の上位にあり，汽罐燃料に適し，殊に製陶用に宜しく，名古屋地方の製陶業者は好んで之を使用す」[49]と指摘されている。固定炭素分が多すぎるものの価格が非常に低廉であった撫順炭の検討は別稿に譲ることとし，ここでは登川炭を中心とした北海道炭の分析をすすめていくこととしよう。

　登川炭を産出した登川砿は，1910（明治43）年に結城虎五郎と飯田延太郎の両名によって採掘が開始されたが，翌1911年には三井鉱山に鉱業権が売られ，さらには1919（大正8）年に北海道炭礦汽船株式会社（北炭）へ再譲渡された

表3-13　北海道炭礦汽船重要契約（名古屋行）

売約先	炭種	期間	数量（トン）	売値（円）	室蘭手取（円）
加藤石炭	登塊	1931年9月～12月	5,000	9.25	7.06
加藤石炭	登塊	1936年1月～3月	7,000	13.95	11.31
加藤石炭	登塊	1936年4月～6月	7,500	13.95	11.19
加藤石炭	登塊	1937年1月～3月	7,500	14.60	11.65
加藤石炭	登塊	1937年4月～6月	7,500	15.75	12.78
加藤石炭	登塊	1937年7月～9月	7,500	17.25	12.74
加藤石炭	登塊	1937年10月～12月	7,500	19.20	13.58
加藤石炭	登塊	1938年4月～6月	7,500	23.70	17.74
日本陶磁器工業組合連合会	幌塊	1940年4月～9月	7,450	22.67	16.26
日本陶磁器工業組合連合会	楓塊	1940年4月～9月	3,120	21.97	15.58
日本陶磁器工業組合連合会	登塊	1940年4月～9月	6,300	22.67	16.26

出典：『北海道炭礦汽船株式会社　石炭商況報告』昭和6年度下期，同11年度上期，同12年度上期および下期，同13年度下期，同15年度下期より作成。

炭鉱である[50]。この登川炭等の名古屋方面への取引について，判明する数値を取り上げたのが表3-13である[51]。北炭が会社内向に作成した商況報告の中で，「重要契約」として列挙されているものの中から伊勢湾の非メーカー向けを抽出した表であるが，名古屋の加藤石炭という会社への登川炭の扱いが特記されていたことがわかる[52]。そしてトン当りの価格としては，1931年の室蘭手取価格で7.06円，「売値」で約9.25円であった。この「売値」が具体的にどの時点の誰に対する「売値」であるのかが焦点となるが，加藤石炭との取引では「条件」という項目に cost, insurance, and freight（運賃保険料込み値段）の略称である「cif」と記入されている。ここでの「売値」とは，北炭から加藤石炭への伊勢湾での販売価格であったことが窺える。

一方で北部九州炭のうち，田川三種塊炭が東濃・瀬戸の窯屋や有田での碍子生産で主に用いられたことがわかる[53]。そこで田川三種塊炭についてみていくと，1931年の門司港における三種塊炭のトン当り本船乗炭価が9.30円～10.50円であり[54]，名古屋着値の北海道炭と比べても割高である。ちなみに，同年の若松港から伊勢湾までの汽船運賃が1トン当り0.60～1.30円であるため[55]，こ

の時期の伊勢湾での1トン当りの田川三種塊炭価格は9.90円〜11.80円であると推算される。最も安く見積もっても登川炭よりも伊勢湾価格でトン当り60銭ほど割高となる。これを有田で推算すると，田川後藤寺から有田までの鉄道運賃が約4円，田川後藤寺から門司までの鉄道運賃と積荷役費の合計が約3円と差額が約1円となるため，有田での田川三種塊炭価格は10.30〜11.50円となる。名古屋港から東濃・瀬戸までの鉄道運賃が0.5〜1円であることを踏まえると[56]，有田で用いる田川炭は，東濃・瀬戸で用いる登川炭と比べれば同程度か数％の割高，同じ田川炭と比べれば同程度か1割弱の割安であった[57]。

つまり同じ筑豊炭を用いれば燃料費を東濃や瀬戸よりも1割弱コストカットできたのであるが，加えてこの時期に重要になるのは，製品である焼成後の陶磁器運搬価格である。1930年ごろの陶磁器1トン当りの輸送コストは，有田・大阪間鉄道運賃が9円10銭，有田・汐留間鉄道運賃が14円60銭であったのに対して，多治見・大阪間鉄道運賃が3円75銭，多治見・汐留間鉄道運賃が5円65銭というようにはるかに廉価であった[58]。有田が東濃や瀬戸と同品質の製品を産出した場合，たとえ燃料コストが1割弱カットできようとも，鉄道運賃の格差によって国内市場向の価格競争力は有していなかった。それどころか，北部九州においてすら「陶磁器の鉄道移動は沿線生産に係るものの外，瀬戸，多治見焼などの入込みも可なりに達し」ていると指摘され[59]，旧来の有田焼の市場すら失い始めていたのである。また，有田は東濃や瀬戸と比べて輸出市場向においても強みを発揮できていなかった。例えば1929（昭和4）年の日本主要港・ジャワ間における陶磁器運賃は1トン当り9円であると言及されており[60]，輸出元である日本国内の各港別の差は捨象してよい程度であった。

こうして有田陶磁器業は，北部九州という産炭地を擁する地に立地していながらも燃料である石炭価格の優位性を発揮することができず，価格競争力を有していなかった。このために有田では，第一次世界大戦後の国内需要の増大とアジア市場に対応した日用廉価品の生産を拡大するよりも，「当地方の製品は比較的高級品多きを以て，取扱数量少きも利益歩合は他産地に比し概して高率」[61]であったため高級品を中心とした生産に特化し続け，販売数量・販売価

格ともに全国シェアの観点からみれば次第にその地位を低下させていくことになったのである[62]。

おわりに

本章で見てきたように，北部九州地方という産炭地に近接しながらも，有田陶磁器業は石炭窯への転換という陶磁器業近代化の波にうまく乗ることはできなかった。それは，有田陶磁器業がもともとは高級美術品を生産していたために，1910年代に普及した相対的に低品質な廉価品の大量生産に適した日本における石炭窯技術（松村式石炭窯と北部九州産の石炭の組み合せ）に不適合であったためである。北部九州に広がる唐津炭田や筑豊炭田の中から採掘される石炭は，硫黄分や灰分などの関係から大きく美しい飲食器生産には不向きであった。こうして，有田近接の石炭に刺激を受けて実用化された石炭窯が，岐阜県東濃や愛知県瀬戸および名古屋では積極的に導入されているのに，産炭地に近い有田では消極的であるという逆転現象を起こしてしまった。

また，東濃・瀬戸・名古屋の生産量や生産額が増加するのを受けて，有田陶磁器業でも廉価品の生産へと転換する選択肢はあった。しかし，1920年代に入って廉価な北海道炭の開発と撫順炭の輸入が進むようになると，産炭地に近接しているという有田陶磁器業の地理的なメリット自体が消滅してしまった。「有田焼将来の発展は，徒らに伝来の因襲を墨守すること無く，（中略）特色ある実用品を廉価に大量生産するにあり」[63]と，進むべき方向は広く認識されていた。しかし国内市場への製品輸送費の高コストを受け，「普通品の大量生産（中略）未だ試験時代に在りと云ふべく，一般に普及するには尚ほ相当の研究と時日を要す」[64]と指摘されるように，有田陶磁器業はますます低価格化路線を選択しづらくなっており，それまでの水準をはるかに凌駕する低価格化を実現しない限りにおいては，東濃・瀬戸との競争に勝ち得る見込みは少なかったであろう。

以上を北部九州における産炭地の側面から見直すことでまとめとする。有田

陶磁器業という燃料多消費型の産業が近隣にあったものの，有田焼という高級品生産を目指す石炭窯に適合する石炭は，北部九州からは供給することができなかった。そのために当初は東濃・瀬戸・名古屋の石炭窯向けに石炭が販売されていたが，これらは佐賀県窯業試験場技師の久住久が理想とした分析値とは外れた石炭であった。ところが1920年代からのより陶磁器焼成に適した北海道炭の低廉化を受け，北部九州炭は中部圏での陶磁器焼成用としては次第に競争力を失っていったのである。

　しかし，大量の石炭が北部九州にあり，それが窯業としては魅力的であることに間違いはなかった。時期は前後するがこの点に目を付けたのが，森村組から日本陶器（現ノリタケカンパニーリミテド）を立ち上げ，碍子産業や衛生陶器産業へと業態を拡大しつつあった大倉和親であった[65]。大倉和親は1913（大正2）年に小倉製紙所（のちの十条製紙小倉工場）を見学した際に，その南に隣接する農地2.5万坪が工場建設に適していると買収することにした。そして1916年に日本陶器が第二拠点として名古屋から離れた地に工場を建設する計画が持ち上がると，小倉の用地をこれに充てることとなったのである。天草陶石の産地に近いことに加え，燃料となる石炭産地に近いことも工場用地決定の大きな理由であった。従来からの日本陶器の名古屋工場（則武工場）ではアメリカ向飲食器を中心に生産していたが[66]，小倉に設立された工場は，中国市場や東南アジア市場をターゲットとしたために東洋陶器株式会社（現TOTO㈱）として発足することになった[67]。創業当初の東洋陶器では，高級白磁器生産を行った日本陶器とは異なり，「東洋」向の飲食器や衛生陶器生産を行っていくことになる。

　また東洋陶器の創業に続く1918（大正7）年には，耐火レンガの生産を目的とした黒崎窯業㈱（現黒崎播磨㈱）が設立された。飲食器や衛生陶器と比べてはるかに美的な品質を要しない耐火レンガ生産にあっては，筑豊地域から石炭の供給を受け，当時開発が進みつつあった門司港や[68]，北部九州一帯でのレンガ需要に応えることを目指したのである。こうして有田陶磁器業にとっては有効に機能しなかった北部九州の石炭であったが，日本における窯業の発展とい

う意味では現北九州市地域における窯業の発展という別の効果を生み出していくのである[69]。

注

1) 宮地英敏『近代日本の陶磁器業』名古屋大学出版会，2008年，第6章。また，生産工程については同第1章を参考のこと。
2) ここでいう「製造コスト」とは，メーカーである窯屋の利益，設備の減価償却などを含まない，単純に労賃＋原料費＋燃料費だけの合計である。残りの約5割のうち，その半分が労賃であり，半分が粘土・絵具・釉薬などの原料費であった。
3) 陶磁器業産地は，近世来の産地であるために，近隣の薪材を大量に伐採してきた歴史を持つ。そのために，他の地域と比べても，陶磁器業産地は薪材価格が高くなってしまっていた。千葉徳爾『はげ山の研究』農林協会，1956年，第2部第3章なども参照のこと。また明治以降に盛んになった製糸業においても，杉山伸也・山田泉「製糸業の発展と燃料問題」（『社会経済史学』第65巻第2号，1999年）に見るように，森林伐採による燃料費高騰に苦しむことになっていた。
4) 宮地『近代日本の陶磁器業』第7章。
5) 「西山氏提出肥前有田製磁業ニ関スル意見」（『京都五二会大会報告』356頁）。西山は松村八次郎の婿入り前の旧姓である。
6) 熊沢次郎吉編『工学博士北村弥一郎窯業全集第3集』大日本窯業協会，1929年，469頁。
7) 金岩昭夫「有田に於ける石炭窯の変遷」（有田町歴史民俗資料館・有田焼参考館『研究紀要』第11号，2002年，31～33頁）。ただし，香蘭社には松村式石炭窯と倒焔式二階窯の両方が設置されていたのであるが，金岩は同35～39頁で，倒焔式石炭窯に関する事項を松村式石炭窯のものであるとするなど，2種類の窯に関して混乱が見られる。
8) 青木甚一郎は有田の陶器商であり，神戸での貿易活動にも励んだ。孫の青木龍山は黒天目を得意とする陶芸家として名高い。
9) 池田文次『松陶松村八次郎伝』松村八次郎翁追悼記念会，1939年，84～85頁および89頁によると，松村九助と八次郎の義父子は，1902（明治35）年に香蘭社に薪窯を設置し，その後に改良を行ったと記されている。金岩昭夫が明らかにしたのは，松村義父子が以前に設置した薪窯を石炭窯へと改良した際の挿話である。
10) 金岩「有田に於ける石炭窯」32～33頁にて，中島浩気『肥前陶磁史考』肥前陶磁史刊行会，1936年，を引用している。
11) 山田雄久「明治大正期陶磁器産地企業の経営」（『奈良産業大学産業と経済』第10巻第2・3号，1996年）。

12) 香蘭社では，松村式石炭窯を設置した翌1909（明治42）年に，円筒型の石炭窯を設置している。先述の金岩昭夫の混乱は，この二つの石炭窯の存在による。また遡れば，熊沢編『窯業全集第3巻』468頁で，北村弥一郎が香蘭社に石炭窯は松村式一つだけであると記述されていることに起因するのであろう。香蘭社の石炭窯に関しては，香蘭社作成の「香蘭社年表」や中山成基『有田窯業の流れとその足おと』香蘭社社史編纂委員会，1980年，101～104頁などによると，この他にも倒焔式大竪窯が設置されている。香蘭社はこの時期，大小さまざまな石炭窯を設置していたと見るべきであろう。
13) 山田「陶磁器産地企業の経営」91頁。
14) 熊沢編『窯業全集第3巻』455頁。松村式石炭窯は室内からの煙の吸込み口が多孔であったが，その数を減らしたものが加藤惣十の石炭窯である。松村式石炭窯と比べて，煤煙の付着や還元などで品質は落ちる可能性が高まるが，室内の温度上昇には好都合であった。
15) 熊沢編『窯業全集第3巻』460頁。
16) 内藤道太郎編『第一回全国窯業共進会報告』大日本窯業協会，1902年，45頁。
17) 内藤編『共進会報告』50～51頁。
18) 宮地『近代日本の陶磁器業』185～186頁。
19) 多治見市『多治見市史通史編下』多治見市，1986年，1131～1132頁。
20) 日本銀行調査局『瀬戸地方ニ於ケル陶磁器業』日本銀行調査局，1931年，28頁。
21) 内藤編『共進会報告』52頁。
22) 愛知県は石炭窯の普及が進んだ瀬戸のみならず，常滑や犬山，三河地方でも小零細な陶磁器業者が存在しており，彼らが旧来の登り窯からなかなか脱却できなかったと思われる。また東濃も同じであるが，登り窯で薪材を消費する業者が減少すれば，薪材の価格が落ち着く上に，東濃や瀬戸といえども高品質な製品は薪材の方が好まれたために，完全に石炭窯へと転換することにはなり難かった。
23) 有田町史編纂委員会『有田町史陶業編Ⅱ』有田町，1985年，309頁。
24) 商工省商務局編『商取引組織及系統ニ関スル調査（陶磁器）』日本商工会議所，1930年，10頁。
25) 宮地『近代日本の陶磁器業』184頁。
26) 工学会編『明治工業史化学工業篇』工学会，1925年，382頁。
27) 商工省商務局編『内外市場に於ける本邦輸出陶磁器取引状況』日本商工会議所，1930年，14頁。
28) この時期における瀬戸および東濃陶磁器業の販売の増加については，宮地『近代日本の陶磁器業』138頁，図5-1を参照のこと。
29) 岩田恒三郎『陶磁器の製作工程』誠文堂，1933年，153頁。

30) 山口為男氏は1924（大正13）年に佐賀県杵島郡武雄町の農家の次男として生まれた。有田工業学校を経て京都陶磁器工業試験所に勤め，終戦後は佐賀県窯業試験所（現佐賀県窯業センター）に奉職した。1985（昭和60）年の窯業大学校設立から尽力し，1997（平成9）年まで同大学校教授。2006（平成18）年現在は佐賀県陶磁器原料株式会社技術顧問。山口為男氏に対するインタビューは，2006年8月25日，佐賀県陶磁器原料株式会社にて行った。
31) 十四代酒井田柿右衛門『余白の美 酒井田柿右衛門』集英社新書，2004年，159～160頁によると，焔の長さは登り窯でも重要なポイントであるという
32) 久住久「窯業化学分析報告」（佐賀県窯業試験場『窯業試験場報告』第1号，1930年，57頁）。
33) 石炭窯の導入初期の瀬戸の事例であるが，安藤政次郎『瀬戸ところどころ今昔物語』陶都新聞社，1940年，105頁などで「黒い石炭で白く焼くなんて滅茶な話があるもんか」と嘲笑され，「果たせるかな，焼いてみても具合よくいかん。真黒になって仕舞ふ」という逸話が残されているのも，石炭の灰が陶磁器の表面に付着してしまったためである。
34)35) 久住「窯業化学分析報告」57頁および山口為男インタビューによる。
36) 伊勢本一郎『近代日本陶業発展秘史』投報堂，1950年，16頁。ちなみに「ブク」とは成形工程が上手く行われず焼き上がり後に膨れること。「曲キレ」は製土工程で土が均一に捏ねられていない場合に生じた。
37) 欧米で白色磁器が好まれる点に関しては，宮地『近代日本の陶磁器業』第6章および第8章を，また日本国内や中国で青みがかった白色が好まれた点に関しては，十四代酒井田『余白の美』108～114頁などを参照のこと。
38) 久住「窯業化学分析報告」57頁および山口為男インタビューによる。
39) 久住「窯業化学分析報告」59頁。
40) 橋本寿朗『大恐慌期の日本資本主義』東京大学出版会，1984年，第1章などをはじめとして，第一次世界大戦によって東南アジア・南アジア市場などから欧米製品が撤退し，日本製品が進出していったことは広く知られている。宮地『近代日本の陶磁器業』51頁の図2-2にもあるように，陶磁器業にあっても東南アジア市場などへの急激な進出がみられ，白木沢旭児『大恐慌期日本の通商問題』御茶の水書房，1993年，の研究にみられるように日本産陶磁器市場として重要な地位を占めるようになっていく。
41) 商工省商務局編『商取引組織及系統』54頁によると，1927（昭和2）年の数値であるが，岐阜県の陶磁器生産額約1,070万円に対して，約930万円が飲食器である。
42) 商工省商務局編『商取引組織及系統』5頁。ちなみに門司鉄道局運輸課『沿線炭鉱要覧』門司鉄道局運輸課，1935年，297頁によると，後述する1931年炭価と比

べて，この1928年時点の炭価は，門司港本船乗炭価でトン当り2〜4円ほど高い。門司鉄道局運輸課の資料に関しては木庭俊彦氏の御教示を得た。

43) 商工省商務局編『商取引組織及系統』54頁によると，1927（昭和2）年の数値であるが，岐阜県の陶磁器生産額約3,350万円に対して，約2,270万円が飲食器，約820万円が家具および装飾品，約280万円が碍子，約75万円が玩具である。

44) 商工省商務局編『商取引組織及系統』3頁。

45) 商工省貿易局編『海外市場ニ於ケル本邦陶磁器ノ需給並外国品トノ競争状況』商工省貿易局，1932年，92頁。

46) 商工省商務局編『陶磁器取引状況』430〜431頁。また，明治期の品質に関しては宮地「陶磁器業と中小企業」を参照のこと。

47) 商工省貿易局編『海外市場ニ於ケル本邦陶磁器』86頁。

48) 名古屋職業紹介事務局編『瀬戸地方に於ける陶磁器工業労働事情』名古屋地方職業紹介事務局，1929年，41頁。

49) 小笠原栄治『北海道鉱業誌1928』北海道石炭鉱業会，1928年，93頁。

50) 小笠原『北海道鉱業誌1928』92頁。

51) 北炭関係の資料に関しては，九州大学経済学研究院の北澤満准教授のご教示を得た。

52) 1940年になると加藤石炭の名称が消え，日本陶磁器工業組合連合会が登場するようになる。統制の進展によって問屋の再編が行われたと思われるが，詳細に関する検討は他日を期したい。

53) 三井石炭鉱業株式会社『田川鉱業所沿革史（稿本）第9編』43頁。また表3-8の分析値からも田川炭の一部が陶磁器焼成用に利用可能であったことがわかる。

54) 門司鉄道局運輸課『沿線炭鉱要覧』297頁による。本来ならば若松港における三種塊炭の本船乗炭価で比べるべきであるが，適切な価格が見当たらなかったため門司港価格で代替する。

55) 若松石炭商同業組合『昭和六年若松港石炭集散統計』若松石炭商同業組合事務所，1932年，20頁。また小笠原栄治『改訂増補北海道鉱業誌1934』北海道石炭鉱業会，1934年，第15表。

56) 鉄道運賃に関しては門司鉄道局運輸課『沿線鉄道要覧』255頁，積荷役費に関しては同293頁による。

57) 先述の東濃での石炭小売価格とは1トン当り数円の誤差が見られるが，これは伊勢湾での問屋のマージンと，東濃での小売商のマージンが抜け落ちているためであろう。同じく有田での石炭販売にも実際は流通マージンが発生する。

58) 商工省商務局編『商取引組織及系統』20頁および33〜34頁。

59) 門司鉄道局運輸課『産物と其の移動下巻』門司鉄道局運輸課，1927年，436頁。

また同466頁によると，瀬戸および多治見から北部九州への陶磁器移入量は約4千～5千トンであり，有田から全国への陶磁器移出量は約1万4千トンであった。北部九州市場でさえも侵食されていた様子がわかる。
60) 商工省商務局編『陶磁器取引状況』335頁。
61) 商工省商務局編『商取引組織及系統』32頁。
62) 有田町史編纂委員会『有田町史商業編Ⅱ』有田町，1988年，233～234頁。
63)64) 商工省商務局編『商取引組織及系統』11頁。
65) 東洋陶器の創業に関しては砂川幸雄『製陶王国をきずいた父と子』晶文社，2000年，178～192頁および星勇『TOTO 炎と情熱の軌跡』自費出版，1993年，75～82頁による。
66) 日本陶器に関しては宮地『近代日本の陶磁器業』第8章を参照のこと。
67) 2万株中，日本陶器社長の大倉和親が3千株を所有して筆頭株主となり，森村組の森村開作（6代目森村市左衛門の子息）が2千株を所有して2位に位置し，村井保固，田中幸三郎，百木三郎らの森村組・日本陶器の幹部達がこれに続いた。日本陶器内部で碍子産業に携わっていた百木三郎は東洋陶器の工場長に転じている。
68) 黒崎窯業の設立に先立ち，1913（大正2）年には大阪商船ビルが，1914年には門司駅が建設され，そこで大量のレンガが使用されていた。
69) 現北九州市地域で発達した東洋陶器や黒崎窯業に関しては，別の機会に論ずることとしたい。

※本研究の遂行に際しては，科学研究費補助金（特定領域研究，研究課題番号20032011）および同（若手研究(B)，研究課題番号21730274）の交付を受けた。

第4章　昭和戦前期の大牟田地区における電力需給関係
──三井三池鉱業所の電力戦略を中心として──

荻野　喜弘

はじめに

　本章は，昭和戦前期（1920年代末～1938年頃）の福岡県大牟田地区における電力需給関係を分析することを目的としている。当該時期における日本の電力事業は，電力戦と呼ばれた激しい競争の時代から電力連盟の結成に示されるような協調の時代へと移行していった。昭和恐慌期には，電力需用は停滞傾向にあり，電気事業による電力供給も抑制傾向にあったが，1920年代後半からの重化学工業化の進展に伴う電力需用増が見込まれた。こうした状況のなかで，電気事業者の連携が急速に進展するとともに，電力需給関係の見通しの違いによる齟齬も生じていた。景気回復過程では，需用増への対応をめぐって電力需給の調整も必要となった。このような電力の需用・供給の両面における大きな変動の時期にあって，北部九州地域，特に大牟田地区は，有力電気事業会社の協調と対抗および事業会社による電力確保策，逓信当局による行政介入などが複雑に絡み合いつつ，協調関係が共同火力事業の取り組みのなかで進展をみたのである。本章は，このような複雑な過程を経て実現をみた共同火力を軸とした電力協調のあり方を大牟田地区に即して分析を試みるものである。

　そこでまず当該期における九州電気事業の展開を概観し，そのなかでの大牟田地区の位置づけを明確にしておきたい。両大戦間期の九州における電力需給状況に関して，表4-1で電灯数の推移をみると，九州全体では1919～27年の

表4-1 九州各県別の電灯数 (1919, 1927, 1938年)

(単位:個,％)

	1919年	1927年	1938年	27/19年	38/27年
福岡	603,328	1,234,375	1,820,732	13.1	4.3
佐賀	104,037	272,848	361,239	20.3	2.9
長崎	202,372	384,822	589,154	11.3	4.8
熊本	212,203	574,140	780,375	21.3	3.3
大分	143,441	420,143	587,123	24.1	3.6
宮崎	102,035	243,006	365,455	17.3	4.6
鹿児島	165,967	359,340	486,141	14.6	3.2
計	1,533,383	3,488,674	4,990,219	15.9	3.9

出典:日本経営史研究所電力データ。
注:増加率は年平均％。

表4-2 九州各県別の電力需用 (1927～1936年)

	1919年	1927年	1932年	1933年	1936年	27/19年	32/27年	36/33年
福岡	144,159	325,019	436,766	283,094	537,002	28.2	26.9	63.2
佐賀	9,083	15,629	19,171	19,624	18,551	21.5	24.5	31.5
長崎	24,400	41,371	59,108	50,352	52,752	21.2	28.6	34.9
熊本	61,512	83,070	139,951	52,891	114,988	16.9	33.7	72.5
大分	10,937	24,790	34,826	33,198	52,653	28.3	28.1	52.9
宮崎	3,322	30,834	52,343	26,886	82,800	116.0	34.0	102.7
鹿児島	4,806	15,261	14,751	21,349	27,484	39.7	19.3	42.9
計	258,219	535,974	756,916	487,394	886,230	25.9	28.2	60.6

出典:日本経営史研究所電力データ。
注1:電力は換算電気力で,1919,27,32年はkW,33,36年はkWh。
注2:増加率は年平均％。
注3:1933年分より統計方法が変更された。

8年間の年平均伸び率は16％であったが,1927～38年の11年間の年平均伸び率は4分の1の4％にとどまった。したがって電灯市場は1919～27年には急拡大を遂げつつあったが,1927～38年には一定の成熟市場となっていたといえよう。これに対して,電力市場は,九州全体の年平均の伸び率でみると(表4-2),1919～27年26％,27～32年28％,33～36年60％となっており,拡大基調にあり,特に33～36年の伸びは著しいものであった。1927～36年について各県別に需用の大きい順にみると,福岡が圧倒的に大きく(全体の60％程度),33～36年には伸び率も高かった。ついで熊本であり,27年以降の伸び率では福岡を上回った。その次が長崎であったが33年以降の伸び率が相対的に低く,伸び率の高か

表4-3 熊本逓信局管内地方別使用電力調 (1937年中)

(単位:千kWh)

	事業者	自家用	合計	構成比	自家用比率
福岡県	509,552	2,090,310	2,599,862	58.7	80.4
北九州地方	175,803	894,656	1,070,459	24.2	83.6
筑豊地方	91,866	490,363	582,229	13.1	84.2
福岡地方	106,707	25,089	131,796	3.0	19.0
久留米地方	52,948	30,356	83,304	1.9	36.4
大牟田地方	82,228	649,846	732,074	16.5	88.8
佐賀県	64,524	42,475	106,999	2.4	39.7
佐賀地方	39,994	42,475	82,469	1.9	51.5
唐津地方	24,530		24,530	0.6	0.0
長崎県	181,366	146,788	328,154	7.4	44.7
長崎地方	93,017	141,757	234,774	5.3	60.4
島原地方	12,097		12,097	0.3	0.0
佐世保地方	76,252	5,031	81,283	1.8	6.2
大分県	83,233	181,065	264,298	6.0	68.5
熊本県	120,350	436,421	556,771	12.6	78.4
熊本北部地方	86,718	12,222	98,940	2.2	12.4
熊本南部地方	33,632	424,199	457,831	10.3	92.7
宮崎県	51,469	388,938	440,407	9.9	88.3
延岡地方	24,493	388,938	413,431	9.3	94.1
宮崎地方	26,976		26,976	0.6	0.0
鹿児島県	96,451	36,834	133,285	3.0	27.6
大隅地方	13,982		13,982	0.3	0.0
鹿児島地方	82,469	36,834	119,303	2.7	30.9
合計	1,106,945	3,322,833	4,429,778	100	75.0
比率	25.0	75.0	100		

出典:熊本逓信局調査資料。
注1:自家用は主要89社分。
注2:自家用合計および総合計が集計より2千kWh多いが、そのままとした。

った宮崎が36年時点では長崎を上回った。大分がそれに続き,佐賀と鹿児島は伸び率も高くなく,電力需用は低かった。

　表4-3は1937年の電力市場を地方別にみたものである。これによれば,九州全体の約6割を占める福岡県のうち,北九州,大牟田,筑豊が地方別で九州の上位スリーを占めていた。北九州は八幡製鉄所など重化学工業が集積した日本でも有数な工業地域であり,大牟田は三池炭鉱を中心に化学工業,金属精錬

表4-4 九州における主要電気事業者（1938年）

（単位：kW）

会社名	水力	火力	受電量	供給電力
九州水力電気	101,812	20,000	182,040	303,852
東邦電力（九州）	26,381	50,000	84,200	160,581
九州電気軌道		100,250	50,400	150,650
九州共同火力発電		92,000	25,600	117,600
九州送電	86,170		30,788	116,958
熊本電気	54,652	8,000	12,200	74,852
九州電力			66,900	66,900
西部共同火力発電		53,000		53,000
日本窒素肥料	28,716	14,000	7,124	49,840
大淀川水力電気	45,000			45,000
日本水電	16,605		10,310	26,915
球磨川電気	9,525	135	6,000	15,660
鹿児島電気	9,103		3,192	12,295
計	377,964	337,385	478,754	1,194,103

出典：『電気事業要覧』。
注：供給電力10,000kW 以上を抽出。

業が立地し，筑豊は日本最大の産炭地であった。ついで熊本県の南部地方，宮崎県の延岡地方が高いシェアを占めたが，前者は日本窒素肥料，後者は旭ベンベルグ（日本窒素肥料系）の化学工場群が立地していた。その次が長崎県長崎地方で，三菱重工業など三菱関連の工場群が集積していた。これら6地方は全体の78.8％を占めており，九州の主たる電力市場であった。また注目すべきは，これらのうち長崎を除く5地方はいずれも自家用比率がきわめて高いことであり，主要企業は電力を自給的に確保していたのである。

表4-4は九州における主要電力事業者を抽出したものである。九州水力電気（九水），東邦電力（東邦），熊本電気（熊電），九州電気軌道，日本水電が九州の中核企業であり，鹿児島電気，球磨川電気は地域的中規模企業であった。また日本窒素肥料は大規模な発電所を擁し電力を自給していた。これに対して，九州送電（九送）は第一号業者で，宮崎県下の五ヶ瀬川および耳川水系で発電，受電した電力を，50サイクルの九州東幹線ルートによって主に北九州，筑豊地方の電気事業者に供給した。九州電力（九電）は第三号業者で，大淀川水力電気（宮崎県大淀川水系）などから受電した電力を，60サイクルの九州西幹線ル

ートによって託送し大牟田地区などで特定需用者に供給した。九州送電と九州電力とよる南北結合によって，1930年代初めに九州電力経済圏が成立をみた。それを踏まえて，有力電気事業関係企業の共同出資によって設立された九州共同火力発電と西部共同火力発電は，それぞれ大牟田および北九州に立地し，大規模な火力発電による電力を出資事業者に供給したのである[1]。

　さて，大牟田地区は，前述のように，九州の地方別電力市場で2番目の大きさを占めるとともに，九州送電網の西幹線の結節点に位置しており，有力中核電気企業の利害が交錯する地点であり，これら有力企業によって九州共同火力発電が設立されたのである。したがって，大牟田地区の電力需給関係の考察は，大牟田地区に立地する有力企業が増大の一途を辿った電力をいかにして確保したのか，有力電力関係企業の錯綜する利害関係がいかに調整されたのか，またこれらの企業間の電力融通がどのようになされたかなど，電力事業史の視点からみてきわめて興味ある論点を提供してくれるはずである。

1　昭和初年の三井三池鉱業所における電力需給

(1)　三池鉱業所の電力拡充計画と化学工業

　昭和初年の三井鉱山は大牟田における化学工業の拡充・新設を構想していた。すでに稼働していた三井鉱山染料工業所を拡充するとともに，新たに合成硫安工場の建設を企図した。このような化学工業の拡充と三池鉱業所における電化推進のために電力の確保が不可欠であり，三井鉱山は九州地方の電力戦略についてつぎのような構想をもっていた。

　三井鉱山本社が行った「九州各地電力調」によれば，1928（昭和3）年3月時点の電力状況は表4-5の通りであった。全体で1カ月平均14,600kWで，三池が8,750kWを占め，このうち4,400kWが自家発電であった。これを踏まえた三井鉱山の電力戦略は，①大淀川利用案は，大淀川水力電気の現設備15,000kW，今回計画25,000kWとして，(a)三池瓦斯発電の化学工業利用，

表4-5 三井鉱山九州各地電力調（1928年3月現在）

(単位：kW)

		瓦斯	買電	その他	計
三池	瓦斯	3,650			3,650
	熊本電気		1,600		1,600
	大淀川水電		2,750		2,750
	排汽			750	750
	計	3,650	4,350	750	8,750
田川（山野を含む）	瓦斯	3,800			3,800
	九州水力		800		800
	計	3,800	800		4,600
彦島	東邦電力		1,250		1,250
総計		7,450	6,400	750	14,600

出典：『本店往復』昭和三年（三池1462）。
注：電力は1カ月平均であり、最大ではない。

田川瓦斯発電の休止の場合は、平均7,450kW、最大10,000kWの減で、その分を大淀川で補うとすれば、大淀川で現在分も含めて10,200kW確保する、(b)さらに田川受電を大淀川に切り替えれば、大淀川受電は平均11,000kW（現契約4,000kW、将来10,000kW、計14,000kW）となる、このケースでは大淀川受電に大きく依存するので、予備の火力発電が必要となる。②九州送電会社案は、新たに会社を設立し、大淀川、熊本電気、東邦電力等と協定して九州各事業所に配電するというものである。③現状維持案は、三池の大淀川受電は現状に止め、将来のためには蒸汽発電の設備で対応し、サイクルは漸次60サイクルに変更する。これら3案のうち、③案は九州各事業所のサイクルが一致せず、機械の融通が困難であり、良案とはいえず、また三池と田川の電力連絡は単独では容易でないとして、②案（または①案）を可とした[2]。

このよう状況を踏まえて、三井鉱山が実際に選択したのは、三池における電力拡充のため大規模火力発電所の建設と買電の拡大との併用策であった。昭和3年プランとの関係でいえば、九州各事業所の統合的配電案は放棄し、もっぱら三池の電源確保に集中したプランに変更されたといえる。買電の拡大は、大淀川水電の電力利用案で、31年5月に九州電力との間で常時電力3,000kW、

特殊電力3,000kWの受電契約を締結した。自家発電の拡充は，28年に60サイクル7,000kW 2台の最新火力発電所の新設計画となり，30年6月に港発電所の新設を申請し，31年7月に港発電所（常時7,000kW 1台，予備7,000kW 1台）が完成した。さらに染料工場用の低圧蒸汽と電力供給を目的に大浦発電所（9,000kW 1台）の新設を計画し，31年5月申請，同年12月認可をえて，32年7月竣工した[3]。

他方，硫安工場建設では，1930年2月三井鉱山は大浦工場と横須工場の敷地で造成工事に着手し，31年8月三池窒素工業株式会社（三窒）が設立され，同年10月工場が落成し，32年1月より営業を開始した。さらに硫安の需要増加に応えるため三池窒素工場の拡張を検討したが，原料の水素を三池染料工業所のコークス炉ガスに依存していたため，自主的拡張は困難であった。そこで，コークスを原料とした水性ガスから水素を製造する方式を採用し，三池窒素工場に隣接して東洋高圧工業株式会社（東圧）を33年4月に設立し，35年の操業を予定した[4]。このような化学工業の拡充計画の具体化は三井鉱山にとって新たな電力確保策を要請することになったのである。つぎにこの点を検討する。

(2) 九州電力との受電契約

三井鉱山（鉱山）は，大牟田地区における電力確保のため，前述のように港・大浦両発電所の建設に加えて，新たに設立された九州電力との間で受電契約を締結した[5]。九電は，1930（昭和5）年12月4日に電気化学工業（電化）と熊本電気が資本金1,000万円を折半出資して設立された。同社は主に電化の子会社である大淀川水電の電力を大牟田地区で供給することを目的としており，1930年の計画時点では，販売計画は電化2万kW，東邦・九水1万kW，三井鉱山6,800kW（うちクロード工場3,000kW），合計36,800kWであった[6]。なお，九電設立後の売電は九水10,000kW，東邦10,000kW，三井鉱山9,000kW（三井鉱山6,000kW，クロード式窒素3,000kW），電化26,000kW，合計55,000kWとされた[7]。

三井鉱山は九電との受電契約の成立によって，従来からの熊電および電化と

の受電契約を見直した。すなわち，1932年1月17日の九電の営業開始に伴って熊電との契約を廃止し，電化との契約は九電が継承することになった。電化分については，32年2月25日に三池鉱業所（三鉱）と九電との間で，九電の営業開始時より大浦発電所完成までの期間の暫定的料金として，定時3,000kW，最低保証率80％，電力料金1kWhにつき1銭と申し合わせた[8]。

三井鉱山と九電との電力需給契約の要点はつぎの通りである[9]。なお，実行電力料金は覚書による実際の支払料金である。

 受電電力 常時電力 最大3,000kW
      特殊電力 最大3,000kW
 電力料金 常時電力 1kWhにつき1銭2厘 【実行料金1銭】
      特殊電力 同   6厘
 保証 常時電力最大kW数にその月の総時間数を乗じた積の6割
 契約有効期間 昭和6年7月1日以後三池クロード〔三池窒素〕工場完成電力使用開始の日より向こう5カ年間

この電力需給契約書には契約改訂に関するつぎの条項が組み込まれていた。

 第二条 乙〔九電〕ハ本契約期間中ト雖モ甲〔三井鉱山〕ノ大浦発電所完成ノ上ハ需給電力量ノ増減ニ付更ニ協定ヲナスニ付異議ナキモノトス但甲乙双方ハソノ余剰電力ノ消化ニ付隔意ナク協議ヲ遂クルモノトス

この条項に基づいて，1932年6月中旬の大浦発電所使用開始予定を前にして，三井鉱山と九電との間で電力需給契約の改訂交渉がもたれた。三鉱は，三池の電力需用が急増し大浦発電所が完成しても電力確保は必要であるとして，九電からの受電契約量を減少することは当方の不利になるので，受電契約量には触れず，料金値引き（常時電力1銭を8厘以内，特殊電力6厘を5厘以内）の具体的交渉に入ることについて本店の承認を求めた[10]。ついで三鉱は九電に対し

て，安価な自家発電能力を多少犠牲にしても九電の余剰電力消化のため協力し，その代わりに料金の値下げを申し入れた。具体的な改定案はつぎの通りである[11]。

1．電力量

	昭和7年度	8年度	9年度
常　　時	6,000kW	8,000kW	10,000kW
特　　殊	4,000	6,000	8,000
計	10,000	14,000	18,000

2．常時電力料金は保証電力（60%）1 kWh 9厘，保証電力以上（40%）4厘，特殊電力料金は3厘
3．期間は昭和7年～11年とし，電力量および料金の10，11年分は更に協定すること
4．特殊電力については，九電は出力から常時電力として供給するものおよび電化で使用の特殊電力最大20,000kWh を除いた残余電力を三井鉱山に優先供給すること

これに対して九電は，定電力保証は従来通り7割，料金は1銭，残りの定電力料金は4厘に値下げ，不定電力料金は，定電力全部と不定電力の4割を受電保証するなら，3厘5毛とする，と回答した[12]。

三鉱は，今後の交渉に際して，①6月8日付け主張を極力通す，②やむを得ない場合は　変電所設備費56,000円を当方負担とする，③調談できない場合は，変電所設備費を九電が負担するなら保証量60%は9厘を1銭に譲歩してもよい，④港発電所を休止して九電特殊を使用するので，契約数量以上に特殊を使用することを九電は承諾する，九電供給数量が不足し港発電所を運転する場合は5,000kWまで発電する，という希望を本店に伝えた[13]。

三井鉱山本店は，送炭制限の拡張が決定されるという状況の変化を受けて，自家発電による過剰石炭の消化を得策として，つぎの改定案を九電に提示し

た[14]。

1. 電力量

区　分	第一期	第二期
常　時	6,000kW	8,000kW
特　殊	6,000kW	8,000kW

2. 常時電力料金は保証電力（70％）1 kWh 1 銭，保証電力以上（30％）4 厘，特殊電力料金は 3 厘
3. 期間は昭和11年 6 月30日迄（本契約の満期迄），第 1 期は 7 年 7 月 1 日～8 年 5 月末日，第 2 期は 8 年 6 月 1 日～9 年12月末日。電力量，料金は 9 年12月末日までの協定で，10年，11年分は更に協定すること

その趣旨は，①石炭販売有利の場合は販売して余剰電力を受電し，販売不利の場合は港発電所火力発電によって消化に努めること，②常時電力は保証電力超過料金を値下げし，特殊電力料金も値下げすること，③特殊電力は利用上の伸縮を計るため受電保証をしないこと，④契約期間の第 1 期 8 年 5 月末日は万田坑排水ポンプ座の電力化の完成期を見込んだこと，とされた[15]。

両社は 7 月23日には電力需給に関して基本的な合意に達し[16]，さらに受電契約期間，受電設備費の負担と余剰電力の利用について詰めを行い，7 月29日に最終的な合意となり，ようやく決着をみた[17]。

かくして，改定契約は1932年 7 月 1 日に遡って実行の運びとなった。改定契約の要点はつぎの通りである[18]。

受電電力
　昭和 7 年 7 月 1 日以降（第 1 期）
　　常時電力　最大　6,000kW
　　特殊電力　最大　6,000kW
　昭和 8 年 6 月 1 日以降（第 2 期）

常時電力　最大　8,000kW
　　特殊電力　最大　8,000kW
　契約有効期間　昭和12年1月20日まで
　電力料金　常時最大電力の7割まで　1kWhにつき1銭2厘【実行料金
　　　　　　　　　　　　　　　　　　　　　　　　　　　　1銭】
　　　　　同　　　　　残余の3割　同　　　　6厘【実行料金4厘】
　　　　　特殊電力　　　　　　　同　　　　3厘5毛【実行料金3厘】

　両社は契約と同時に「覚書」を結び，そのなかで，上記の実行料金による料金計算が約され（覚書第2条），電力量および電力料金の契約は第2期終了まで（1934年6月末まで）で，それ以降についてはさらに協定するものとされた（覚書第1条）。
　また受電設備・余剰電力に関しては，両社の間で覚書によるつぎの合意がなされた。①第2期の電力増加に伴う必要な受電設備は三井鉱山の負担で九電と協議の上施工する（覚書第3条），②九電に余剰電力が生じた場合，三井鉱山は九電と協議の上，余剰電力を使用し，その電力料金で三井鉱山が施工した受電設備を九電が買い取る（覚書第4条），③余剰電力は第2期契約の常時・特殊電力の合計使用量1カ月平均11,000kW以上とし，契約による特殊電力料金（1kWhに付き3厘）により計算すること（覚書第5条）。
　1932年の三井鉱山・九電の電力需給契約改定交渉は，常時電力に関しては，受電量では鉱山本店，電力料金では九電の主張がそれぞれ受け入れられ，特殊電力に関しては，余剰電力の利用，受電設備費の負担も絡んで受電料金は三鉱の主張をとり，受電設備費は余剰電力料金を媒介にした決着がはかられており，全体として見れば当事者の妥協によって契約改定が実現したといえよう。

(3)　三池鉱業所港発電所増設計画と共同火力構想

　三井鉱山は，九州電力からの受電の増加によって，所要の電力確保に努めたが，1932（昭和7）年以降染料工場の拡充，三池窒素の増産，炭鉱電化の推進，

表4-6　三池電力需用予想表（1933年4月下旬頃作成か）

(単位：kW)

	1933年	1934年	1935年	1936年
年末平均電力	23,358	35,310	37,450	39,600
三池鉱業所	9,042	9,500	9,900	10,300
三池染料	5,111	5,600	6,100	6,600
三池窒素	3,961	4,000	4,000	4,000
東洋高圧		8,800	8,800	8,800
その他	5,244	7,410	8,650	9,900
年間最大電力	29,100	44,200	46,800	49,500

出典：「港発電所増設出願ニ関スル件」（『九同設立関係雑纂』三池1157）。

製錬工場拡充など電力の大幅な需用増が見込まれた。さらに関連会社である東洋高圧工場新設も予定された。このような三池鉱業所および東圧の所要電力増加のため，さらに積極的に電源拡充に取り組むことになった。33年初め三鉱は既設設備35,715kW（常時発電18,080kW）で，九電よりの受電が常時6,000kW，特殊4,000kWであったが，将来の電力不足が懸念された[19]。増設の前提となる電力需用の見通しは表4-6のごとくであり，特に34年末に完成予定の東圧工場の電力需用などに対処するため，港発電所の増設が喫緊の課題となった。そこで三井鉱山は33年4月初め官庁認可を急ぐため取り敢えず15,000kW 2台増設案で申請することを決断した。申請にあたっては，東圧向け電力供給に関して「電気供給業者ヨリ受電ニ依ラサル事由」の添付が必要された。三鉱と本店との折衝の結果，事由の説明書は，①東圧操業開始による電力需用増，②電気供給業者に水力発電の余裕がないこと，③昼夜連続作業という事業の性格上自家発電が最も安全であることの3点を根拠とした[20]。この説明書を添付して，三井鉱山は5月20日付けで港発電所の3万kW（15,000kW 2台）増設を申請した[21]。

この申請に関連して，同年7月16日付けの三鉱電気主任が作成した「昭和9年乃至11年三池電力ノ需給関係ニ就テ」は，港発電所の増設工事が遅延すれば，九州水力電気から受電しても需用増加を満たすことができず，電力不足となり事業遂行上支障を来すとして，つぎのような需給調節の見通しをあげた（表

表4-7　三池鉱業所の電力需給見込み（1933年7月16日調）

（単位：kW）

年次	需給状況			備考	現設備供給高内訳		
		平均	最大		供給源	平均	最大
1934年度	現設備供給高	20,650	27,300		大浦	3,500	5,800
	需用高	23,900	30,000		万田	0	500
	供給不足	3,250	2,700		瓦斯	1,650	1,800
					港	7,500	11,200
					九電	8,000	8,000
1935年度 (港発電所 完成まで)	現設備供給高	19,000	25,000	万田・瓦斯発電休止	大浦	3,500	5,800
	需用高	25,930	32,500		港	7,500	11,200
	供給不足	6,930	7,500		九電	8,000	8,000
	九水受電	10,000	13,000	港増設完成までの受電			
	供給過剰	3,070	5,500				
1935年度 (港発電所 完成後)	現設備供給高	50,200	69,800	港増設（2×20,000kW）	大浦	3,500	5,800
	需用高*	40,850	51,000		港	33,700	48,500
	差引供給過**	9,350	18,800		九電	8,000	8,000
					九水	5,000	7,500
1936年度	現設備供給高	50,600	72,300		大浦	3,900	5,800
	需用高*	42,870	53,500		港	33,700	48,500
	差引供給過**	7,730	18,800		九電	8,000	8,000
					九水	5,000	10,000

出典：「昭和9年乃至11年三池電力ノ需給関係ニ就テ」（前掲『九同設立関係雑纂』）。
注1：需用高*は東洋高圧の需用大なる場合。
注2：差引供給過**は最大の場合は2,000kW1台予備となる。

4-7参照）。

　1934年度は，①東圧を除外しても，最大電力2,700kW，平均電力3,250kWの不足となる，②この対策として九電より2,000kWの常時受電を増加し，なお不足分は九電特殊，万田発電所運転等により補う，③年末に東圧工場の試運転となれば，その電力は九水または九電からの受電による。1935年度は，①港発電所完成までは，九水より最大13,000kW，平均10,000kWの受電をしても東圧に融通できる電力は平均3,070kWで，（東圧）1基運転にも足りない，②港発電所完成後は九水からの受電は最大7,500kW，平均5,000kWで余裕がある。1936年度は，港発電所完成後は九水よりの受電は最大10,000kW，平均5,000kWで余裕がある。したがって港発電所増設の完成が遅れれば，東圧完成後から港発電所完成までのわずかの期間の電力不足を補うため，九水からの大量受電が必要であり，九水側で大規模な設備工事を行うことになり，将来長

期に及ぶ不利益を忍ばざるをえなくなるとし，港発電所増設の完成には20～21カ月を要し，7月下旬に機械類を注文してもその完成は1935年3，4月頃となるので，1日も早く着手すべきであると結論づけた。

しかし，この増設申請に対して，熊本通信局は3万kWの自家用火力発電所の増設は目下の事情に照らして相当重要な問題であり，九州における電力需給状況，余力の有無，水力開発計画の有無等について極力調査中であるとして，本省への具申書進達を直ちには行わなかった。通信局担当者によれば，電力増加の主原因が東圧にあること，自家用の巨大な発電設備計画の影響などが問題点であるとされた[22]。

三井鉱山側の督促に対して7月21日に熊本通信局から至急進達するとの回答があった。三井鉱山は申請中の15,000kW 2台増設計画を20,000kW 2台に変更することを決めたが，熊本通信局の意向では既願書の却下願と新規出願とを同時行う手続きが望ましいとされ，8月1日付けで5月20日付け願書の取り下げ，4万kW増設の新規願書を申請した[23]。その後，逓信省との協議において，①他会社の東圧に供給する目的を含む自家発電の増設申請であること，②「同一資本ノ故ヲ以テ自家用電気ノ特殊供給ヲ許ス内規ハ本年削除セラレシ」ことを理由に申請書通りの認可は困難であることが確認された[24]。

このような状況に直面して三井鉱山は方針を転換し，1933年8月中には熊本電気との共同出資によって共同火力発電会社を設立することで合意に達したとみられる[25]。同時に当面する電力不足に対処するため，同年9月，三井鉱山は熊電との間で港発電所7,000kW 1台の増設計画（総工事費1,096,400円）がまとまり，熊電の出資，三井鉱山の工事担当で工事が進められた（1935年1月完成，5月公式運転）[26]。

その後，共同火力構想は，熊本通信局の調停もあり，東邦電力，九州水力電気の両社に参加を呼びかけた。これに対して，両社は過剰電力が解消されていない段階での共同火力構想であるとして，強く反発したが，結局，この計画に東邦，九水，九州電力，九州送電が参加することになり，6社の共同出資で大牟田に共同火力発電所を建設する計画に発展した。そこで三井鉱山・熊電両社

は1933年10月11日付けで九州共同火力発電の設立申請に踏み切った。その内容は三井鉱山既設発電所の施設1万4千kWおよび増設分7千kWを買収するとともに，新たに4万kWの火力発電所を設置し，合計6万1千kWの新会社を設立するというものであった。これに対して東邦，九水両社とも共同火力の特定供給先を限定することを条件に参加の意向を示した[27]。

2　九州共同火力発電の設立と電力供給

(1) 九州共同火力発電の設立計画と設立

つぎに九州共同火力発電株式会社（九同）の設立計画の具体化過程をみよう[28]。

三井鉱山は，1933（昭和8）年8月に熊本電気，9月東邦電力，九州水力電気に対して，「九州共同火力発電株式会社企業目論見案概略」（以下，「目論見案概略」）などを送付した。

「目論見案概略」は社外部用と社内部用の2種類が作成され，熊電へ送付は社内部用であり，東邦，九水送付は社外部用であった。その主な内容は，①資本金1,500万円で鉱山6割，熊電4割の出資とする，両者協議の上第3者の出資を認めることもある，②第1期に関して，発電設備は，三池鉱業所港発電所に新規増設分7,000kW（7,000kW 1台），同増設分40,000kW（20,000kW 2台），既設分と合計61,000kW，受電設備は熊電より最大14,000kW受電，③販売電力（第3年度）は三井鉱山26,300kW（社内部用29,000kW），東洋高圧（三池窒素を含む）16,000kW（社内部用18,000kW），合計42,300kW（社内部用47,000kW），④販売電力料金（発電所引出口）は1kWhにつき7厘7毛（社内部用は鉱山分7厘5毛，東圧分9厘5毛），⑤石炭代は1トン平均5円，石炭消費量は販売電力1kWhにつき0.63kg（第2年度以降），というものであった。

また三井鉱山と熊電は，電力需給契約で，①熊電より受電14,000kW分の電

力料金は1kWh7厘5毛とする（最低使用量は50%），②契約有効期間は発電設備の完成および東圧三池工場の運転開始から九同の事業開始時または九同不成立の時までとする，覚書で，③港発電所7,000kW新規増設分（前述の三井鉱山の電力不足対応分）は，熊電の電力供給を確保するためであり，熊電が施設し九同成立後は熊電の出資として同社に引き渡す，などを取り決めた。

　九同は1933年9月15日の発起人会を経て，10月11日付けで電気事業経営許可申請書を提出し，12月1日付けで電気事業経営許可申請書訂正申請書を提出した。申請内容は以下の通りである。

　九同の定款は，①事業目的を電気事業法による電力の特定供給およびそれに付帯する事業とする，②資本金は1,500万円（30万株）で，株式は取締役会の承諾なくして他人に譲渡できない，などを定めた。また起業目論見書によれば，出資方法は三井鉱山3割6分，熊電2割4分，東邦，九水，九送，九電各1割の負担であり，第1期では，発電設備は①三鉱港発電所既設分14,000kW（7,000kW 2台），②同港発電所新規増設分7,000kW（7,000kW 1台），③同港発電所に増設分40,000kW（20,000kW 2台）で，総出力最大61,000kW，設備費予算総額（受電設備費も含む）8,400,000円であり，受電は熊電より最大14,000kWとされ，第2期では，発電および受電設備は需用の増加並びに熊電の水力開発に伴い必要に応じ漸次増設する，とした。販売電力（見込常時最大電力）は，鉱山20,000kW，熊電3,000kW，東圧14,000kW，東邦分4,000kW，合計41,000kWであった。したがって第1期では，受電も含めれば供給は75,000kWとなり，34,000kWの余剰電力が発生することになる。

　訂正申請書に添付された七社協定書（1933年11月8日付け）は，東邦，熊電，九水，九電，九送，鉱山，九同の7社間の協定で，七社契約書，七社間の九同に対する念書，鉱山・九同間石炭売買契約書，電力料金算定基準，東邦・九同間電力需給契約書，九水・九同間電力需給覚書の6つの協定からなっていた。七社契約書は，各社は共存共栄を目的に，①九同は東邦，熊電，九水，九送およびその傍系会社の供給権を尊重し，その承認を経なければ，鉱山に対する供給，東圧・三窒・九電（電化供給用）に対する供給，九水・東邦・熊電に対す

る供給（各社の承諾が必要）以外には電力の特定供給を行わない，②九同は電力特定供給条項に違反した場合には，1 kWh につき電灯は10銭，電力は1銭の割合で損害賠償金を関係事業者に支払う，③九電に契約高の減少により発生した余剰電力について，本契約当事者中に受電希望がない場合には，九同がその火力発電に優先して引き受ける，④本契約当事者は相互協議のうえ九同の株式を所有し，その持株は他の当事者全員の同意がなければ他人に譲渡することはできない，⑤本契約当事者が合併，事業譲渡した場合は，合併後の存続会社または事業譲渡人に本契約を承継させる，⑥本契約当事者は九同との電力供給契約を尊重し，契約期間満了後にもその継続に尽力し，九同の経営に支障を来すような行為をせず，これに違反した者は九同にその損害を賠償する，⑦九同発起人は九同設立後は本契約を九同に承継させる，などを主な内容とした。

石炭売買契約書（案）は，三井鉱山と九同間の契約で，①九同の使用する石炭は錆粉7割，粗悪粉炭（盤粉類）3割の混合で，その平均熱量は6,900カロリー以上を標準炭とし，②その単価は1トンにつき5円とする，商工大臣の検定による三池粉炭（自家用炭を除く）の価格の変動に応じ，標準単価（トン当り）＝5円×その年発表の検定価格／昭和8年度検定価格（昭和9年発表分）の算式にしたがって，標準単価は毎年5月1日より変更する等であった。

電力料金については，基本料金（責任使用電力量に対する料金）は準備料金と燃料代金の合計，超過分料金（責任使用電力量を超過する料金）は燃料代金のみとし，非株主会社に供給する料金は，基本料金，超過料金ともそれぞれ1厘増とした[29]。

訂正申請書によれば，九同は，申請書の電力増設計画を継承しつつ ①鉱山，熊電，東邦，九水，九電，九送の6社共同出資で設立し，②三鉱港発電所を買収のうえ増設するとともに，熊電の余剰水力電力を受電し，③これらの電力を鉱山，東圧，その他三井関係事業，および当社株主の供給会社に供給することを目的とするとしており[30]，また，このような形態を採用した理由として，①九同による電力供給は，電力供給会社の特殊電力を不必要とする点で電力統制上きわめて適切な方法であること，②三井関係各社の電力需用増に対する合理

的な対応策であること，③鉱山の粗悪炭の有効活用となることなどをあげた。また1934年2月14日付け電気料金認定認可申請書によれば，電力料金は1kWh につき鉱山・東邦・熊電分9厘5毛，東圧分1銭1厘5毛（非株主のため2厘高）となっていた。

なお，九水に関しては，九水・九同間の覚書（1933年11月8日付け）で，①九同は将来九水に対して2カ年以前の予告で最大2万kW の電力供給に応ずるものとする，ただし九同の供給設備に余力があるときは九水の希望により可及的速やかに供給に応ずるものとする，②最大電力は両社協議のうえ変更しうるものとする，という2項を取り決めている。

九同の1933年10月および12月の許可申請は，1935年1月に至って認可された[31]。1月21日付けの認可と同時に，逓信大臣名で命令書が下付され，さらに1月25日付けで熊本逓信局より示達事項が通牒された。この通牒を受けて九同は1月25日付けで必要な許可申請書の訂正を行い，1月30日に創立総会を開催し，取締役会長に三井鉱山の尾形次郎（九同発起人総代）を選任し，翌1月31日に設立登記を完了した。

(2) 九州共同火力発電による電力供給

九州共同火力発電は1935（昭和10）年5月1日より営業を開始し，第1期，第2期，第3期と拡張工事を進めた。36年6月，同社は第3期および第4期拡張所要資金として資本金を倍額増資し，資本金は3,000万円となり，将来計画は設備300,000kW を目標とし，漸次設備拡張を図るというものであった[32]。

同社の設備拡張と電力供給の推移をみると，当初は港発電所第1期工事に属する三井鉱山より譲り受けた7,000kW 汽力発電設備2台で三井鉱山および東洋高圧の2社に対して電力を供給し，ついで同社新設の7,000kW 汽力発電設備1台を加え，出力合計は21,000kW となった。また施設面では，九同港発電所構内にある港変電所を軸に送変電を円滑に行うため，九州電力所有の港変電所および関連設備を九同に譲渡し，九電が港発電所構内で三井鉱山に供給していた電力（常時6,000kW，特殊5,600kW，融通4,400kW，合計16,000kW）が

表4-8 九州共同火力発電の常時電力供給契約（1933年11月）

(単位：kW)

開始期日	三井鉱山	東洋高圧	熊本電気	東邦電力	計
第1年度（1935年10月20日以降）	20,000	14,000	3,000	4,000	41,000
第2年度（1936年10月20日以降）	23,000	14,000	3,000	8,000	48,000
第3年度（1937年10月20日以降）	25,000	14,000	3,000	12,000	54,000
第4年度（1938年10月20日以降）	28,000	14,000	3,000	16,000	61,000
第5年度（1939年10月20日以降）	30,000	14,000	3,000	20,000	67,000

出典：『九同設立関係事業経営許可申請関係』（三池1158）。
注1：九州水力に対しては将来最大20,000kWの供給保証。
注2：契約日は三井鉱山・東洋高圧とは11月10日付け，熊本電気とは11月11日付け，東邦電力とは11月8日付け。
注3：需給開始は，三井鉱山・東洋高圧とは1934年11月頃（港発電所7,000kW増設完成および東洋高圧運転開始日），熊本電気とは1934年11月頃（港発電所20,000kW2台増設使用開始日），東邦電力とは1935年10月20日。
注4：開始期日は三井鉱山・東邦電力との契約に関するもの。
注5：九州共同火力は常時出力41,000kW，予備出力20,000kW。

表4-9 九州共同火力発電の常時電力供給契約（1937年11月）

(単位：kW)

	三井鉱山	東洋高圧	熊本電気	東邦電力	九州水力	九州電力	計
第2年度（1937年11月20日迄）	21,000	24,000	3,000	13,000	13,000	6,000	80,000
第3年度（1937年11月20日以降）	24,000	24,000	3,000	18,000	5,000	6,000	80,000
第4年度（1938年10月20日以降）	27,000	24,000	3,000	20,000	5,000	6,000	85,000
第5年度（1939年10月20日以降）	29,000	24,000	3,000	20,000	5,000	6,000	87,000

出典：『九火電気料金』（三池1165）。

九同に託送されることになった[33]）。

　第2期工事に属する22,000kW（申請時は20,000kW）汽力発電設備2台のうち1台は1935年12月29日，他の1台は翌36年2月17日にそれぞれ工事が完成し，設備43,000kW，総出力は41,000kW（当初の販売予定電力）となり，三池鉱業所，東圧，東邦電力，熊本電気の各社に電力を供給した。九同の設立申請時の電力供給契約は表4-8の通りであり，第2期工事完成時点で当初の電力供給計画の第1年度を実現したのである。

　ついで第3期工事に属する22,000kW汽力発電設備2台のうち，1台は1936年10月22日，他の1台は同年11月30日にそれぞれ工事が完成した。その結果，1936年時点の電力需給状況は，発電では港発電所に発電機7,000kW3台，22,000kW4台を設置し，現在設備109,000kW，総出力80,000kWとなり，供給面では，当初の契約の改訂，新規契約などを順次進め，1937年11月には表

表4-10　三井鉱山・九州共同火力の受電契約

受電量（常時最大）	契約日・契約改訂日	契約期間	備考
第1期 7,000kW	1935年11月1日	35年5月1日以降	
第1年度20,000kW		第2期22,000kW 2台使用認可日以降	
第2年度26,000kW		36年10月20日以降	
第3年度29,000kW		37年10月20日以降	
第4年度32,000kW		38年10月20日以降	
第5年度34,000kW		39年10月20日以降	
第1年度17,000kW	36年8月10日契約改訂	第2期22,000kW 2台使用認可日以降	三池窒素工場拡張のため3,000kWを移譲
第2年度21,000kW	37年1月30日契約改訂	37年2月1日以降	三鉱・三窒間特殊電力5,000kW供給廃止等
第3年度24,000kW		37年10月20日以降	
第4年度27,000kW		38年10月20日以降	
第5年度29,000kW		39年10月20日以降	
第3年度30,000kW	38年7月20日契約改訂	38年7月20日以降	九電受電の常時6,000kWを九同受電に変更
第4年度33,000kW		38年10月20日以降	
第5年度35,000kW		39年10月20日以降	

出典：「三池鉱業所沿革史」第5巻（電気課）123頁以下。

4-9のごとき契約であり，37年11月20日までの契約では鉱山21,000kW，東圧24,000kW，熊電3,000kW，東邦・九水各13,000kW，九電6,000kW，合計80,000kWであった。

このうち，九同による九水への供給は，東邦が受電し東邦久留米変電所で，九州送電の電気設備を経て九水に供給する形態をとり，電気料金は東邦が九同に支払い，九水はこれを東邦に支払うという協定が結ばれた[34]。

つぎに三井鉱山に限定して九同との電力需給契約の推移をみると，表4-10にみるように，1935年11月契約が基本契約であり，その後の改訂は三池鉱業所への供給のあり方の変更に伴うものであった。実際の実行契約は表4-11の通りであり，その内容は契約電力量に関してはほぼ基本契約通りであったが[35]，改訂時期は必ずしも基本条約通りではなく，電力需用，施設整備の状況によったものと思われる。

また電力料金に関しては，逓信省に申請認可ののち，各社と個別に電力需給契約書を締結して料金変更を実施した。例えば，1937年11月分以降の電力料金

表4-11 三井鉱山・九州共同火力との実行契約による電力受電（1935〜1939年）

年月日	契約電力 (最大kW)	保証料 (銭/kWh)	超過料 (銭/kWh)	送変電料 (円)	備考
1935年5月1日	7,000	1.06	0.43		最低保証量0.5
10月20日	7,000	1.06	0.425		
1936年1月5日	16,000	1.06	0.425		
2月29日	20,000	1.06	0.425		
3月20日	17,000	1.06	0.425		三室へ3,000kW移譲
4月20日	17,000	1.114	0.456		
10月20日	17,000	1.108	0.45		
11月1日	25,000	1.108	0.45		
1937年1月25日	26,000	1.108	0.45		
2月1日	21,000	1.108	0.45		三室供給5,000kW廃止
3月20日	18,000	1.108	0.45		東圧へ3,000kW移譲
4月20日	18,000	1.11	0.452		
10月20日	18,000	1.209	0.452		
11月20日	21,000	1.209	0.452		
1938年3月11日	21,000	1.209	0.452	2,409.83	送変電料は月割額
4月20日	21,000	1.398	0.641	2,542.17	
7月20日	27,000	1.398	0.641	2,542.17	九電6,000kWを九火に変更
10月20日	27,000	1.662	0.875	2,377.33	
1939年6月1日	27,000	1.635	0.848	2,264.33	
11月1日	27,000	1.642	0.848	1,916.66	

出典：「三池鉱業所沿革史」第5巻（電気課）附録（4）。
注：1939年5月1日，九州共同火力発電は九州火力発電（九火）に名称変更。

の基本料金はつぎの算式によって算定された[36]。

基本料金（使用保証量料金）＝（配当金＋利息収支差＋償却金＋発電所費＋
事務諸費＋諸費収支差）／（0.5×契約常時最大電力計×送電時
間）＋石炭価格／1,000×石炭消費量
＝0.01209（1kWhにつき円）
昭和12年石炭価格＝5円（九同の使用炭価格）×昭和12年発表検定価格
（自家用を除く三池粉炭検定価格）10.50／昭和8年度検定価格
8.30
＝6.325円

なお，1937年5月分以降の基本料金は0.0111円。

すなわち，九同の電力価格は，一定の算式に同社収支予算，各社電力需用

表 4-12 九州共同火力発電の収支予算案（1937年）

	科目	金額（円）	比率	備考
収入	電気料金	2,919,971	98.9	
	使用保証量	2,135,542		171,840千kW
	超過使用量	664,210		136,104千kW
	定額料金	120,219		送変電費
	配当金及び受取利息	29,550	1.0	
	雑収入	1,900	0.1	
	合　計	2,951,421	100	
支出	石炭代	1,351,770	53.4	
	熊本電気融通電力代	55,433	2.2	
	発電費	324,959	12.8	
	送電費	2,662	0.1	
	変電費	6,346	0.3	
	発電所事務費	53,128	2.1	
	減価償却費	323,000	12.8	
	総係費	42,000	1.7	
	諸税	110,000	4.3	
	支払利息	192,550	7.6	
	退職基金	70,000	2.8	
	合　計	2,531,848	100	
差引純益金		419,573		
利益金処分	法定積立金	21,000		
	別途積立金	107,000		
	役員賞与金	26,000		
	配当金	262,500		
	繰越金	3,073		

出典：「熊本電気株式会社ニ対スル電気料金変更認可申請」（前掲『九火電気料金』）。

見込み，検定石炭価格を挿入して決定されたのである。この基本料金の算定に用いられた九同の収支予算は表4-12の通りである。電気料金収入が292万円に対して，最大支出項目の石炭代は135万円（支出の53％）であることが注目される。

3　大牟田地区における電力需給関係の事例

(1)　三池窒素工場休止期間の電力料金計算

　1933（昭和8）年5月24日朝，三池窒素大浦工場で1,000気圧窒素・水素合成用ハイパーコンプレッサーが大破し操業不可能となった[37]。この旨を三窒は三井鉱山本店を通じて九州電力側に連絡し，事故休業期間の電力料金計算について九電と交渉することになった[38]。工場の操業休止時の電力料金に関しては，両社は1932年7月の契約改訂の際につぎのように規定していた[39]。

> 第六条　甲〔三井鉱山〕ハ最低使用電力量壱ヶ月度ヲ通シ第壱条ノ常時電力最大「キロワット」数ト其ノ月度ノ時間数トノ積ノ七割ヲ限度トシ之ニ相当スル「キロワット」時ニ達セサル時又ハ甲ノ都合ニ依リ全ク使用セサルトキト雖甲ハ其限度ニ対スル料金ヲ乙〔九州電力〕ニ支払フモノトス
> 但シ左記各項ハ最低使用量ヨリ控除スルモノトス
> 〔一，二項……省略〕
> 三，三池窒素工場ノ機械的故障ニヨリ引続キ拾弐時間以上同工場ノ操業ヲ休止シタル場合ハ其時間数ト常時電力最大「キロワット」数ノ積ノ七割ニ該当スル電力量
> 三池窒素工場ノ操業休止期間三ヶ月以上ニ亘ル場合ハ本契約ニヨラス別ニ協定スルモノトス

　この第六条但書第三号をそのまま適用すれば，九電は定時送電の責任を負っており，三窒以外の三池使用電力が常時電力の7割未満であれば，送電しても料金徴収ができない事態が生じることになる。そこで九電本社は，契約当時の九電の不明についてふれた上で，「現契約第六条但書三号」を「定時六千……

ノ内三窒ノ為メニセル契約ト見ルヘキ分ヲ三千キロト見テ之分ニ対シテハ「第六条但書三号」ヲ適用ノ事　残リ三,〇〇〇キロ分ハ契約本文（即チ七〇％一銭三〇％四厘）ニヨリ料金計算ノ事ニ願度」という申し入れを三井鉱山に行った[40]。これを受けて，鉱山本店は，契約尊重の立場から条項に従って処理すべきであり，条項の厳正適用を緩和するとしてもその具体的方法は三池鉱業所と充分打合せると応答した上で，使用電力代だけは支払わない訳にいかないとして，つぎの2つの試案を三鉱に提示した[41]。

(イ)　契約第六条但書三号末項ノ趣旨ヲ拡張解釈シテ（三月以上トアルヲ一月以上ト譲歩シ）……別箇ノ協定ヲ為ス事
(ロ)　一応ハ契約通リノ計算ヲ押通スコト、トシ会社ノ不当利得トナル電力ニ付テハ平均電力料（単価八厘二毛）ヲ支払フ事

　三鉱は九電の三窒操業休止中3,000kWを定電力と同様に取り扱い，計算することは「無理からぬ次第」として受け入れ，三窒故障期間に関してつぎのような方針で望むことを提案した[42]。

A．5月24日〜7月15日頃　三窒操業全休　三鉱定電力3,000kW（7割1銭, 3割4厘, 超過3厘)
B．7月15日頃〜8月中　軽負荷運転　実際使用電力を見た上で精算
C．9月1日〜9月中旬頃　機械取替中全休止　定電力3,000kW（7割1銭, 3割4厘, 超過3厘)

　このような社内協議を経て，7月10日付けで三井鉱山は九電に対して，6月分（6月20日まで）は九電・三鉱両者の提案通りの方法で計算し，7月以降については改めて協議すると回答した[43]。具体的な料金計算は，5月24日〜6月20日三窒操業全休期間について定電力3,000kWとし，70％に対して1kWhに付き1銭，30％に対して4厘，超過分に対して3厘とすることであった。なお，

定電力超過分の料金計算は32年7月21日付けの実行契約である。

7月以降の料金計算方法については，九電の申し出は，①全休期間（6月21日〜7月15日頃，9月1日〜9月中旬頃）は，契約上の定時電力8,000kW中3,000kWを差し引いた残余5,000kWを計算上の定電力とする，仮運転中（7月15日頃〜8月中の見込み）は，順調運転日は定電力を8,000kW，休止日は定電力を5,000kWとする，というものであった。これに対して，三鉱案は，全休期間（6月21日以降）は定電力8,000kW中5,000kWは三窯用で残り3,000kWを定電力扱いとし，仮運転期間は，順調運転日は常時8,000kW，故障による操業休止日は3,000kWを定電力扱いとした。両者の違いは定電力のうち三窯用分の扱いにあり，九電が三窯用を3,000kWとしているのに対して，三鉱は5,000kWとしたのである。鉱山本店は三鉱に対して三窯全休期間に3,000kW送電で三鉱の操業に支障はないかどうか再考を求めた[44]。

再考を求められた三鉱は，三窯故障期間中の料金計算方法は「便法」であり，「定電力ヲ制限スル等ノ根本問題ニハ何等タッチシタルモノニ無之」とし，定電力8,000kW中5,000kWは三窯用であり，残り3,000kWについて支払責任があることを改めて強く主張し，このことは九電側も「諒解」していたはずであり，今回の九電申し入れはこれとまったく相違していること，九電は契約に基づき8,000kWの送電責任があることを指摘し，受電実績を踏まえて，つぎのような料金計算案を提示した[45]。

一．全休期間の計算
  (1) 全休期間（6月21日〜7月16日）
    この期間の受電実績は平均3,070kWであり，料金計算は3,000kWを定電力取扱いで計算
  (2) 試運転期間（7月17日〜20日）
    この期間の実績平均受電は5,780kWであり，便宜上実際受電量に対して定電力（8,000kW）平均値段8厘2毛で計算（定時電力の平均料金は，70％1銭，30％4厘で計算すると，8厘2毛となる）

二，仮運転期間中
　(1)　順調運転の日
　　　三窒所要電力は3,000kW～3,500kWの見込みであり，6,500kWhを定電力取扱いで計算し，6,500～8,000kWの電力は「出来ルダケ可及的受電スルコト」とし，この分は定電力平均値段8厘2毛で計算[46]
　(2)　操業休止の日
　　　3,000kWを定電力取扱いで計算のこと

そして6月分の3,000kWの定電力扱いは「協調の精神」で協定したことであって，7月分以降も事情は変わらないとした。
　その後，8月9日に九電より三鉱に対して新たなつぎの申し出がなされた。

　(イ)　三窒休止期間（6月21日～7月16日および9月）は常時5,000kWとして取り扱う
　(ロ)　三窒運転開始後（7月17日以後）は契約通り常時8,000kWとして取り扱う
　(ハ)　もし(イ)が不同意であれば，契約文に従い使用電力量に対し，5,600kW〔8,000kWの7割〕までは1銭，これを超過する分は4厘で計算する

これに対して三鉱の主張は従来通りでつぎの通りであった。

　(イ)　6月21日～7月16日は前回通り常時3,000kWとして取り扱う
　(ロ)　7月17日以後も三窒の故障は全部回復しておらず，三窒需用の3,000～3,500kWと従来の3,000kWを合わせて6,500kWを常時として取り扱う

このような見解の対立を前提に，三鉱は，(イ)6月21日～7月16日は，当方主

張通り3,000kWを定電力扱いとし，㋺7月17日以降は，「運転開始ニ至レルモノニ付強チ当方ノミノ主張ヲ貫ク訳ニモ成ルマジク」，先方の主張を容れることとすれば，㋑による当方利益4,570円，㋺による先方利益6,350円となるので，先方主張を幾分緩和して双方歩み寄る程度で妥協する案を本店に対して提案した[47]。

これに対して，鉱山本店は，①6月21日以降の三窯休止期間は使用電力量に対して5,600kWまで1銭，超過分は4厘という九電の主張は今回が初めてのことであり，かつ契約の正面上の解釈であり，妥当である，②7月17日以後の三窯運転開始後は契約通り常時8,000kWとして取り扱うという九電主張は契約の正面解釈上妥当である，として九電の主張を全面的に認めることになった[48]。

以上の経緯を踏まえて，三井鉱山は8月9日の九電提案，すなわちつぎの方法で計算することを承諾した[49]。

　一，六月廿一日ヨリ七月十六日迄及九月ニ於ケル三窯休止期間ハ実際使用電力量ニ対シ五,六〇〇kW迄ハ一銭之ヲ超過スル分ハ四厘ニテ計算ノ事
　二，七月十七日以後三窯仮運転期間ハ契約通リ常時八,〇〇〇kWトシテ取扱ノ事

結局，本店の裁定は，7月以降については，三窯の事故休止という事態を考慮しない，通常時の契約通りの料金計算となった。三鉱側が，「本書〔8月9日の九電申し出〕ハ六月九日附ノ本店来状ト全ク矛盾シ居レリ最初ヨリ本書ノ如キ解釈ナラバ相互ニツマラヌ手数ヲ重ヌル事ノカリシ事ト思ハル、モ此上ノ論議ハ　極局〔押印抹消か〕　論議ニ止マリ実益ナキニ付本件ハ此侭ト致シタシ」[50]と本店見解に対してコメントしていることも首肯できる。何のための折衝だったのかが問われるが，おそらくは，九州共同火力発電の設立をめぐって熊電側との協調を考慮にいれた戦略的判断だったように思われる。

その後，三窯のハイパーコンプレッサーの修理工事は1933年9月19日開始，

27日工事完成し，28日試運転開始，同日午後6時本運転開始となった。また同年10月25日から11月2日まで，三窯はハイパーコンプレッサー故障によって操業停止している。

(2) 三池鉱業所における電力融通関係

九州電力設立後，三池鉱業所をめぐっての電力融通としては，三鉱と電気化学工業大牟田工場との間の融通がある。別稿で詳述したが[51]，1932（昭和7）年11月から33年3月にかけて三鉱は電化に電力融通を行った。当時，電化は大淀川水電の電力に依存していたが，宮崎県下の大淀川水系の渇水によって，電力不足が懸念され，三鉱に電力融通を依頼したのである。問題となったのは融通電力の料金支払方法であったが，九電も交えて3社の折衝の結果，三鉱から電化に対する融通分は三井鉱山・九電の契約分から減電し，鉱山は融通分に対応する電化の電力料金を差し引いた残額を九電に支払い，電化が融通分料金を九電に支払うことで決着をみた。この時に確定した電力融通方式がその後も継承され，翌34年の渇水期間にも三鉱・電化間で次の条件によって電力融通がなされた。融通電力量は約3,000～4,000kW（三鉱の都合で変更可能），電力料金は1kWhにつき1銭1厘，料金は鉱山が九電へ支払うべき料金より差引計算，期間は1月7日～2月末日というものであった[52]。

この1934年の電化に対する電力融通時点では，三鉱においても電力事情は逼迫しつつあった。当時の三鉱の使用電力は1日最大26,000kWで，供給は発電18,000kW，九電からの受電8,000kW，合計26,000kWで，需給はちょうどバランスしている状態であったが，不時の故障等の場合には電力不足が生じる状況であった。そこで三鉱は九州水力電気から受電することによって，港発電所の1台を予備とする方針で，電化用に九電へ電力融通を行いつつ，九水からの受電交渉を急ぐこととした[53]。

三井鉱山は1933年9月に三池における昭和9年度（1933年12月～34年11月）電力需給見込みについて試算していた。それによれば，港発電所の発電機1台を予備とすれば，平均電力，最大電力ともに年初から供給不足であり，特に

1934年5月以降は平均電力,最大電力とも約3,000kW前後の供給不足に陥る見込みであった。この不足を補うため,鉱山は熊本電気より最大3,000kW（平均2,000〜2,500kW）を受電し,なお不足分は港発電所の予備発電機1台を運転し,月間最大に対する不足は九電の一時的過負荷でしのぐこととし,開始時期は34年1月頃より三鉱での7,000kW増設完成までとする,という計画をたてた[54]。このような見通しに基づき,受電先を検討した結果,34年1月には九水からの受電交渉を進めることになったのである。

　九水受電をめぐる交渉の結果,1934年4月20日付けで関係各社間でつぎのような電力需給に関する契約類を締結した。すなわち鉱山・九水の電力需給契約書は,九水が鉱山へ電力供給を行うためのもので,電力料金は1kWhに付き1銭（鉱山の希望通り）,特殊の場合（九水が不可抗力または鉱山の責に帰す可からざる事由により鉱山に対する送電を停止したるとき）は同3厘とし,最低保証使用量は70％とした。この契約を実行するための電力振替に関する鉱山・東邦・熊電・九送・九電・九水の協約書は,1931年4月10日付け東邦・熊電・九水間の契約に基づき,九水が九電より受電すべき電力の一部（常時最大3,000kW）を臨時に鉱山に転売することとし,その供給方法は九水→九送→東邦（九電より減量受電）→九電→鉱山という電力振替方法によることを取り決め,有効期間は1934年4月20日から1935年5月20日までとした。

　料金計算・支払方法に関する関係6社の取極書は,①三井鉱山は,3,000kW分を九水に支払い,九電総受電量より九水振替受電量を控除した残りの電力に対する料金を既契約により九電に支払う,②東邦・九水は,東邦が武雄変電所[55]において九電より受電の電力と九電が振り替えた3,000kW分電力の計を九電に支払い,③東邦は,東邦が久留米変電所において九送受電より九電が振り替えた3,000kW分および振替損失を控除した電力を九送に支払い,④九送は,九送が上釣開閉所において九水受電より九電振替3,000kW分および振替損失を控除した電力を九水に支払う,とした。関係6社の覚書は,振替電力は最大3,000kW,平均2,100kWで,特殊の場合は,鉱山→九電→東邦→九送→九水の順により前々日の予告で平均電力3,000kWまで受電しうること

とした。また東邦・九水・九送の「協定書」は，鉱山3,000kW受電に関連し，東邦・九水間および東邦・九送・九水間の契約の一部変更を協定したもので，九送より東邦附加受電（久留米）は3,000kW分および振替損失（150kW×送電時間），九送・東邦間の既契約受電量は東邦久留米総受電量－（3,000kW＋振替損失）とした。東邦・熊電・九電の協定書は，鉱山3,000kW受電に関連する東邦・熊電・九電間の契約を一部変更するもので，九電より東邦の減量受電（武雄変電所）を3,000kW，九電より東邦既契約受電量を東邦武雄受電＋3,000kW分とした。

このように三鉱の九水受電は，関係6社間の複雑な調整を必要とする協定群に基づいて始めて実現をみたのである。これら6社間の協力関係は九電からの受電関係，九州共同火力設立をめぐる調整などを経て形成されたものであり，さまざまな方式による電力融通を可能にしたのである。

おわりに

本章は，昭和戦前期の福岡県大牟田地区における電力需給関係を分析することを目的とし，1930年代の九州における電気事業の展開のなかで，大牟田地区における電力協調が新たな局面を切り開き，そのことによって急増する九州北西部の電力需用に九州電力経済圏として対応しえたことを明らかにした。最後に本章の分析結果を上記の視点から取りまとめ，その意味するところを明らかにして結びとしたい。

1930年代の大牟田地区において電力協調を促した主な要因はつぎの2つであった。第1は大牟田地区における電力需用の急増である。重化学工業の集積が進みつつあった同地区において，昭和初年には三井鉱山グループを中心に工場の増設・新設計画があいつぎ，かつ炭鉱の電化も進められた。三井鉱山は所要電力を確保するため，大規模な自家火力発電所の建設を主とし，買電を従とする電力確保策を策定した。これに基づき三井鉱山は1931（昭和6年）年7月港発電所，32年7月大浦発電所をそれぞれ竣工し，また九州電力との間で買電契

約を締結した。しかし三井鉱山グループの所要電力量の見込みはこれらの措置を上回る規模であり，新たな電力確保策を迫られた。第2は九州北西部の電力需給に対する電力各社の対応である。昭和初年に成立した九州西幹線送電網の結節線である大牟田地区では，熊本電気，東邦電力，九州水力電気の中核3社が競合と協調の関係にあった。熊電は九州電力（熊本電気・電気化学工業共同出資会社）を通じて宮崎県など九州南部の電源を確保し，北部への進出の機会を窺っていた。九水は九州東幹線送電網を通じて宮崎県の電力を確保すると同時に，九州東部と西部とを結ぶ需給調整の円滑化を企図していた。東邦は南部の電源を確保しておらず，佐賀・長崎方面への電力供給の安定的な確保策を確立する必要があった。このような電力各社の位置関係は1930年代の景気回復に伴う電力需用の増加とともに新たな局面を迎えた。

　このような状況のもとで，1933年5月三井鉱山は港発電所の大規模な拡充計画の単独申請に踏み切った。しかしながらこの申請は電力統制を企図していた逓信当局の認めるところとならず，三井鉱山は共同火力発電会社構想への転換を余儀なくされた。まず同年8月熊電との共同出資案を取りまとめ，さらに当局の慫慂もあり東邦，九水，九電，九州送電の参加が確定し，34年1月九州共同火力発電が設立された。また大牟田地区における電力融通は，鉱山による電化への融通，鉱山の九水からの受電，九同から九水への電力供給などの事例が示すように，関係各社間で電力振替・料金精算協定のもとで実施されており，電力需給契約に関するトラブルについても，三池窒素工場の休止期間の電力料金計算に関する九電と鉱山の事例のように，協調重視の方向で解決をみている。

　九同は　第1期計画の総出力61,000kW，受電14,000kWで発足し，電力需用の増加にあわせて漸次発電力を整備する方針で，36年には300,000kWを目標とする将来計画を策定した。この大牟田の九州共同火力と北九州の西部共同火力による電力拡充方式が電力各社の供給体制に一定の経済的合理性をもたらし，1930年代後半の電力需用の急増への対応を可能とした[56]。このような役割を果たした大牟田における共同火力体制の構築は，事業会社である三井鉱山の電力拡充計画を起点とし，各電気事業者によるさまざまな協調活動をベース

としつつ，逓信当局の行政指導をまって始めて実現しえた。その結果，北部九州において新たな段階での電力協調体制と水火併用発電方式とが創出されたのである。

注

1) 以上，詳しくは喜多恵・荻野喜弘「電気事業の発展と電力圏の形成」(『福岡県史』通史編 近代 産業経済（二），福岡県，2000年)，荻野喜弘「競争から協調へ 1927〜1938」(『九州地方電気事業史』九州電力株式会社，2007年) を参照のこと。

2) 『本店往復』昭和三年（三池1462）。三池……は，三池鉱業所総務部資料（三井鉱山旧蔵・三井文庫所蔵）で，三池……は資料番号である。以下，三池鉱業所総務部資料は同様に表記する。なお，この部分は拙稿「1930年代初期の福岡県大牟田における電力融通問題」(九州大学経済学会『経済学研究』第71巻第2・3合併号，2005年3月) の該当箇所に加筆したものである。

3) 『三池鉱業所沿革史』第5巻 電気課（三井文庫所蔵)，56頁以下，71頁以下。なお，1930年8月7日付けで港発電所の出力に誤記があったとして，常時14,000kWを常時7,000kWに訂正する申請を行った（『湊発電所設置干係 其ノ一』昭和六年（三池1173))。

4) 以上，前掲『福岡県史』による。なお，東洋高圧と三池窒素は1937年2月に対等合併し，東洋高圧工業が事業を継承した。会社名・事業所名等は，（ ）内の略称など適宜略称を用いることがある。

5) 本項で使用する三池鉱業所資料は特に断らない限り『対九州電力電力需給関係』自昭和六年至昭和十三年（三池1142）による。

6) 『九州電気五十年史』渡辺喬，1943年，175頁以下，1930年3月14日付け熊電・電化「覚書」(『電力需給関係』自昭和五年至昭和七年（三池1141))。

7) 前掲『九州電気五十年史』176頁。

8) 前掲『三池鉱業所沿革史』第5巻，116頁以下，1932年2月28日付け九電三池出張所発三鉱宛三池発第110号文書。電化契約の継承は九電との追加契約（常時電力3,000kW，特殊電力1,000kW）として措置されたが，これは「官庁ニ対スル手続上作製シタルモノ」で，実際は電化と三井鉱山との契約関係により一切を処理するとされた（1931年6月10日付け三井鉱山・九電「追加契約ニ対スル覚書」)。なお，文書に関しては，三池鉱業所は三鉱，三井鉱山は鉱山，三井鉱山本店は本店とそれぞれ略称する。

9) 1931年5月29日付け三井鉱山・九電「電力需給契約書」，同「料金低下覚書」。

なお，引用文中の〔　〕は引用者による注記で，以下も同様である。
10)　1932年5月14日付け三鉱所長発鉱山常務宛三鉱発第572号文書。
11)　1932年6月8日付け三鉱所長発九電常務宛文書。
12)　本店調査員発三鉱所長宛書簡，日時不詳。本書簡は「従来通リ七割」と記載しているが，1931年5月の契約では保証は6割である。交渉過程からみると，九電案は常時電力保証を従来の6割から7割に引き上げ，保証電力超過料金を引き下げる提案であり，書簡の「従来通リ」は誤記であると思われる。なお，九電回答は6月18日付けと推定される（7月9日付け本店文書主任発九電常務宛文書）。
13)　6月24日付け三鉱所長発本店総務部長宛三鉱発第759号文書。
14)　7月9日付け鉱山本店文書主任発九電常務宛文書，同日付け本店文書主任発三鉱所長宛文第1269号文書。
15)　前掲文第1269号文書。
16)　7月27日付け鉱山本店文書主任発九電常務宛文第1328号文書。
17)　7月27日付け鉱山本店文書主任発九電常務宛文第1329号文書，7月29日付け九電発鉱山本店文書主任宛本第38号文書，7月29日付け九電発鉱山本店文書主任宛本第39号文書。
18)　三井鉱山・九電「契約書」，「覚書」，前掲『二池鉱業所沿革史』第5巻，117頁以下。
19)　「発電設備ノ拡張ヲ必要トスル理由」（1933年4月下旬頃作成か）（『九同設立関係雑纂』自昭和八年至昭和十年（三池1157））。以下，『九同設立関係雑纂』による。
20)　1933年5月10日付け本店文書主任発三鉱所長宛第1077号文書。
21)　1933年8月2日付け三鉱庶務主任発本店文書主任宛三庶発第610号文書。
22)　太田光久「出張報告」1933年7月18日出張。
23)　1933年7月21日付け本店文書主任発三鉱所長宛文第1647号文書，前掲三庶発第610号文書。
24)　「電信」1933年8月8日付け三鉱所長発本店文書主任宛。
25)　この点に関して，福岡日日新聞記者の中野節朗は，三井鉱山は大牟田に4万kWの火力発電所を新設するか，同価格（1kW当り7，8厘）で同程度の買電を行うかという二つの案をたて，関係者との協議を行ったが，この計画に対して九州送電は価格面で折り合いがつかず，熊電が関心を示し，九州共同火力発電会社案が作られた，としている（中野節朗『九州電気事業側面史』東洋経済新報社出版部，1942年，207頁以下）。
26)　前掲「三池鉱業所沿革史」第5巻，69頁。
27)　前掲拙稿「1930年代初期の福岡県大牟田における電力融通問題」126〜127頁による。

28) 以下,『九同設立関係事業経営許可申請関係』自昭和八年至昭和十年（三池1158）による。
29) 準備料金は配当金，発電所関係の金利および償却，その期の運転費・事務費・諸費一切の合計を各契約常時最大契約の50%（最低使用保証率）に１カ年の送電時間8,700時間を乗じた，その期間の総kWh合計で除したもの，燃料代金は１kg当り石炭価格に電力１kWhに要する石炭消費量を乗じたものとし，電力料金は石炭価格，需給電力等の変動に応じ電力料金算定基準により九同の期初に変更するとされた。
30) 電力需給契約書によれば，九同の常時供給電力のうち三井鉱山分は30,000kWであり，起業目論見書に比して10,000kW増額されていた。
31) 九同は設立申請時の電力需給契約によれば，港発電所の増設が完成する1934年11月頃に鉱山への供給を開始する予定であり，その頃には開業できるとみていたと思われる。とすれば，認可が予定より遅れたとみられる。
32) 以下，九州共同火力発電株式会社『事業概要』1937年を参照。なお，九同は1939年５月１日に九州火力発電株式会社（九火）と名称変更した。
33) 「電力託送認可申請書」（案）（前掲『対九州電力電力需給関係』）。なお，申請書案は昭和10年の日付のみである。
34) 東邦・九送・九水・九同間1936年８月31日付け「覚書」（『九火電気料金』自昭和十二年至昭和十五年（三池1165））。
35) 1937年３月20日付け東圧への3,000kW移譲は基本契約外のままである。
36) 1937年10月30日付け「熊本電気株式会社ニ対スル電気料金変更認可申請」（前掲『九火電気料金』）。
37) ５月25日付け三鉱庶務主任発本店文書主任宛三庶発第379号文書（前掲『対九州電力電力需給関係』）。以下も同書類による。
38) ５月31日付け本店文書主任発三鉱所長宛文第1231号文書。
39) 1932年７月１日付け「電力需給契約書」。なお，本条項は，31年５月契約時点では，第８条第３項で「三池クロード工場ノ機械的故障ニ依リ引続キ拾弐時間以上同工場操業ヲ休止シタルトキハ最低保証料金ノ計算ニ於テソノ時間数ヲ控除ス若シ参ケ月以上ニ亘リ同工場操業休止ノ場合ハ本契約ニヨラズ別ニ協定スルモノトス」と規定していた。
40) ６月１日の九電申し入れ（６月９日付け本店文書主任発三鉱庶務主任宛文第1291号文書）。なお，九電はこの時点では三窒復旧までは定時6,000kWを継続するとした。両者の定時電力契約は33年５月末まで6,000kWで，６月１日から8,000kWに改定する契約であった。
41) 前掲文第1291号文書。

42) 6月22日付け三鉱所長発本店総務部長宛書状。なお，定電力改訂後も，三窒用を5,000kWとして，三窒休止中は3,000kW定電力扱いとすることを主張している。
43) 7月10日付け鉱山発九電宛文第1508号文書。
44) 7月12日付け本店文書主任発三鉱所長宛文第1564号文書。
45) 7月26日付け三鉱所長発本店総務部長宛書状。
46) 三鉱は，6,500〜8,000kWの電力，すなわち1,500kWは受電余裕とみなした。
47) 以上，8月12日付け三鉱所長発本店総務部長宛第970号文書。なお，三鉱の提案は九電の新提案の（ハ）についてはふれていない。
48) 8月23日付け本店文書主任発三鉱所長宛文第2052号文書。
49) 8月31日付け鉱山発九電宛文第2127号文書。
50) 前掲文第2052号文書に対する書き込み。
51) 前掲拙稿「1930年代初期の福岡県大牟田における電力融通問題」。
52) 34年1月11日付け三鉱所長発本店総務部長宛三鉱発第66号文書，34年1月30日付け本店文書主任発三鉱所長宛文第519号文書（前掲『対九州電力電力需給関係』）。
53) 「電化ヘ融通スル余力ヲ持チ乍ラ九水受電ヲ急グ理由」（前掲三鉱発第66号文書）。
54) 『九水受電関係』自昭和八年至昭和十一年（三池1174），以下も同書類による。
55) 武雄変電所は九州電力の所有であったが，1934年に東邦電力が譲り受けた。
56) 1930年代の東邦は電力需用の増加に対して九同，九電，九送などからの受電の拡大で対応する方針をとっていたが，三池・武雄線の送電容量の不足が懸念されるに至り，東邦は佐世保付近の相浦に大規模火力発電所（30,000kW 2台）の建設を計画し，1937年に認可をえて，39年12月に1号機，40年3月に2号機をそれぞれ竣工した。

※三井鉱山関係資料の閲覧に関して，財団法人三井文庫にお世話になった。記して，感謝の意を表する次第である。

第 2 部　企業活動

第5章　明治期鉄道業における企業統治と企業金融[1]
―― 九州鉄道の事例を中心として ――

中村　尚史

はじめに

　本章の主要な課題は，明治期の非財閥系大企業における統治構造と資金調達との関係を，九州鉄道という当時の大鉄道企業の事例研究を通して明らかにすることにある。

　近年，日本経済史・経営史の分野では，企業統治論をふまえた実証密度の高い事例研究が進展し，戦前期大企業の企業統治構造（corporate governance structure）に対する通説的な見方に，一定の修正が加えられつつある。例えば粕谷誠は，三井同族（株主）と重役（従業員），さらには政府首脳のような外部者が企業統治をめぐって対抗しあいながら，三井財閥の基礎が出来上がっていく過程を，一次史料を駆使して詳細に分析している[2]。その結果浮かび上がってきた明治前期の三井像は，銀行，物産ともに不良資産の処理に追われ，結果として出資者である同族の発言力が増すという形で，一種の株主反革命が起きていたというものであった。それは従来，森川英正が回顧録などを用いて指摘してきた三井同族の経営への介入を[3]，「（同族は――引用者）経営の危機や重大な方針の決定に際しては，当事者能力がどれほどあったかは別として，大きな影響力を行使できた」[4]という形で，実証的に確認した点で大きな意味を有している。さらに「所有者である同族の絶対性を前提に，その付託を受けて誤りなく経営を遂行する有能な専門経営者として中上川を招聘した」という

指摘は[5]，三井銀行の改革で有名な中上川彦次郎があくまで代理人（agent）として，所有者である同族から経営を委任されていたことを示唆した。このような観点から見れば，安岡重明が指摘した「専門経営者の能力が高いときには，三井同族の発言権は弱くなり，専門経営者の力が弱いときには，同族の発言権が強くなるという関係」は[6]，依頼者（principal）―代理人（agent）関係によって説明可能ということになる。そしてその結果，従来，日本の財閥の特徴と言われてきた「所有に対する封じ込め」という議論や[7]，財閥家族・同族と専門経営者との関係を「近代的契約ではなく，臣従に近い関係であった」とみる見方が[8]，見直しを迫られつつあるといえよう。

以上の研究動向をふまえ，本章ではまず東條正が明らかにした1899年における九州鉄道の経営紛争を事例として，明治期における非財閥系大企業の企業統治構造を検討する。経営紛争とは，企業統治の主導権をめぐり，株主と経営者もしくは株主相互間で激しい対立が生じる現象を指し，場合によっては労使間や企業・地域社会間の紛争も包摂する。経営紛争は多くの場合，株主総会をその対決の場とすることから経営内部の諸問題が部外者にも明確になる。その意味で，株主と経営者との関係を動態的に分析する際に，貴重な素材といえる。その上で，経営紛争後における同社の負債選択を分析し，当該期における企業統治と企業金融の関係について考えてみたい。

1 企業統治と経営紛争
――1899年における九州鉄道の経営紛争――[9]

九州鉄道は，1886年6月，福岡，熊本，佐賀三県（のちに長崎県が加入）を中心に発起され，88年に政府から年利4％の利子保証付きの免許状を得て設立された。同社は，日本鉄道に次ぐ規模を有する幹線鉄道会社であり，その計画路線（門司・八代間，鳥栖・佐世保，長崎間，小倉・行橋間，宇土・三角間）は北部九州全域にまたがっていた。さらに1897年4月，筑豊産炭地域に線路網を構築していた筑豊鉄道と合併して以降は，運炭鉄道としての性格を強め，

第5章　明治期鉄道業における企業統治と企業金融　121

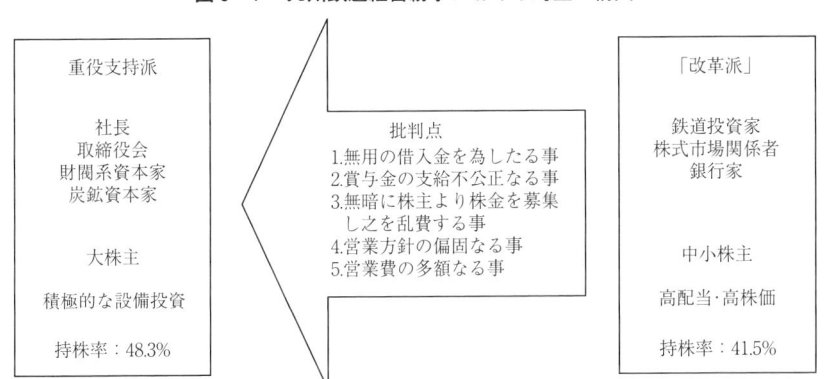

図5-1　九州鉄道経営紛争における対立の構図

```
┌─────────────┐                          ┌─────────────┐
│  重役支持派  │      批判点              │  「改革派」  │
│              │ 1.無用の借入金を為したる事│              │
│    社長      │ 2.賞与金の支給不公正なる事│  鉄道投資家  │
│   取締役会   │ 3.無暗に株主より株金を募集│ 株式市場関係者│
│ 財閥系資本家 │    し之を乱費する事       │    銀行家    │
│  炭鉱資本家  │ 4.営業方針の偏固なる事    │              │
│              │ 5.営業費の多額なる事      │   中小株主   │
│    大株主    │                          │              │
│              │                          │ 高配当・高株価│
│ 積極的な設備投資│                        │              │
│              │                          │              │
│ 持株率：48.3%│                          │ 持株率：41.5%│
└─────────────┘                          └─────────────┘
```

出典：東條1985, 3～7頁より作成。

　1907年の鉄道国有化により消滅するまで足掛け20年間, 最大規模の鉄道会社としての地位を維持し続けた。しかしながら広大な沿線地域と, 莫大な資本金を有する九州鉄道では, 会社の支配権をめぐってさまざまな利害が錯綜し, 設立時から経営紛争が絶えなかった[10]。社長・仙石貢の積極的な設備投資の是非をめぐって争われた1899年の経営紛争もまた, その中の一つである。

　1899年7月, 九州鉄道の経営内容に不満をもつ一部の株主（改革派株主）が, 仙石社長の経営方針を批判した意見書を同社株主, 報道機関などに送付し, 経営側に対して臨時株主総会の開催を求めた。図5-1を用いてその批判点を整理すると, 5つの論点のうち資金計画と営業方針についてが2点ずつ, 利益処分のあり方が1点となっていた。この意見書に同社の配当率低下に不満をもつ多くの一般株主が賛同し, 一時は全株数60万株のうち24万9,000株以上を改革派がおさえた。一方, 経営者側は経営の内容を詳細に公表し, 一般株主に対して弁明するとともに, 取締役会が中心になって水面下で株主総会対策の多数派工作を行った。その過程で, 三菱, 三井といった中央財閥や炭鉱業で財をなした筑豊の地方財閥は経営者側を支持したが, 東京, 熊本などの鉄道投資家, 銀行家などは改革派として経営側を激しく攻撃した[11]。紛争は, 同年10月に元老・井上馨の調停でようやく終息にむかい, 結果的に社長をはじめとする経営

者の入れ替えといった事態には至らなかった[12]。しかしこの事件は，次の点で当該期における企業統治の特徴をよく表している（図5-1）。

まず紛争の発端が配当率の低下にあったことからわかるように，明治期の一般株主は基本的に配当に敏感であった。株式市場が未発達で容易に株式の売り抜けができない地方株主はもちろんのこと，東京や大阪の株主もまた株式担保金融との関係で高配当─高株価を必要としていた。当該期の株式発行のあり方は株式市場における公募ではなく，縁故を利用した私募が中心であり，さらに株式の分割払込制と株主割当による増資が一般的であった。証券市場は成立していたが，先物取引がその中心であり，現物の取引は場外において行われることが多かった[13]。そのため特に地方においては株式の売却には多大なコストがかかり，投資の見返りに不満をもつ株主は，無言での退出より，積極的に声を挙げることを選択したと思われる。さらに株主の多くは払込途中の株式を担保に銀行から資金を借り入れていたため，株価が下がると銀行から追証を求められた。したがって株主は，株価に影響を及ぼす配当の動向にも敏感になった[14]。

一方，九州鉄道の大株主である三菱・岩崎家のような財閥は，銀行からの借り入れに頼らず，自己資本によって大規模な株式投資を行っていた。そのため彼らは，高配当による短期的な利得よりも，企業の持続的な発展によって得られるであろう長期的な利益を重視した。さらに単なる株主としてだけでなく，炭鉱業をはじめとする産業資本として利用者の側からも鉄道会社に関与していた財閥系資本家にとって，仙石社長による積極的な設備投資は，家業の発展のために歓迎すべき経営方針であった。このように当該期の株主には，自己資本のみによって株式投資を行う大規模な財閥系資本家と，銀行からの借入金に依存しながら株式投資を行う中小資本家という二つのタイプが存在した。この紛争において改革派として経営者側を攻撃したのは，このうち後者のタイプであり，取締役会にも参加している前者のタイプは基本的に経営者側を支持した。しかし1900年になっても財閥系資本家の持株比率は，せいぜい全株式の18.5％[15]に過ぎず，残りは株価と配当に過度に敏感な中小資本家が占めていた。しかも株主総会における大株主の議決権は，「所有株数九株以下ハ之ヲ有セス

拾株ヲ壱個トシ拾壱株以上百株マデハ拾株毎ニ壱個ヲ加ヘ百壱株以上ハ弐拾株毎ニ壱個ヲ加ヘ弐百個ヲ極度トス」[16]という小株主保護の規定によって制限されていた。この規定によれば，3,900株以上の大株主は，一律200個の議決権しか行使できなくなり，きわめて不利であった[17]。したがって多くの中小株主が団結すれば，経営者を震撼させるような活動が可能になったのである。

　また経営紛争への参加者が，経営者と大株主だけでなく銀行をも含み込んでいた点も重要である。この紛争で熊本の銀行家は単なる大株主としてだけでなく，熊本県における他の株主の代理人としても行動した。例えば臨時株主総会の開催請求に際して，九州商業銀行頭取・上羽勝衛は50人の株主から計34,285株分の委任状をうけている[18]。この点は，当該期の企業統治をめぐる経営者と銀行との関係を考える際，重要なヒントを与えている。つまり株式担保金融を前提とすると，銀行は自己資金による購入株式にとどまらず，融資している株主が所有する株式の動向にも注意を向けざるを得ない。企業の倒産や株価の低迷は，特に資産規模が小さい中小株主に打撃をあたえる可能性が高かったことから，銀行は自らの不良債権の増加を抑えるためにも，企業のモニタリングを強めざるを得なかった。とりわけ優良な投資先に乏しい地方の場合，担保株式銘柄が片寄る傾向[19]があり，その企業の盛衰が銀行にとっても重要な意味をもっていた。そのため彼らは，役員派遣を含めた企業への積極的な関与を行い，企業の統治構造の重要な担い手の一人とならざるを得なかったのである。

　最後に，株主と経営者との関係についても，言及する必要がある。この紛争の一方の当事者である社長・仙石貢は，鉄道局出身の技術者であり，三菱の後援をうけて九州鉄道の社長に就任した人物である。したがって彼は，大株主の依頼をうけた代理人（agent）として，経営実務にあたっていたといえる。しかし資本規模が大きい鉄道企業は，三菱といえども単独で支配できるものではなく，経営者は一部の依頼人（principal）のみを相手にした経営を行うわけにはいかなかった。それを象徴的に示すのが，経営者側が財閥系大株主の支持を得たにもかかわらず，自力でこの経営紛争を収束させることができず，最終的に政府高官の調停を必要とした点である。株式の分散は経営者の自立を促し，

所有と経営の分離を促進するといわれるが、この事例では株式の分散が企業統治を麻痺させ、政府高官の介入を招いたことになる。明治期の経営者たちは、このような不安定な企業統治構造の中で、異なる指向性をもつ株主を相手に、難しい企業運営を強いられていたのである。

2 企業統治と資金調達問題——九州鉄道の負債選択——

次に、以上で検討した九州鉄道の企業統治構造が、経営紛争後における同社の経営行動に、どのような影響を与えたのかについて、1901年から1904年にかけて取締役会の最大の懸案であった設備投資資金の調達問題（600万円社債募集問題）を事例として検討してみたい。

井上馨の調停によって漸く経営紛争を終息させた九州鉄道経営陣は、1900年以降、紛争の再発を防止すべく、経営システムの改革に取りかかった。まず1900年4月に開催された通常株主総会において、「私設鉄道株式会社ニ新商法ヲ適用スルノ日、将ニ近キニアラントス、仍テ同法ノ精神ニ則リ、又業務ノ必要ニ応シ」という理由で、総会議決権の1株1票制への移行を中心とする定款の改正を行った。これは井上の仲裁意見の中で、「株主ノ権利ハ商法ノ原則ニ基キ一様ナラシムヘシ」[20]と指摘されたことを受けて、総会議決権を制限していた条項を削除し、「本定款ニ定メナキモノハ法令ノ規定ニ従フ」[21]として新商法（1899年6月施行）の「各株主ハ一株ニ付キ一個ノ議決権ヲ有ス」[22]という規定への準拠を定めたものである。その結果、大株主の議決権制限が撤廃されることになり、九州鉄道の企業統治をめぐる力関係は、大株主に有利になった。

しかしながらこのような会社制度の改訂が、直ちに筆頭株主＝三菱の支配権確立に結びついたわけではない。もちろん表5−1が示すように、1900年以降も九州鉄道の社長は、一貫して三菱から派遣されていた専門経営者である仙石貢であった。しかし一方で、1901年3月末における三菱の九州鉄道株所有高は120,043株であり、これは九州鉄道の総株数の14.7％に相当するに過ぎない。そしてこの持株比率は、同年9月の豊州鉄道合併、翌2年2月の唐津興業鉄道

第5章　明治期鉄道業における企業統治と企業金融　125

表5-1　九州鉄道㈱役員の推移

	住所	1901年下	1902年下	1903年上	1903年下	1905年上	1907年上	持株数(1902年下)	備考
仙石貢	福岡	社長						275	三菱代理人
安川敬一郎	福岡	取締役						7,259	明治鉱業
原六郎	東京	取締役						2,250	横浜正金銀行
片岡直輝	大阪	取締役						200	前日本銀行大阪支店長，大阪瓦斯社長
伊庭貞剛	大阪	取締役						539	住友代理人
今村清之助	東京	取締役	→						今村銀行頭取，三菱名義人
松本重太郎	大阪	取締役				→		2,834	百三十銀行頭取，山陽鉄道会長
浜田市助	東京	取締役						1,655	前日本銀行検査局長，島津家々令
小河久四郎	福岡	監査役	→					211	十七銀行頭取，博多商業会議所会頭
住江常雄	熊本	監査役						103	第九銀行取締役
伊丹弥太郎	佐賀	監査役						1,006	栄銀行頭取
白石直治	東京				取締役			200	三菱代理人
則元由庸	長崎				取締役			695	長崎新報取締役
太田清蔵	福岡				監査役			944	油問屋，博多商業会議所会頭
草郷清四郎	神奈川					取締役			明治生命監査役

出典：九州鉄道㈱『報告』各回。

買収に伴う増資によって，さらに12.2%へと低下した（表5-2）。しかも表5-3から1902年3月段階における10大株主の構成をみると，10大株主によるシェアも18%に過ぎず，仮に彼らが連合したとしても絶対的な支配を行える可能性は低かった。また取締役会における比重は小さくなったとはいえ，福岡，熊本，佐賀，長崎といった沿線各県の利害代表者である商業会議所会頭や銀行役員も，監査役として経営への監視の目を光らせていた（表5-1）。

ところで，1890年代後半以降，筑豊炭鉱業の急速な発展をうけて，九州鉄道にとっての石炭輸送の重要性は益々大きくなっていた。図5-2が示すように，1900年度に石炭を中心とする貨車収入が客車収入を凌駕して以降，貨車収入の

表5-2 三菱の九州鉄道株所有

	総株数	株主数	1人当持株数	三菱持株数	同持株率	増資理由（合併・買収その他）
1897年3月	330,000	2,900	113.8	33,634	10.2%	
1898年3月	600,000	3,765	159.4	93,674	15.6%	筑豊鉄道合併
1899年3月	607,000	3,959	153.3	91,574	15.1%	
1900年3月	815,000	5,147	158.3	116,603	14.3%	
1901年3月	815,000	5,087	160.2	120,043	14.7%	
1902年3月	980,000	5,498	178.2	120,043	12.2%	豊州鉄道合併・唐津興業鉄道買収
1903年3月	980,000	5,355	183.0	119,843	12.2%	
1904年3月	980,000	5,563	176.2	119,843	12.2%	
1905年3月	1,240,000	5,683	218.2	146,601	11.8%	筑豊地域への設備投資
1906年3月	1,240,000	6,280	197.5	146,601	11.8%	

出典：『公債券勘定帳』MA5811（三菱史料館所蔵）および『九州鉄道株式会社株主氏名表』各回。

表5-3 九州鉄道㈱の大株主（1903年3月末現在）

	氏名	住所	持株数	役員・代理人	備考
1	岩崎久弥	東京	94,879	仙石貢（社長）	新入，鯰田炭鉱
2	岩崎弥之助	東京	18,440		
3	住友吉右衛門	大阪	9,502	伊庭貞剛（取締役）	忠隈炭鉱
4	明治生命	東京	9,330		
5	貝塚卯兵衛	三重	7,950		桑名紡績会長
6	根津嘉一郎	東京	7,556		東京電灯専務取締役
7	住友銀行	大阪	7,402		
8	安川敬一郎	福岡	7,259	取締役	明治鉱業
9	三井銀行	東京	6,879		山野，田川炭鉱
10	松本達夫	東京	6,821		
10大株主計			176,018		
総株数			980,000		
10大株主持株率			18.0%		

出典：『九州鉄道株式会社株主氏名表』。
備考：ゴチックは筑豊炭鉱業関係者。

比重は，全営業収入の55～60％を占めるようになった。さらに図5-3が示すように，石炭の輸送密度は1900年から1901年にかけてきわめて高い水準にあり，炭鉱側は慢性的な輸送停滞に悩まされるようになったのである[23]。

筑豊炭鉱業の持続的な発展が見込める以上，石炭貨車の増備を中心とする設備投資を行い，筑豊地域における石炭輸送力を強化することは，九州鉄道にと

図5－2　九州鉄道㈱の営業収入の構成比

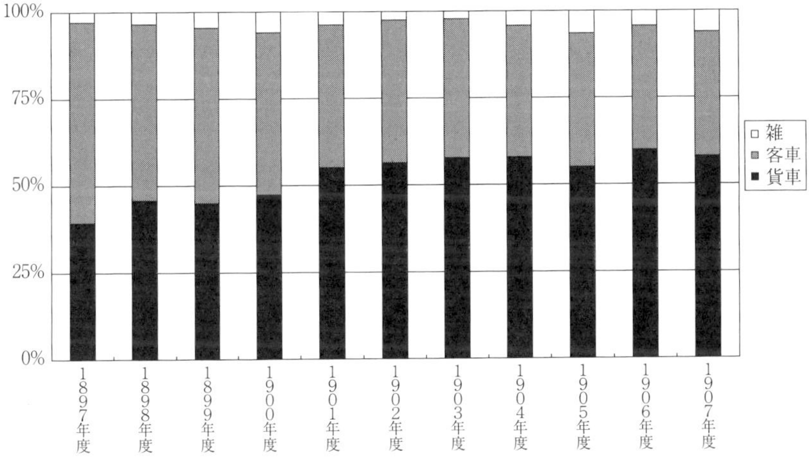
100%
75%
50%
25%
0%
雑
客車
貨車
1897年度
1898年度
1899年度
1900年度
1901年度
1902年度
1903年度
1904年度
1905年度
1906年度
1907年度

出典：九州鉄道㈱『報告』各回。

って戦略的な重要性をもっていた。そのため仮に仙石社長が三菱の代理人でなかったとしても，同社経営陣と，筑豊地域に炭鉱をもつ三菱や住友，三井，安川（明治鉱業）といった大株主の利害は，この点で一致し得たと思われる。ところが筑豊地域での集中的な設備投資は，産炭地以外の沿線地域にとってはメリットがなく，また炭鉱業関係者以外の株主からみると，短期的に配当率の低下が生じる可能性がある点で，歓迎されるべきものではなかった。加えて運炭支線の建設は，もし炭鉱側が操業を止めれば無駄な投資となり得る特殊的資産であるため，長期間の輸送契約を結ぶなど慎重な対応が求められるべき投資であった。したがって設備投資の受益者である炭鉱資本家が，鉄道会社のトップマネジメントを掌握しているという状態は，炭鉱にとっては好都合でも，鉄道会社にとっては不必要な設備への投資が行われる可能性（利益相反の可能性）が否定できないということになる。そのため一般株主が，産炭地域における新規の設備投資を目的とした増資に対して消極的になることは，容易に予想できた。一方，経営紛争を経験したばかりの九州鉄道経営陣にとっても，前述した不安定な企業支配のもとで，新規増資の承認を株主総会から取り付ける自信は

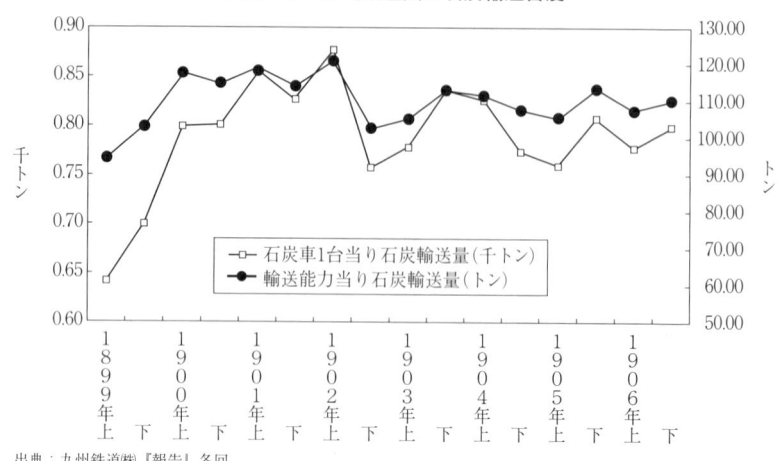

図 5-3　九州鉄道㈱の石炭輸送密度

凡例：石炭車1台当り石炭輸送量（千トン）／輸送能力当り石炭輸送量（トン）

横軸：1899年上―1906年下

出典：九州鉄道㈱『報告』各回。

なかったといえよう。

　このような状況の下で，1901年10月に臨時株主総会を開催した九州鉄道は，「現在ノ株金中」から流用という形で，資金調達問題を先送りしたまま，1年半の間に計600万円の輸送力改善のための設備投資を行うことを決定した[24]。この設備投資の内容は，停車場新設・拡張費，黒崎・折尾間複線費，車輌費，貝島専用鉄道買収費，若松・小竹間レール敷替費等であり，その大半が筑豊地域に関係するものであった。1902年上期から1903年上期にかけて，未払株金の流用と一時借入金を原資として行われたこの設備投資[25]によって，筑豊地域における石炭輸送力は増大し，輸送停滞の緩和にも一定の効果があった。例えば90万円の車輌費で新造された8トン積み石炭貨車500台によって，図5-3が示すように1902年下期には，石炭の輸送密度が大幅に低下した。

　しかし資金調達問題を先送りしていた以上，九州鉄道はどこかでそのツケを支払わねばならない。そこで1902年になって，同社経営陣は，600万円の社債募集という形でその問題の解決を図ろうとした。ここで彼らが増資ではなく，社債を用いた資金調達を行おうとした背景には，1898年10月の臨時株主総会において，1,000万円以内の社債は，年利5％以内の場合，役員会の判断で発行

できるという議決が行われていたという事情があった（福岡県2003：1200）。大株主の意向が受け入れられやすい役員会限りで資金調達問題を解決できる点こそが、同社経営陣が社債による資金調達を選択した理由であった。その意味で、一定の限度内における社債発行（＝負債）は、増資に比べてエージェンシー・コストが低いと見なされたのである。

ところが実際には、年利5％以下での社債発行は難しく、1902年になっても資金調達の目途は立たなかった。このため、経営側は仕方なく、1903年4月の通常株主総会に年利7％での社債発行の件を付議することになる。ところが折しも南清らが首唱する山陽鉄道と九州鉄道の合併問題が浮上し、九州鉄道の株主の一部もこれに迎合する動きを見せたことから、株主総会は再び紛糾することになった。そして今西林三郎[26]を中心とする合併派株主は、以下の4点を掲げて九州鉄道経営陣を批判した[27]。

①本期利益の減少

②建設費の過多

③仮出金の増加

④筑豊地方の運炭支線への過剰投資

このうち①と③の批判は、配当率の低下にきわめて敏感で、経営の効率化を求める当該期株主の特徴であり、九州鉄道に固有の問題ではない。しかし②と④については、同社の一般株主が経営陣の石炭輸送関係投資への傾斜に対して強い懸念をもっていたことの反映と見なすことができる。ただしこのような懸念を表明してみたものの、先に設備投資の許諾を与えていた以上、株主総会としても資金調達自体を否決することは出来ず、結局は金利条件を付して600万円の社債発行を認めることになった[28]。さらに合併運動が、三菱を中心とする大株主[29]と沿線地域[30]の強い反対をうけて、早々に頓挫した[31]ことから、経営側は総会を無事乗り切ることができた。

その後、経営側は、表5-4が示すように一時借入金で急場を凌ぎながら、内外社債発行の時期をはかっていたものの金利条件が合わず、日露戦争中の1904年下期になって、1,300万円の増資を行うことで、この問題はようやく解

表5-4 九州鉄道㈱の財務構造

	期末営業距離	公称資本金	払込資本金	積立金	社債	借入金・約束手形	興業費	同期中増加額	営業純利益金	当期利益(含補助金)	前期繰越金
	マイル	千円	千円	千円	千円	千円	千円	千円	千円	千円	千円
1897年上	211	16,500	10,640	121	1,500	226	11,886		545	588	8
下	282	30,000	17,585	226	1,895	350	18,129	6,243	807	863	23
98年上	282	30,000	21,128	267	1,867		20,456	2,327	767	767	22
下	315	30,350	24,638	306	1,839	500	23,519	3,063	922	922	7
99年上	315	30,350	26,547	352	1,811		27,468	3,949	768	808	1
下	323	40,750	29,056	390	1,783		28,519	1,051	1,010	1,030	3
1900年上	330	40,750	30,155	441	1,755		29,264	745	1,151	1,151	26
下	330	40,750	30,221	513	1,727		30,495	1,231	1,368	1,368	39
01年上	383	47,550	38,325	679	1,699	150	37,068	6,573	1,733	1,733	56
下	390	49,000	41,690	784	1,643		39,365	2,297	1,745	1,745	61
02年上	408	49,000	43,767	893	1,615		39,937	572	1,858	1,858	28
下	413	49,000	43,800	1,006	1,587		42,032	2,095	1,691	1,691	3
03年上	417	49,000	43,800	1,108	1,559	1,490	44,131	2,099	1,847	1,847	7
下	424	49,000	44,824	1,216	1,531	1,450	45,294	1,163	2,026	2,026	6
04年上	428	49,000	45,873	1,317	1,515	900	46,018	724	2,203	2,203	159
下	446	62,000	47,435	1,443	1,500		49,083	3,065	2,309	2,309	398
05年上	452	62,000	48,737	1,686	1,500		49,418	335	2,358	2,358	477
下	453	62,000	48,739	1,844	1,500		51,073	1,655	2,355	2,355	561
06年上	453	62,000	50,296	2,007	1,500		52,074	1,001	2,775	2,775	486
下	454	62,000	50,300	2,225	1,500	1,200	54,186	2,112	2,449	2,449	510
07年上	454	62,000	51,646	2,348		2,986	59,387		1,117	1,117	34

出典：東條1985，第3表および九州鉄道株式会社「報告」各回。
備考：自己資本比率は（払込資本金＋積立金）／（払込資本金＋積立金＋社債＋借入金），営業係数は営業費／営業収率は（興業費）／（払込資本金＋積立金＋社債）で算出。配当性向は配当金／未処分利益で算出。

決することになった[32]。このように結局，社債ではなく増資によって資金調達を行うことになった背景には，①予定金利を5％から7％に引き上げたにもかかわらず社債の発行が円滑に行えなかった，②日露戦争の勃発によって石炭の輸送密度が再度上昇をはじめた（図5-3）ことから，追加的な設備投資が必要になり，所要資金が大幅に増加した，③1,000万円を超える社債発行については再度，株主総会で承認をうける必要があり，さらに巨額の資金を調達する手段としては社債よりも増資の方が株主の了解を得やすいという事情があったと推察される。特に③については，利払いによって配当原資が減少することを恐れた株主が，総会で巨額の社債発行に強く反対する可能性があった。

以上の点から，当該期の九州鉄道経営陣は資金調達手段の選択に際して，コストが少ない順に，①内部資金，②社債（1,000万円以下・年利5％以下），③

未処分利益	配当金	配当性向	自己資本比率	長期適合率	営業係数	資本金利益率	配当率
千円	千円						
596	524	88%	86.2%	96.9%	41.0%	10.2%	10.3%
886	827	93%	88.8%	92.0%	48.0%	9.2%	11.7%
789	739	94%	92.0%	87.9%	57.0%	7.3%	7.6%
929	878	95%	91.4%	87.8%	54.0%	7.5%	7.7%
809	764	94%	93.7%	95.7%	64.0%	5.8%	6.0%
1,033	951	92%	94.3%	91.3%	56.0%	7.0%	6.8%
1,177	1,077	92%	94.6%	90.5%	51.0%	7.6%	7.3%
1,407	1,209	86%	94.7%	93.9%	49.0%	9.1%	8.0%
1,789	1,576	88%	95.5%	91.1%	46.2%	9.0%	8.3%
1,806	1,687	93%	96.3%	89.2%	48.0%	8.4%	8.4%
1,886	1,786	95%	96.5%	86.3%	46.1%	8.5%	8.3%
1,694	1,599	94%	96.6%	90.6%	49.2%	7.7%	7.3%
1,854	1,752	94%	93.6%	95.0%	45.0%	8.4%	8.0%
2,032	1,768	87%	93.9%	95.2%	43.9%	9.0%	8.0%
2,362	1,828	77%	95.1%	94.5%	40.1%	9.6%	8.0%
2,707	1,885	70%	97.0%	97.4%	43.3%	9.7%	8.0%
2,835	2,061	73%	97.1%	95.2%	45.0%	9.7%	8.5%
2,916	2,193	75%	97.1%	98.1%	49.9%	9.7%	9.0%
3,261	2,501	77%	97.2%	96.8%	44.2%	11.0%	10.0%
2,958	2,767	94%	95.1%	100.3%	19.8%	9.7%	11.0%
1,152	1,144	99%			60.3%	8.7%	9.0%

入, 資本金利益率(年率)は営業純利益金／払込資本金×2, 長期適合

増資, ④社債（1,000万円以上, 年利5％以上）という序列を考えていたことがわかる。しかし実際には, 年利5％どころか, 7％での起債もままならず, 経営者側は設備投資に反対する株主の説得という高いコストを支払ってまでも, 増資に頼らざるを得なかった。したがって, 現実的な長期資金調達のエージェンシー・コストは, 内部資金＜増資＜負債という関係にあったと考えられる。表5-4が示すように, 当該期における九州鉄道の自己資本比率が一貫して90％を超える高い水準を維持し, さらに自己資本の大半が払込資本金によって調達されていた理由の一つも, この点に求められるといえよう。

　このように, 明治期の鉄道企業では, 大株主だけでなく中小株主もまた株主総会を通じて, 経営に対して積極的な発言を行い, 時としてそれは経営者の戦略的行動を制約することがあった。もちろん, 荷主であり, 大株主でもある炭鉱業者が, 代理人を取締役会に送り込むことによって, トップマネジメントに強い影響力を保持しているという九州鉄道の企業統治構造を考えると, 彼らのモニタリングは大株主の専横を牽制し, 経営者の規律付けを行うことで, 利益相反を防ぐという役割を果たしていた可能性もある。しかし1900年代の九州鉄道では, 線路・車輌の改良不良が常に問題となっていた[33]ことから, 一般株主の強いモニタリングが過小投資を招き, 同社の再生産構造に負の影響を与えて

いたことが推察される。企業統治構造の不安定さから新規設備投資だけでなく，更新投資さえもままならないという状況は，公益事業としての性格が強い鉄道にとって，一企業のレベルを超えた深刻な問題であった。このような事態を打開すべく，九州鉄道の経営者は日露戦争による輸送需要増大で営業成績が向上した1904年以降，配当性向を低めに抑えて内部留保を厚くすることを試みる（表5-4）。しかしその後，1906年3月には鉄道国有法が可決し，九州鉄道は，他の主要鉄道企業16社とともに国有化されてしまった。そのため，筑豊地域などにおける輸送力強化問題の最終的な決着は，鉄道国有化後に持ち越されることになったのである[34]。

おわりに

　以上，明治期の企業統治構造を九州鉄道の経営紛争とその設備投資への影響を手がかりとして概観してきた。その結果，以下の点が明らかになった。
　まず第1に，明治期の銀行が株式担保金融を前提として，長期の企業金融に対して重要な役割を果たしていた点が指摘できる。銀行は単なる大株主としてだけではなく，株式担保金融の対象である中小株主の代理人としても行動した。株式の分散が進んでいた当該期の非財閥系企業においては，持株比率の点で中小株主が重要な存在であった。そのため彼らの代理人である銀行は，企業統治においても重要な位置を占めた。ただしその役割は，戦後のメイン・バンクにみられた安定的企業統治の担い手とは，明らかに異なっている。本章で分析したように，九州鉄道の場合，中小株主の株価維持・高配当の要求を代弁することで，銀行は企業統治の撹乱要因になったのである。
　第2に，明治期の企業統治では，必ずしも大株主による支配が貫徹していなかった点が指摘できる。本章でみたように，同じ株主であっても，自己資金によって継続的な投資を行いうる階層と，株式担保金融を用いて銀行資金に依存して株式投資を行っている階層とでは，企業に対する利益が相反する場合が生じた。しかも中小株主に多い後者のタイプが，銀行などをコーディネーターと

して団結した場合，大株主の議決権を制限する制度[35]もあって，株主総会において大株主の議決権を上回る大勢力になり得たのである。このような不安定な企業統治構造のもとで，経営者はこの両者間の調停に苦慮したが，逆にその不安定さが大株主の支配力を弱め，専門経営者の地位と役割を相対的に上昇させた点も見逃せない。この点が，経営者としての適正を持つ人材の不足と相まって，20世紀初頭の日本において早熟的な経営者企業（managerial enterprise）を登場させる要因となった[36]。

　第3に，経営紛争後の九州鉄道における資金調達手段とエージェンシー・コストの関係を検討した結果，以下の点が明らかになった。1900年前後の九州鉄道では，筑豊炭鉱業の急成長をうけて，産炭地域における運炭支線の建設や改良工事と，そのための資金調達が不可欠となった。ところが同社では，株主からの高配当要求によって未処分利益の90％以上が配当として社外に流出していたため（表5-4），内部資金による設備投資は難しく，負債もしくは増資によって社外から資金を調達する必要があった。しかし当該期の九州鉄道では，一般株主と経営者との間に深刻なエージェンシー問題が発生していたことから，株主総会の承認を必要とする増資や1,000万円以上の負債による資金調達は，経営者にとって高いエージェンシー・コストが必要であった。そのため，当初，資金調達手段として，株主総会の承認を必要としない1,000万円以下の負債（年利5％以下の社債）が選択される。ところが実際の金利が，起債の条件であった5％以下より高くなってしまったために，結局，株主総会の承認が必要になり，設備投資の是非をめぐって再び総会が紛糾することになった。そして1903年4月，ようやく株主総会で年利7％での社債（600万円）発行を認められたものの，資金調達に手間取っている間に追加的な設備投資が必要となり，今度は所要資金が1,000万円を超える見込みになった。その結果，総会に再度，資金調達問題を付議する必要が生じた経営者側は，ついに社債発行を断念し，増資によって資金を調達することになる。資本市場の未発達もあり，社債による資金調達が円滑に行えないという状況のもとで，最終的に九州鉄道の経営者は，設備投資に反対する株主の説得という高いコストを支払ったとしても，増

資による資金調達を行わざるを得なかった。

　以上で検討した明治期における企業統治や企業金融の特徴は，確かに戦後のものとは大きく異なる。しかし一方で，その内実はアングロ・サクソン的な企業統治との類似性もまた乏しいといえよう[37]。それはやはり，厳しい資源制約のもとで企業体制を構築せざるを得なかった後発工業国に特有の現象といえる。したがって，戦前期の企業体制の国際比較を行うのであれば，英米との比較よりむしろ後発国との比較の方が有意義であると思われる。その意味で，内部資金＜負債＜増資という，通常，想定される資金調達手段とエージェンシー・コストの関係と違い，九州鉄道の経営者が内部資金＜増資＜負債という序列で資金調達手段を選択した点は，奥田英信と斉藤純が検討したフィリピンの事例とも一定の類似性を有しており，興味深い[38]。資本市場が未発達で外部からのガバナンスが弱い発展途上国の場合，負債の調達コストが増資のそれより高くなるという奥田・斉藤［2003］の指摘は[39]，明治期鉄道企業の資金調達を考える上でも示唆的といえる。

注
1) 本章の作成に際して，中林真幸氏と斎藤直氏から，企業統治論やエージェンシー問題等の理論的枠組みについて貴重なご教示を頂いた。記して深く感謝の意を表したい。
2) 粕谷誠『豪商の明治』名古屋大学出版会，2002年。
3) 森川英正『財閥の経営史的研究』東洋経済新報社，1980年。
4) 粕谷『豪商の明治』279頁。
5) 粕谷『豪商の明治』74頁。
6) 安岡重明『財閥経営の歴史的研究』岩波書店，1998年，229頁。
7) 橘川武郎『日本の企業集団』有斐閣，1996年，92頁。
8) 安岡『財閥経営の歴史的研究』138頁。安岡重明は，さらに「出資者は経営者を解雇する権利は持っていたが，それを行使したことはほとんどない」と述べ，安田からの結城豊太郎の「退職」などを数少ない例外としている。
9) 本項は中村尚史「所有と経営：戦前期の日本企業」（工藤章，橘川武郎，グレン・フック編『現代日本企業1　企業体制（上）』有斐閣，2005年）34〜37頁に加筆修正を加えたものである。なお1899年の九州鉄道経営紛争についての記述は，東

條正「明治期鉄道会社の経営紛争と株主の動向」(『経営史学』第19巻第4号, 1985年) を参照。
10) 中村尚史『日本鉄道業の形成』日本経済評論社, 1998年, 第2部。
11) 東條「明治期鉄道会社の経営紛争と株主の動向」21～22頁。
12) 東條「明治期鉄道会社の経営紛争と株主の動向」7～8頁。
13) 野田正穂『日本証券市場成立史』有斐閣, 1980年, 269～270頁。
14) 中小の資産家における株式担保金融の実態については, 中村尚史「地方資産家の投資行動と企業勃興」(『経営史学』第38巻第2号, 2003年) を参照。
15) 三菱, 三井, 住友といった中央財閥と, 安川, 麻生, 貝島といった筑豊地域の地方財閥の合計値。出典は『九州鉄道株式会社株主氏名表』。
16) 『九州鉄道株式会社定款』第6章 議決権 第39条。
17) このような事態に対応するため, 最大株主である三菱 (計91,574株) は持株を, 岩崎家 (久弥56,188株, 弥之助20,762株) だけでなく, 今村清之助3,000株, 川添清麿, 中村万蔵, 植松京, 堀久太郎各2,000株, 千明鶴吉1,500株, 関正路900株, 瀬下清500株というように, ダミーを用いて分散させていた (中村尚史「明治期三菱の有価証券投資」『三菱史料館論集』第2号, 2001年, 111頁)。
18) 東條「明治期鉄道会社の経営紛争と株主の動向」21～22頁。
19) 事実, 熊本県で最大の銀行であった第九銀行は, 九州鉄道株を抵当として多額の貸出を行っており, あまりにも株式担保貸付の比重が高いため, 日本銀行も警告を発していたという (東條「明治期鉄道会社の経営紛争と株主の動向」25頁)。
20) 『九州鉄道株式会社調査報告書』(1900年2月) 40頁。
21) 「九州鉄道株式会社定款改正議案」5頁 (熊谷文書2130-1, 福岡県地域史研究所所蔵)。
22) 「商法」第162条。なお本条には「十一株以上ヲ有スル株主ノ議決権ハ定款ヲ以テ之ヲ制限スルコトヲ得」という但し書きがついており, 従来の九州鉄道の定款が商法違反であったわけではない (博文館編輯局編『改正増補 帝国六法全書』1899年9月, 27頁)。
23) 中村尚史「炭鉱業の発達と鉄道企業」(高村直助編著『明治の産業発展と社会資本』ミネルヴァ書房, 1997年, 239-240頁)。
24) 『明治三十四年十月二十八日 臨時株主総会決議』熊谷文書2142-2。
25) 『九州鉄道株式会社定時臨時株主総会決議要領』(1902年4月28日) 熊谷文書2123。
26) 大阪三品取引所理事長, 1903年3月末現在851株を所有。
27) 「九州鉄道総会の始末報告」(『鉄道時報』1903年5月16日)。
28) 「明治三十六年四月二十八日 臨時株主総会決議」『参照第二号』熊谷文書2142-

2。

29) 「岩崎渋沢両男の九州山陽合併反対」(『鉄道時報』1903年5月2日, 20頁)。
30) 「九州山陽非合併の声」(『門司新報』1903年4月23日)。
31) 「九州山陽合併案撤回」(『鉄道時報』1903年5月16日, 9頁)。
32) 『明治三十七年十月二十七日 臨時株主総会議案』熊谷文書2142-3。
33) この点について, 『九州鉄道株式会社小史』(1904年6月, 同社総務課) は, 「線路ノ建築保存等ニ就テハ鋭意改良進歩ヲ謀リ之ヲ昔時ノ線路ニ比スレバ大ニ安固ヲ加ヘタルヤ論ナシト雖モ, 未タ之ヲ以テ十分ト為スヲ得ス」(同書55頁)と述べている。
34) 中村「炭鉱業の発達と鉄道企業」242～245頁
35) 旧商法時代の株式会社において, 大株主の議決権を制限する例は多くみられた。この点については, 伊牟田敏充『明治期株式会社分析序説』法政大学出版局, 1976年, を参照。
36) ただし明治期には外部経営者労働市場が未発達であったことから, 専門経営者の規律付けが難しく (Fama, Eugene "Agency Problem and Theory of the Firm," *The Journal of Political Economy*, 88. 1980, pp. 292-295), 経営者企業の早熟的な登場が結果的に経営紛争頻発の原因になった。なお日本における経営者企業発生の論理については, 森川英正『トップマネジメントの経営史』有斐閣, 1996年, を参照。
37) 岡崎哲二は, 戦前期における日本企業の統治構造の特徴を「アングロ・サクソン的」であった主張し, それが戦時および戦後復興期の統制経済で全面的な変容を受けて, 戦後の日本的な企業統治に再編されたとしている (岡崎哲二「企業システム」(岡崎哲二・奥野正寛編『現代日本経済システムの源流』日本経済新聞社, 1993年)。なおこの論点については, 筆者が日本経済史の分野における議論の整理を行っている (中村「所有と経営:戦前期の日本企業」24～25頁)。
38) 奥田英信・斉藤純「エージェンシー・コスト・アプローチによるフィリピン企業の資金調達構造の分析」(『開発金融研究所報』第16号, 2003年, 111～133頁)。
39) 奥田・斉藤「エージェンシー・コスト・アプローチによるフィリピン企業の資金調達構造の分析」115頁。

第6章　福岡銀行の成立過程
——安田保善社と戦時銀行統合——

迎　由理男

はじめに

　相互銀行から転化したいわゆる「第二地方銀行」を別にして，現在の地方銀行の多くは戦時期の「一県一行主義」政策によって成立したものである。戦時銀行統合は日本銀行の構想をベースに，大蔵省，日銀によって推進された。強制力を伴う金融事業整備令を背景に推し進められたとは言え，この統合は必ずしも構想通りに進んだわけではなかった。経済統制によって統合の対象とされた地方銀行間やそれと関係する都市銀行の利害が関わっていたからである。とりわけ，日銀・大蔵省と都市銀行，あるいは地方銀行と都市銀行は統合をめぐって激しく対立した。地方銀行統合の目的は戦時経済に耐えうる地方銀行を作り出すことであったが，その際「大銀行トノ資本的連携ハ排斥スルコト」（一万田日銀考査局長）が明確にされていたのに対し，都市銀行は資金不足を補完するため地方銀行との連携を維持発展させようとしていたからである。

　本章は，戦時の銀行統合過程で諸利害，とりわけ財閥系都市銀行の利害がどのように働き，地方銀行統合が行われてきたのかを明らかにする作業の一貫として，安田保善社の理事会資料と日銀資料を中心にして福岡における銀行統合過程を検討するものである。よく知られているように，福岡の十七銀行は安田系の銀行であった。同行は県内では最大の銀行であり，当初，大蔵省・日銀も段階的に十七銀行へ他行を吸収合併させる構想を立てていたが，非安田系地方

銀行の反対などにより紆余曲折を経て新立合同によって福岡銀行が成立した。この福銀成立過程で，大蔵省，日銀はどのような方針で臨み，安田保善社，地方銀行の利害がどのように反映されたのかを明らかにすることが本章の狙いである。

戦時期の銀行合同についてはすでに進藤寛や後藤新一，杉山和雄，佐藤政則等の研究[1]があり，政策側からだけではなく銀行の側からも検討が積み重ねられてきた。しかし，都市銀行の対応については杉山和雄の三井銀行の対応と佐藤政則の三和銀行の対応についての分析があるのみである。杉山和雄論文では三井銀行が戦時における事業基盤の変化に対応して系列化や支店の増設を積極化させたこと，佐藤政則論文では日銀が合併に合理的かつ柔軟に対応していたこと，三和銀行は地方銀行統合のなかでなにも失わなかったこと（既得権したがって都銀の優位が何らかの形で維持されたこと）が明らかにされている。

本章は最も地方銀行と関係の深かった安田銀行を抱える安田保善社の地方銀行合同に対する対応を明らかにするものである。本章によって，福岡銀行の成立にあたってどのような利害がどのように働いたのかを明らかにすることができると考える。

なお，福岡銀行の成立過程についてはすでに中村浩理の論文[2]がある。同稿は筑邦銀行や福岡貯蓄銀行などの資料を一部用いて地方銀行側の対応を一定程度明らかにしている。しかし，同稿は安田保善社の対応をほとんど分析することなく，福岡銀行の成立を「有力で純然たる地方銀行の成立」として捉えている。本章で検討するように，こうした把握は一面的であると考える。

また，杉山和雄は戦時の福岡県における銀行合同について，三井銀行と安田銀行を比較し，安田保善社が傘下の十七銀行との系列関係を解消して地方銀行合同への参加を可能にしたのに対し，三井銀行が系列化に積極的であったと評価している[3]。系列関係を解消したのは事実であり，それが福岡県の地方銀行合同を完成させたというのも間違いではないが，後述するように人的にも資金的にも安田保善社・安田銀行は福岡銀行と実質的に系列関係を維持しているし，この時期安田銀行が地方銀行との系列化に消極的であったわけではない。戦時

の状況を考慮すると，形式的な系列関係の解消ではなく実質的な関係の維持を評価すべきではないかと考える。

以下では，まず日銀・大蔵省の金融機関統合政策を概観し，次いで安田財閥と関係地方銀行との関係を検討した後，福銀成立過程における利害の調整過程を明らかにする。

1 日銀・大蔵省の金融機関統合政策

(1) 日銀の金融機関統合方針

まず，日銀・大蔵省の金融機関統合方針を地方銀行の統合政策を中心に概観しておきたい[4]。

日銀の地方銀行統合の狙いは戦時下の諸要求に応じうる強力な地方銀行を創出することであった。この目的を達するために，地方銀行合同は一県一行にとどまらず，大体東海・神戸・芸備の各行程度の規模が目標とされ，地方の実情，ことに産業界の動向に即し，地方銀行30行程度に統合するとされた。

統合によって規模を拡大させる一方，さまざまな地銀育成策が考慮された。すなわち，余裕金運用を有利にするために地方所在の事業会社に対する融資団に同地所在の有力地方銀行を加入せしめること，中央事業会社の地方工場の運転資金等融資に対しても事情の許す限り同地所在の地方銀行の加入を斡旋すること，地方銀行に社債などについて引受団員に近い待遇を与えること，府県市金庫，日銀代理店事務を地方銀行に委嘱すること，農村郡部への簡易店舗の設置を認可するなどがそれであり，さらに地方銀行指導の万全を期するため，地方銀行全部を日銀取引先とすることとした。

戦時下地方銀行経営が厳しくなる中で，地方銀行にとっては都市銀行との連携が重要性を増していたが，日銀は地銀・都銀間関係については預け金，コルレス関係などの関係に止めさせ，資本的連携を抑止し，経営方針，資金繰りについては都市大銀行に関与せしめず，日銀が指導する方針をとった。

また、地方都市で過多と見られる都銀の地方支店については、適当の機会に廃合又は地銀へ譲渡させる方針であった。

信託会社と貯蓄銀行については以下のような方針がとられた。すなわち、普通銀行・貯蓄銀行両者間の差別を解消して普通銀行が貯蓄銀行業務を兼営できることにし、現存貯蓄銀行の普通銀行への合併による整理をも積極的に促進する。また信託業については、普通銀行に信託業兼営を認めたが、信託業務は大資本を持った信用確実なものによって経営されるべきで、小規模の業者が営業することは好ましくなく、さしあたり兼営は現存信託会社を合併する場合に限り認可する、とした。

(2) 大蔵省の統合方針

大蔵省は、わが国金融機構の根幹をなす普通銀行は商業金融のみならず広く産業金融を行う総合金融機関と位置づけ、貯蓄及び信託業務兼営とした。地方銀行については、中小企業の存在、農村の活況、工場の地方設置などの理由により、存続を前提として地方銀行の整理、育成、強化を図るべきであるとした。

その方針は、統合は地方経済圏と一致させることを目標とするが、実際問題としては府県の行政区画を中心として行う、つまり一県一行を推進するというものであった[5]。この地方銀行を中央金融市場にどのように連携させるかについては、大蔵省（銀行局）は成案をもっていなかったようであるが、各地方銀行を横断的に組織化し、中央機関の斡旋によって中央金融市場と連絡させ、都市銀行と地方銀行との結びつきを抑制するという考え方であった。具体的には、全国金融統制会並びに日銀との密接な連絡をもとに、統制会の斡旋によって余剰資金の運用を図るというのである。基本的には日銀と同じであったといっていい。

都市銀行の地方進出については、資金吸収力の強大化と資金供給の円滑化の必要から全国的に完備した支店網を有することが理想であるとしてその必要性を認めていたが、地方銀行との摩擦の回避を図る必要性から、必要最低限にとどめることとされた。具体的には、都市銀行支店は全国主要都市と大企業の工

場設備によって活況を呈する新興都市に限り認め，それ以外の現存店舗は整理する，というものであった。

なお，都銀については，「大普通銀行」＝都市銀行そのものが過多の感があるので，根本的に適当に整理合同する必要があるとともに財閥的色彩を脱却する方向に進ませる必要ありとして，財閥排除を方針としていたのである[6]。

2　安田財閥と関係地方銀行

次に安田財閥と地方銀行の関係をみよう。安田財閥が金融業を主体とする財閥であることはよく知られているが，1941年時点でも安田傘下企業払込資本金の39％を金融業が占めていた[7]。いま1941年末の安田系銀行をあげれば表6-1のようになる。

安田保善社はこれら銀行に役員を派遣してその経営を行わせると同時に，稟議や業務報告会をとおしてこれら銀行を統轄していた。

安田保善社の地方銀行経営方針は，必ずしも明らかではないけれども，厳しい稟議規程や担保規程，あるいは安田銀行の地方支店に対する方針からすると，「堅実」ではあったが，資金運用は消極的であったといわれる。戦時期になると金融統制による資金運用制限や流通統制による地方商業資本の衰退によって，地方銀行は有価証券運用を専らとするようになり，各行とも預貸率は著しく低下していたから，安田系地方銀行の預貸率がとくに低いわけではない[8]。また，安田系地方銀行の配当率は決して高いわけではなかった。この点を，内部留保率でみると安田系地方銀行は全国銀行平均に比べむしろ高くなっていることがわかる（表6-1）。

安田保善社にとって関係地方銀行はどのような意味を持っていたであろうか。まず，収益という点から見ると，安田保善社関係行社のなかで安田銀行をはじめ金融機関は最大の収益源となっているが，安田傘下地方銀行（十七，四国，大垣，第三十六，第九十八，富山，第三）の保善社関係行社に占める利益金の比率はわずか6.1％に過ぎない（表6-2参照）。地方銀行は保善社の収益源泉

表6-1　安田系銀行一覧（1941年下期現在）

(単位：千円，%)

銀行名	本店所在地	払込資本金	預金	貸出金	預貸率	純収益	比率	内部留保率
安田銀行	東京	92,750	2,880,648	1,695,454	58.9	7,292	69.8	47.3
日本昼夜銀行	東京	6,250	449,001	209,707	46.7	895	8.6	71.1
安田貯蓄銀行	東京	5,035	988,754	33,312	3.4	824	7.9	74.5
第三銀行	東京	4,000	26,654	80,143	300.7	74	0.7	18.4
第三十六銀行	八王子	1,500	51,765	14,213	27.5	138	1.3	67.7
第九十八銀行	千葉	508	70,862	23,396	33.0	135	1.3	82.8
富山銀行	富山	2,376	14,143	8,590	60.7	77	0.7	19.2
大垣共立銀行	岐阜	3,386	74,910	24,186	32.3	238	2.3	54.0
四国銀行	高知	7,045	157,455	46,724	29.7	319	3.1	41.4
十七銀行	福岡	4,688	210,197	83,702	39.8	407	3.9	62.6
肥後銀行	熊本	520	61,440	16,268	26.5	59	0.6	75.6
安田系銀行合計	―	128,057	4,985,827	2,235,696	44.9	10,449	100	―
全国普通銀行	―	957,460	30,237,777	15,765,346	52.1	75,639	―	55.1

出典：東京銀行集会所調査課『本邦銀行財務分析』（日本銀行『日本金史融資料昭和編』第6巻，1963年）。
注：肥後銀行は安田銀行の系列。同行以外は安田保善社の関係行社。

としてはそれほど大きくはなかったことが確認されよう。

　安田保善社の資金調達源としてはどうであろうか。安田保善社が資本金3千万円の合資会社であるにもかかわらず多くの関係企業を支配しえたのは，傘下金融機関からの借入金に依存することができたからであった。表6-3によって安田保善社の借入金を見ると，昭和16年には9千万円に上っている。借入先は安田銀行からの借入が42％と最も多いが，安田系金融機関から幅広く借り入れていることがわかる。地方銀行からの分は全体の17％を占めており，安田系地方銀行が保善社の資金調達に一定の役割を担っていたことが理解できよう。

　十七銀行の保善社関係系業への投資と融資をみてみよう。表6-4は現在判明している同行の安田系各社（役員派遣会社を含む）に対する投融資を見たものである。事例は多くはないが，いずれも他の安田系関係社とともに投資を行っており，安田保善社の支配権を補完していたことが窺える。融資については安田興業への融資以外ほとんど明らかではない。安田興業は安田保善社の資金力の限界を補完するために安田商事を投資会社として改組したものであるが，投資会社としての同社の活動は安田関係行社，特に安田関係地方銀行によって

表6-2 安田保善社関係行社の利益金（1941年）

(単位：千円，％)

銀行会社名	利益金	比率
安田銀行	7,292	32.1
東京火災保険	2,764	12.2
帝国繊維	2,500	11.0
安田生命保険	1,996	8.8
帝国海上火災保険	1,503	6.6
日本昼夜銀行	895	3.9
東洋汽船	890	3.9
安田貯蓄銀行	824	3.6
東京建物	779	3.4
安田信託	560	2.5
日本紙業	503	2.2
安田興業	472	2.1
十七銀行	407	1.8
四国銀行	319	1.4
大垣共立銀行	238	1.1
安田倉庫	231	1.0
第三十六銀行	138	0.6
第九十八銀行	135	0.6
富山銀行	77	0.3
第三銀行	74	0.3
肥後銀行	59	0.3
日本光機	47	0.2
合計	22,703	100

出典：拙稿「戦時期の安田財閥――安田保善社の投資活動と資金調達を中心に――」（北九州市立大学『商経論集』第40巻第1号，2004年10月，65頁），前掲『本邦銀行財務分析表』1941年下期。

支えられていた。1943年時点で，1,965万円が関係行社から融資されたが，そのうち十七，九十八，第三，安田貯蓄，四国の各行で1,426万円（同社借入高の72％）に達していたのである。融資においても，安田系地方銀行は関係行社の資金調達に全体としてかなり重要な役割を果たしていたといっていいであろう。

次に，安田保善社ではなく安田銀行にとって地方銀行はどのような意味を持っていたかを検討しておこう。この時期，安田銀行にとって地方銀行は預金吸収機関としてきわめて重要であった。軍需工業との関連が弱く，指定金融機関獲得にも劣勢であった同行が，都市銀行合併が進行している状況のもとで生き

表6-3 安田保善社の借入金（1941年）

(単位：千円，％)

金融機関名	金 額	比 率
安 田 銀 行	37,933	42
日 本 昼 夜 銀 行	14,903	17
第 三 十 六 銀 行	2,000	2
第 三 銀 行	1,800	2
第 九 十 八 銀 行	3,700	4
大 垣 共 立 銀 行	1,000	1
十 七 銀 行	3,200	4
四 国 銀 行	3,500	4
安 田 貯 蓄 銀 行	1,300	1
安 田 生 命 保 険	8,300	9
安 田 倉 庫	1,800	2
東 京 火 災 保 険	800	1
帝 国 海 上 火 災 保 険	500	1
安 田 興 業（商事）	6,750	7
安 田 信 託	2,800	3
地 方 銀 行 計	15200	17
合 計	90,286	100

出典：富士銀行『安田財閥とその解体』（未定稿），42頁。

表6-4 十七銀行の安田系企業への投融資

(単位：千円，％)

会社名	所有株数	所有比率	備 考		融資高
安 田 信 託	11,000	1.8	第7位株主	1946年	不明
日本理化工業	4,000	2.2	第7位株主	1946年	不明
安 田 興 業	5,000	0.8	第7位株主	1943年	1,100
日 本 精 工	18,416	1.3	第9位株主	1945年	なし
帝国ピストン	5,000	4.2	第5位株主	1944年	不明

出典：安田保善社『制限会社調査表』1946年，安田興業『ＧＨＱ提出報告』1946年，日本精工株式会社『商社ニ関スル報告書』1946年，などにより作成。

残っていくためには，何よりも資金量で優位に立つことが必要であったからである。この時期安田銀行が預金シェアを大きく伸ばすのは都市部での伸張に負うところが大きいが，他の都市銀行と比べると同行の地方預金への依存率は際立って高く，地方預金（六大都市預金以外の預金）の比率を1941年6月時点で他の六大銀行と比べると，安田35％，三菱5％，三井11％，第一21％，住友20％，三和23％という状況であった[9]。地方預金の増減は同行預金の趨勢に大

きな影響を与えていたのである。地方預金の増加に寄与したのは多数の地方支店の存在と地方銀行との密接な関連であった。同行は地方銀行統合と日銀などによる地方銀行育成策によって地方金融市場で幾分劣勢を余儀なくされたものの、地銀の資金調整などに関わることによって、同業者預金を吸収しむしろ各地域で預金シェアを高めていたのである。十八、荘内、丹和、親和、日向興業、岩手殖産、肥後、大垣共立など

表 6-5 安田銀行の大口預金者

(単位：百万円)

預金者名	預金額
第二動員解除局	180
大建産業	53
福岡銀行	50
東京市	47
第一動員解除局	43
中央食糧協会	37
日本繊維統制	25
日本国際航空工業	25
日清製粉	22
大阪市	19

出典：安田銀行「安田銀行大口預金」1945年（『富士銀行資料』）。

の関係地方銀行を含む安田系地方銀行が安田銀行の大口預金者であったが、表6-5に示したように地方銀行最大の大口預金者は合併後の福岡銀行であった。

以上から明らかなように、個々の安田系地方銀行の収益は安田保善社にとって微々たるものであったが、同社や関係行社の資金調達、さらには安田銀行の預金吸収にとって安田系地方銀行はかなり重要な役割を果たしており、安田保善社は地方銀行を手放すわけにはいかなかったといえよう。

地方銀行統合が進展するにつれて、安田関係地方銀行の多くが統合の対象とされ、「純然たる地方銀行」の樹立を唱える地方銀行やそれを後押しする大蔵省や県などと対立することになるが、安田にとっては一地域の関係銀行の統合であれ、その結果が全国の統合に波及する問題であっただけに関係地方銀行の主導権を維持することは譲れない一線であった。安田の利害が地方銀行統合にどのように働いたのかを、福岡における統合過程を事例に以下で検討してみよう。

表6-6 1941年末年現在の県内銀行

(単位：千円, %)

銀行名	本店所在地	店舗数	払込資本金	預金	比率	貸出金	比率	預貸率	払込資本純益率	内部留保率
十七銀行	福岡市	44	4,688	210,197	60.5	83,702	65.9	39.8	17.4	62.6
筑邦銀行	久留米市	64	3,815	70,304	20.2	25,786	20.3	36.7	5.3	24.4
福岡貯蓄銀行	福岡市	4	400	22,731	6.5	2,446	1.9	10.8	112	99.4
三池銀行	大牟田市	7	631	19,081	5.5	5,508	4.3	28.9	16.6	65.1
嘉穂銀行	飯塚市	5	830	17,500	5.0	4,856	3.8	27.7	20.7	71.8
北豊銀行	築上郡八屋町	3	670	2,429	0.7	957	0.8	39.4	6.8	37.5
椎田合同銀行	築上郡椎田町	3	525	2,341	0.7	966	0.8	41.2	11.5	44.5
鞍手銀行	直方市	6	625	1,548	0.4	1,732	1.4	111.9	2.3	100
武石銀行	筑後郡二日市町	2	200	1,335	0.4	975	0.8	73.0	45.1	80.0
合計	—	138	12,383	347,465	100.0	126,928	100.0	37	—	—

出典：前掲『本邦銀行財務分析』(前掲『日本金融史資料　昭和編』第6巻)。

3　統合前の福岡の地方銀行

(1) 統合前の状況

　統合過程を検討する前に，統合前の福岡の地方銀行の状況を見ておこう。1941（昭和16）年末現在で福岡には表6-6に示した9行が存在していた。このうち，築上郡を基盤とする北豊，椎田合同の二行と鞍手銀行は1942年11月に十七銀行に営業を譲渡した。北豊，椎田合同の両行は預金が300万円に満たない小銀行であり，鞍手銀行は金融恐慌で破綻して日銀の特融を受けて細々と生きながらえてきた銀行で，いずれも大蔵省の合併勧奨に応じたものである。残る6行のうち筑邦銀行については項を改めて見ることとし，ここでは同行を除く5行の状況について見ておきたい。

　まず，十七銀行。表6-6から明らかなように，この時点で十七銀行は県内銀行預金の60％を集中し，圧倒的に優位な立場に立っていた。同行は1941年にはすでに系列下にあった博多銀行を合併し，さらに1942年11月には上述のように北豊，椎田合同，鞍手の3行を吸収して規模を拡大した。

　前述のごとく同行は安田系銀行であり，同行に対する安田保善社の持ち株比

表6-7 福岡県における地方銀行の大株主と取締役（1943年上期）

（単位：株，％）

銀行名	主要取締役		大株主名	所有株数	所有比率
十七銀行	会	安田善五郎	安田保善社	113,161	55.5
	社	井尻芳郎	第 一 徴 兵	35,253	17.3
204,000株	常	小 池 潔	黒田長禮	4,199	2.1
697名	取	伊藤伝右衛門	福 岡 商 事	3,224	1.6
筑邦銀行	頭	山 崎 貞 吉	野田孝太郎	4,160	2.8
	常	秋 山 仁 蔵	立 花 鑑 徳	2,645	1.8
150,000株	取	高 木 喜三郎	野 田 保	2,579	1.7
4,067名	常監	税 田 末次郎	中 村 常太郎	2,000	1.3
福岡貯蓄銀行	頭	伊藤伝右衛門	十 七 銀 行	2,152	6.7
	常	松 本 與 三	伊藤伝右衛門	1,552	4.9
32,000株	常	富 重 仁三郎	堀 三太郎	998	3.1
702名	取	堀 三 太 郎	瓜 生 ノ ブ	710	2.2
三池銀行	頭	永 江 眞 郷			
	専	山之内 梓			
24,000株	取	坂 口 長 蔵			
—	取	立 花 茂 義			
嘉穂銀行	頭	伊藤伝右衛門	麻 生 鉱 業	7,072	17.7
	常	大 和 秀 雄	伊藤伝右衛門	1,923	4.8
40,000株	取	有 田 廣	中 野 商 店	1,327	3.3
294名	取	野見山幡次郎	金 光 寛	1,245	3.1
武石銀行	社	武石政右衛門	武石政右衛門	9,159	91.6
10,000株	取	武 石 德 衛	武 石 善兵衛	399	4.0
10名	取	武 石 四 郎	武 石 久 次	399	4.0

出典：東洋経済新報社『昭和十八年企業統計総覧』1944年。
注：銀行名欄の数値は総株数，総株主数。会は会長，社は社長，頭は頭取，常は常務取締役，取は取締役を示す。

率は55％に達している（表6-7参照）。頭取は安田善五郎が務め，地元有力者として取締役に伊藤伝右衛門が加わっていた。安田保善社から派遣された井尻芳郎と小池潔がそれぞれ社長，常務として同行の実際の経営に当たっていた。

福岡貯蓄銀行は1941年に県内の３貯蓄銀行（三池貯蓄銀行，嘉穂貯蓄銀行，筑豊貯蓄銀行）が合併してできた銀行である。この三貯蓄銀行は，1921（大正10）年に貯蓄銀行法の公布に従って，それぞれ三池銀行，嘉穂銀行，鞍手銀行の貯蓄業務を引き継いで設立された銀行であり，分離後も実質的にはこれら銀行の子銀行（預金吸収機関）として機能していた。福岡貯蓄銀行の頭取には嘉穂銀行，嘉穂貯蓄銀行の頭取であった伊藤伝右衛門が就任したが，永江眞郷（三池銀行頭取，三池貯蓄銀行頭取）や堀三太郎（筑豊貯蓄銀行頭取）が取締

役に加わっており，常務には松本与三，富重仁三郎が就くなど三池，筑豊系の取締役が過半を占めていた。株主をみると，十七銀行と伊藤伝右衛門が同行の1位，2位の大株主であったものの，その持ち株比率は合わせて12%を占めるに過ぎなかった。

三池銀行は三井三池炭鉱のある大牟田を拠点にする銀行である。同行は三井三池鉱山とのつながりが深く，廃止された三井銀行支店に代って同鉱山の資金を取り扱っていたし，三井鉱山は同行の筆頭株主であった[10]。地方企業や農業の停滞とともに，三池鉱山関係の資金取扱い比率が大きくなり，実質上三井銀行の支店のような存在であったといわれる。1941（昭和16）年頃に行き詰まり，同年末に三井銀行から山之内梓を専務として受け入れ，三井銀行の支援によって不良債権の整理が実施された[11]。1943年，同行は店舗を帝国銀行，筑邦銀行，肥後銀行に分割譲渡（9月6日契約，11月15日実施）してその営業を廃止すると同時に単なる債券保有会社として存続することとなった。帝国銀行が本店と三川支店を譲り受け，三池，渡瀬，瀬高，矢部川の各支店は筑邦銀行に，南関支店は肥後銀行に譲渡された。分割譲渡ではあったが，引き継ぐ本店と三川支店の預金は三池銀行の総預金（31,080千円）の74%（22,860千円）を占めており，実質的には帝国銀行による買収であった[12]。

武石銀行は頭取の武石政右衛門が株式の9割以上を所有し，役員も一族で占めるなど実質上武石一族の個人銀行であった。

嘉穂銀行は鉱業家・麻生太吉を中心に設立された銀行である。麻生のほか，伊藤伝右衛門，中野次郎など炭鉱業者が終始大株主であった（表6-7参照）。同行は石炭金融との関係から三井銀行若松支店との関連が深く，同支店と資金の預託融通関係にあった。第一次大戦後の不況期に多額の不良債権を抱え，資金の固定化と不動産の流入に苦しみ，三井銀行の支援による大合同を図ったが，三井銀行や県内最大手の十七銀行が消極的であったために失敗した[13]。金融恐慌後，県内で十七銀行のプレゼンスが大きくなり，麻生太吉の死去によって十七銀行の取締役を兼ねる伊藤伝右衛門が頭取になると，次第に十七銀行との関係が深まっていった。同行はその資金繰りを十七銀行に依存することが多くな

ってきたのである。

　大蔵省は，銀行合同について同行に対しては「其儘経営スルトモ十七銀行ニ合併スルトモ又ハ筑邦銀行ニ合同スルトモ何レトモ希望ニ任スル」と伝えている。同行はこれに基づき「重役協義(ママ)ノ上十七銀行ト合併スル方針ヲ採リ」，1941年1月大蔵省銀行局長宛てに十七銀行との合併を答申する一方，株主総会で十七との合併方針を明らかにし，十七と非公式に交渉に入っている[14]。地理的にも経済的にもこの選択は合理的であり，大蔵省も日銀福岡支店も十七との合同が自然だと考えていた[15]。しかし，次項で述べる筑邦銀行成立後，大蔵省は当初の方針を突然翻し，同行に筑邦銀行との合併を強く求めてきた。担当官を送り込み，頭取の伊藤を排除した取締役会を開かせてまで嘉穂と筑邦の合併を実現させようとしたのである。それにもかかわらず，嘉穂はこれを拒否している。その経過は同行の大蔵省宛ての文書に怒りを込めて次のように記されている[16]。

　　……御指示ニ基キ当行ハ重役協義(ママ)ノ上十七銀行ト合併スル方針ヲ採リ幸ヒ小職（伊藤伝右衛門――引用者）ガ同行取締役ヲ兼ネ居ル関係モアリ爾来諸種ノ打合セ連絡等相進メ居候矢先政府ニ於カセラレテハ突然嘉穂ハ筑邦ニ行キ之ヲ援助セヨトノ御申聞アリ（因ニ之ハ筑後十八銀行ガ合同シテ已ニ筑邦銀行ヲ成立セシメタル後ナリ）全ク意外ノ御慫慂ニテ当方ハ已ニ内面的ナガラ十七銀行トハ相許セル仲トナリ重役一同モ合併交渉ニ就テハ万事小職ニ一任セル上経済的ニモ筑前ト筑後トハ色々ノ事情ヲ異ニスル点等ヨリシテ何分御受ケ致兼ヌル事ニ回答申上候処昭和十六年九月ニ至リ藤原属官御来福アリ小職ニ筑邦銀行ヲ援助セヨト二日間ニ亘リ交渉サレ同席セル大和常務ニ向ヒ頭取ヲ除キタル重役会ヲ開キ答申セヨトノ御命アリ小職モ其レヲ承知セリ

　　而シテ同月二十四日重役会ヲ開催其結果ハ左ノ通リ常務名ヲ以テ同属官宛答申セリ

　　拝啓　過日来ハ度々洵ニ御足労ニ奉存候　陳者其砌伊藤頭取ヨリ御約束申

上候頭取ヲ除キタル重役会ハ去ル十七日開催熟議仕候結果ハ依然頭取ノ意見ト同様ニテ要スルニ我嘉穂銀行ハ国策ニ順応シテ合併ヲナスコト<u>其合併先ヲ十七銀行トスルコトニ就テハ本年一月頭取名ヲ以テ銀行局長殿宛答申仕置候通リニシテ政府ニ於カセラレテモ当初ヨリ之ニハ御異存ナカリシコトトテ已ニ非公式ナガラ同行トハ諸種ノ打合セモ相進メ</u>一方株主総会ニ於テモ二回ニ亘リ頭取ヨリ意見ノ発表アリ株主及地方人モ地理的経済的ニモ十七銀行ト合併スルコトガ最モ適当ト認メ居リ其他過日頭取ヨリ委曲貴官ニ具陳申上候通リニ付此特殊ナル事情御賢察ノ上何卒可然御高配方懇願申上度此段得貴意候（下線はすべて引用者による）

大蔵省が突然嘉穂を筑邦に合同させようとしたのは，筑邦銀行成立時の同行に対する大蔵省の了解にあった。次にこの筑邦銀行についてみよう。

(2) 筑邦銀行の成立

福岡県の銀行統合過程で十七銀行の対抗軸となる筑邦銀行についてはほとんど知られていないので，同行の成立過程を中心にやや詳しく検討しておこう。

筑邦銀行は預金規模で十七銀行に次ぐ銀行である。県内銀行預金の20％を占めていたが，預金貸出ともに十七銀行の三分の一程度であった（前掲表6－6参照）。同行は筑後郡部の全銀行と筑前の一部銀行の18行が昭和16年に合併して成立したものである。同行成立前，福岡県は兵庫県，静岡県とともに銀行統合が最も遅れた地域であり，とりわけ筑後地域には小銀行が乱立していた。昭和14年末で福岡県には貯蓄銀行3行を含めて29行が存続しており，そのうち筑後の浮羽，八女，三井，山門の四郡にあわせて13行がひしめき，隣接する筑前南部の筑紫，朝倉両郡には6行が割拠していた[17]。武石銀行を除くこれら六郡の小銀行が筑邦銀行新立に加わった。表6－8に明らかなように，参加銀行はその多くが預金500万円にも満たない小銀行であった。柳河銀行が群を抜いた規模を持っていたことが窺えるが，同行ですら預金が2千万円に達しない銀行であった。規模が小さいだけでなく，これら銀行の多くは利益率がきわめて低

表6-8 筑邦銀行設立参加銀行

(単位：千円，%)

銀行名	本店所在地	払込資本金	預金	同比率	貸出金	払込資本純益率
柳河銀行	山門郡柳河町	690	18,316	27	5,103	15.4
野田銀行	八女郡上妻村	273	8,118	12	3,424	14.2
八女銀行	八女郡福島町	384	5,874	9	2,853	6.5
彌壽銀行	朝倉郡三輪村	550	5,413	8	3,694	7.0
生吉銀行	浮羽郡吉井町	678	4,035	6	2,620	8.3
筑紫銀行	筑紫郡二日市	215	3,541	5	1,254	―
北野銀行	三井郡北野町	350	3,041	4	2,049	22.1
甘木銀行	朝倉郡甘木町	415	1,987	4	1,047	2.6
田主丸銀行	浮羽郡田主丸町	580	2,707	4	971	9.1
水田銀行	八女郡水田村	738	2,587	4	1,226	12.5
興産銀行	浮羽郡吉井町	300	2,525	4	1,730	9.7
筑肥銀行	三井郡善導寺町	283	2,394	3	927	13.8
草野銀行	三井郡草野町	520	2,351	3	1,421	2.9
御笠銀行	筑紫郡二日市町	200	1,960	3	933	10.7
大東銀行	浮羽郡御幸村	425	1,010	1	588	10.2
筑後銀行	浮羽郡水分村	230	860	1	464	10.3
三奈木銀行	朝倉郡三奈木村	200	695	1	596	6.7
明十銀行	三井郡味坂村	325	611	1	495	8.4
合計	―	7,355	68,748	100	31,395	9.2

出典：「本邦銀行財務分析表」1941年上期（前掲『日本金融史資料昭和編第六巻』）。ただし，本店所在地は『福岡県統計書』および大蔵省銀行局『銀行総覧』による。

く，払込資本純益率が10％を超える銀行は7行に過ぎなかった。経営的に見ても合併は不可避だったと考えられよう。

合併は大蔵省主導で推し進められた。大蔵省や県では早くから合併を勧奨し郡単位規模の合併から段階的に推し進める方針をとっていたが，銀行間の利害が一致せず，遅々として進まなかった。1937（昭和12）年には浮羽郡の5行の経営者を大蔵省銀行局に招致して合併に同意させ，福岡県の担当官立会いのもとに合併に関する協定が調印された[18]にもかかわらず，合併は実現しなかった。1940年8月，大蔵省は六郡の19行を一挙に合併させるべく，銀行局長名で次のような通牒を各行に送付した。

貴郡内銀行合同ノ問題ハ多年ノ懸案ニ有候処諸種事情ノ為干今実現ノ運ヒニ到ラサルハ洵ニ遺憾ノ次第ニ之有候然ルニ我国金融界ノ情勢ニ鑑ミルトキハ此ノ儘ノ状態ヲ永ク継続スルコトヲ許サレサルハ勿論国策的使命ノ遂行ト貴県下金融界ノ整備確立ヲ期センカ為ニハ郡単位程度ノ小合同ニテハ未タ十分ナラス寧ロ此ノ際各銀行ハ従来ノ行懸ヲ一掃シ国策的大衆的見地ニ立チ筑紫,朝倉,三井,浮羽,八女,山門ノ六郡内十九行ヲ打ツテ一丸トスル大合同ノ実現ヲ期スルヲ以テ最モ機宜ノ措置ト被存候條貴行ニ於テモ現下ノ時局ニ照応進ンテ右当省ノ方針ニ協力速ニ態度決定相成様致度得貴意傍々及通牒候也

　追而本件ニ関シテハ当局ニ於テモ此ノ際是非解決ノ方針ニ有之別途貴県知事ニ対シ通牒致置キタル次第ナルカ従来ノ如ク大合同案ニモ又小合同案ニモ反対シ現状維持ヲ称ヘ一日ノ安キニ甘セムトスルカ如キ態度ハ現下時局ノ推移ニ鑑ミ篤ト御再考相成度尚近ク当省官吏ヲ貴県ヘ出張セシメ具体的協議ヲ為サシム所存ニ付予メ重役会ニ於テ協議ヲ為シ速ニ結論ヲ得ラル、様取運ヒ置相成度併而得貴意候[19]

　この大蔵省の通牒を契機に合併協議は一気に進展した。大蔵省は浜田普通銀行課長自ら来福し，協議をまとめあげたのである。同年11月16日，武石銀行を除く18行は合併に関する覚書に調印した。その内容は次のようであった。
　①新銀行の本店は久留米に置く。②新銀行の名称は大蔵大臣に一任する。③資本金はなるべく少額にとどめる。④合併比率は大蔵省検査の結果に基づく純資産と新銀行想定資本額とを考慮し大蔵省と協議決定する。⑤各銀行は新銀行への持ち寄り払込資本金の三割に相当する資産を新銀行に持ち寄る。新銀行への引き継ぎ資産は優良資産のみとする。⑥銀行使用人は原則として新規採用の方法により新銀行に引き継ぐ。⑦新銀行の役員はなるべく少数にとどめることとし，原則として各銀行より1名就任する。1名以上の役員を必要とする場合には大蔵省と協議する。⑧各銀行の現営業所については統廃合の必要のあるものについてはなるべく合併実行時に統廃合する。⑨合併実行の時期はなるべく

1941年上半期中とする。⑩各行代表者の協議については必要事項はその都度大蔵省，県当局，日本銀行門司支店長に連絡する。⑪覚書や合併実行上に関し意見の一致を見ない場合にはすべて大蔵省の裁定に一任する。

この覚書に沿って協議が進められたが，合併参加銀行は次の四点を要望する陳情書を大蔵省に提出した。①新銀行の開業と同時に十七銀行の久留米市内支店，甘木支店，二日市支店，城島支店など八支店を撤廃すること，②日銀代理店事務および県支金庫事務の継承と新本店での取り扱いを認めること，③福岡市，小倉市，添田町，志免町，大分県日田市への支店設置，④新銀行にとって将来有望である筑紫郡，糟屋郡への他銀行支店設置を認めないこと。

参加銀行側はこうした要望を重ねて行ったとされるが，十七銀行への対抗意識を露わにしたこの要望の背景には「既ニ大財閥ヲ背景トスル地方大銀行ノ支店要所ニ散在シ他方信用組合ハ顕著ナル発展ヲナシ確固タル基礎ヲ農村ニ植付居」るなかで新銀行が発展していくのは容易ではなく「主務省当局ノ絶大ナル御援助ト御指導ヲ得ルニアラザレバ所期ノ目的ヲ貫徹スル事至難」であることを認識していたからであった。実際新銀行の払込資本純益率は他行に比べて著しく低かった（前掲表6-6参照）。新銀行にとっては，筑後地域から十七銀行を撤退させ，さらに福岡，小倉の大都市や他地域に進出することは「死活ニ関スル極メテ重大」なことであったのである[20]。

この要求は福岡などの支店設置と日銀代理店および県支金庫の継承についてのみ認められた。すなわち，創立と同時に福岡支店と志免，添田支店の設置が認められたのである[21]。さらに大蔵省は合併を承知させるために，将来嘉穂銀行をも新銀行に合併させることに「暗黙ノ諒解ヲ与」えている[22]。この了解が単なる空手形でなかったことは，大蔵省が筑邦銀行成立直後から嘉穂銀行を筑邦と強引に合併させようとした上述の経過から明らかであろう。

1941年3月29日に合併契約書，同4月7日に合併契約付属協定書の調印が行われた。それによると，新銀行は本店を北野銀行久留米支店に置き，公称資本金を750万円，払込資本金を381万5千円とした。参加銀行の払込資本金合計が735万円に達していたことを考えると，実質5割弱の減資を断行したことにな

る。銀行によって抱える不良資産比率はかなり異なっていたので，大蔵省検査に基づく旧銀行株主への新銀行株式の交付比率は大きな差があった。柳河銀行の株式については1対1の割で新銀行株式が交付されたのに対し，野田銀行株は5対4，生吉，筑肥，彌壽銀行株は5対3，大東，筑後，八女，甘木，北野銀行株は2対1，田主丸，草野，興産，明十，御笠，水田，三奈木銀行株は5対2の割合で交付されたのである[23]。

こうした交付比率の結果，新銀行においては柳河銀行株主の比重が大きくなった。しかし18行もの合併によって株主は4,000名に達し，株式は分散した。筆頭株主といえども3％弱の株式を保有するに過ぎなくなったのである（前掲表6-7参照）。

役員は柳河銀行から4名，八女，野田，生吉各行からそれぞれ2名，その他銀行から1名の割で選出された。各行一人という当初案に比べると大幅に増員されたわけである。頭取には柳河銀行頭取の山崎貞吉，常務には秋山仁蔵（北野銀行常務），松田均平（生吉銀行常務），吉田温（柳河銀行取締役）が就任した[24]。

4　福岡県銀行の統合過程

(1) 地方銀行の対応

1943（昭和18）年6月頃，大蔵省，日銀，福岡県は同県の銀行統合を残る主要4行（十七，筑邦，嘉穂，福岡貯蓄）に働きかけた。この時点では統合方式については明確に伝えられていなかったようであるが，日本銀行考査局はすでに1943年1月には十七，筑邦，嘉穂，三池，武石，福岡貯蓄の残存する6行の福岡県の銀行統合について，二段階の統合によって最終的には十七銀行に吸収合併させるという方針を明確にしていた[25]し，大蔵省でも最終的には十七銀行による吸収合併を想定していた。しかし，4行による福岡県の統合は困難を極めた。その迷走ぶりは表6-9の年表に示した通りである。統合が難航したの

表6-9　福岡銀行成立年表

年月日	事項
1943年7月3日	筑邦銀行取締役会，銀行合同につき条件付きで決議
12月27日	筑邦銀行取締役会，財閥関係の資本および人事の混入を排除することなどを条件に，銀行合併を承認
12月29日	安田保善社，船山正吉普通銀行課長より筑邦が合併に同意した旨報告を受ける。保善社理事会で「形式ハ恐ラク新立合併ナランモ，頭取問題，合併条件等」対策を樹立することを決議
1944年1月15日	大蔵省銀行課長，新銀行頭取に中立的人物（伊藤伝右衛門を想定）を置き，安田がその次を占め実権を握ることを井尻に提案
1月28日	安田，大蔵省普銀課長との会談で新銀行の頭取は安田系であること，合併形式は吸収合併であることを主張。普銀課長は「ロボット的地方有力者ヲ頭取ニ据ヘラレル度」旨を希望
2月5日	筑邦銀行取締役会で「純然タル地方銀行創設ヲ本旨トスル」合併方針に賛成を決議。頭取を地元から出すこと，新立合併を主張
2月15日	吉田福岡県知事，大蔵省明賀監督官，日銀福岡支店長，新銀行頭取は地元から出したいとの意向を示す。
2月19日	新銀行の頭取は地元から出すこと，新立合併とすることとする大蔵省案に対し，安田理事会は拒否することを決定
2月22日	日銀考査局，会長を嘉穂の伊藤伝右衛門，頭取十七の井尻，筑邦の山崎は相談役とする人事案を提案し，同案で知事が斡旋するよう依頼。同時に，地方銀行は今後大銀行との連携が必要であることを福岡支店長に伝える。
4月5日	安田側，大蔵省普銀課長に，安田側の主張が容れられない限り，合併を見合わせたい旨申し入れ
4月6日	筑邦，福岡貯蓄，嘉穂三行常務および支配人集合，永江眞郷（福岡貯蓄取締役・新聞社社長）を新銀行頭取に推薦方協議。嘉穂大和常務は「十七ノ社長ガ当然頭取タルベキナリ」と決議に反対
4月中旬	福岡貯蓄決算重役会で富安取締役（西日本新聞取締役）から「新銀行頭取トシテ永江氏推薦決議致度」と提案。重富常務，堀外締役賛成。伊藤伝右衛門頭取反対し退席
4月14日	田中日銀福岡支店長と伊藤伝右衛門会見。田中支店長，(1)頭取を井尻，会長を山崎筑邦頭取とする四行統合案，(2)嘉穂・福岡貯蓄・十七による三行合同案，(3)嘉穂，福岡貯蓄，筑邦合同案を提示し，伊藤に意見を求める。伊藤，(1)については安田が承知せず，(3)案は嘉穂が反対であり(2)案が望ましいと回答
4月下旬	福岡貯蓄重富常務，永江推薦決議を日銀福岡支店長に持参
5月4日	筑邦銀行，新銀行の首脳に永江眞郷を推挙するト申書を日銀総裁に提出
6月6日	大蔵大臣，二行併存案および伊藤伝右衛門会長案を退け，永江会長案でまとめるよう船山銀行課長に申し渡す
6月7日	保善社総長，武井保善社理事，大蔵大臣と面談。総長，暫定策として二行併存案か山崎会長，井尻頭取案を提案。武井理事，永江以外で適当な人物として松本健次郎をあげる。
6月9日	総長，日銀総裁訪問。総裁，双方の感情の収まるまで一時棚上げを示唆
6月13日	迫水銀行局長，第一案として麻生（義之助）頭取，井尻副頭取案を，第二案として第一案が無理なら現状維持き武井保善社理事に提案
6月16日	保善社理事会，銀行局長案を受諾。報告の際，麻生より松本を適任とする旨申し添える。
8月	筑邦，日銀支店長に三行合併に了解を求めるも，支店長，大蔵省の意向を確認すると回答
8月	十七，日銀支店長に嘉穂との合併に了解を求める。
8月11日	筑邦秋山常務，嘉穂大和常務を訪問，三行合併を申し込む。大和常務反対の旨回答
8月12日	筑邦秋山常務，伊藤を訪問，三行合併の意見を求めるも，伊藤は嘉穂については絶対反対を表明
8月15日	福岡日銀支店長，一万田理事に強権を発動してでも四行合併を推し進めるか，それとも二行併存を採るか，日銀と大蔵省の合併方針を明確にするよう求める。
8月15日	安田は，福岡貯蓄ないしは福岡貯蓄，嘉穂との筑邦の合併願い，ならびに永江会長井尻頭取案による四行合併案（船山課長案）について，福岡貯蓄，筑邦合併案には異存なく，永江会長案には不承諾を回答
8月17日	秋山，伊藤を再度訪問。筑邦と貯蓄の合併につき意見を求める。伊藤，回答を留保し井尻と相談。井尻，日銀田中支店長に意見を求め，その意見を参考に，福岡貯蓄と筑邦合併に反対するよう依頼

8月19日	福岡貯蓄重役会，筑邦との合併を決議（伊藤伝右衛門反対）
8月24日	大蔵省，日銀一万田理事に「世情落付カザル際ニテモ有之，当分本問題ハ此ノ儘差置クコト」，申し出があれば，二行併存もやむをえないと回答
8月31日	嘉穂，筑邦ならびに福岡貯蓄の三行合併に賛成しない旨決議，回答
9月16日	十七取締役会，嘉穂との合同を決議
9月20日	嘉穂重役会，十七との合併を政府に懇請することを決議
9月20日	吉田福岡県知事，大蔵大臣に二行ないし三行合併を提案，蔵相異議なしと回答
9月25日	井尻，大和嘉穂常務，大蔵省に合併を申請
10月6日	船山普銀課長，新たに永江会長（代表権あり），井尻頭取とする四行合併を安田保善社に提案。安田，拒絶
10月12日	船山普銀課長，永江を代表権なき会長とする案を提案し，「若シ之ニモ応セサレハ大蔵省推薦ノ専務又ハ筆頭常務ヲ入ル、外無シ」と安田側に伝える。安田，当日会議ののち，受諾する旨回答するも，「大蔵省内部ニ於テ『右ノ案ハ安田側ニ有利ニ過ク』トノ反対論アリ」とのことで，改めて今後の折衝によることと申し渡される。
10月19日	大蔵省，「福岡県下四行合併大蔵省最後案ニ関スル普通銀行課長指示事項」を各行に提示
10月25日	大蔵省普通銀行課長指示事項に対し，安田出身重役は「安田ト完全ニ其関係ヲ離脱シ，将来是等ノ地位ハ安田側ノ世襲的ノモノトナサザルコト，安田ハ単ニ資本参加ニ留ムルコト」とする指示事項に修正意見を付けて回答
10月30日	筑邦銀行取締役会で，「大蔵省最後案」を骨子とする合併案に賛成，その貫徹に努められたき旨の意見を付して承認
10月31日	日銀福岡支店長，大蔵省普銀課長案で地元はまとまると報告し，「安田トノ関係」条項は変更しないように大蔵省，日銀に求める。
10月1日	安田，大蔵省普銀課長指示事項の修正を求める。
11月8日	迫水局長，保善社総長との会見で，新たに大蔵省で地方銀行統合方針を確定するまで，統合問題を保留すると伝える。
11月22日	迫水局長，改めて安田側に覚書案を指示。安田，内容概ね妥当として異存なき旨回答
12月2日	筑邦銀行取締役会で合併覚書を承認
12月5日	各行，覚書に調印
12月16日	合併契約調印
1945年1月20日	県内四行株主総会，合併契約書承認
2月20日	武石銀行，十七銀行に営業譲渡
3月27日	福岡銀行設立認可
3月30日	福岡銀行創立総会
3月31日	福岡銀行設立
4月1日	営業開始

出典：日本銀行金融研究所『日本金融史資料昭和続編付録第四巻　地方金融史資料（四）』，安田保善社『理事会会議録』，筑邦銀行『取締役議事録』，『福岡県史近代資料編嘉穂銀行（二）』などにより作成。

は地方銀行側とりわけ筑邦銀行が十七銀行の財閥色の払拭を合併の条件としたのに対し，安田は「安田色払拭ヲ云々スル限リ，両行夫々ノ合併談ニハ応ジ難キ」[26]ことを明確にしていたからである。

　まず，統合の勧奨に対する地方銀行の対応について見てみよう。「大蔵省，日本銀行，福岡県知事ノ綜合意見トシテ現下ノ時局ヲ認識シ県下ノ銀行，十七，嘉穂，福岡貯蓄並ニ当行ノ四行合同方急速ニ実現スヘク其ノ筋ヨリ勧奨ヲ受ケ」た筑邦銀行では，1943年7月3日の取締役会で，「慎重協議ノ結果国策上

時勢ノ推移ハ県下ヲ一ノ銀行ニ合同ノ必要ニ迫リ居ルトセハ之レニ参加スルコトハ止ムヲ得サルモノアルヘシ」として合同を受け入れることを承認したが，「其ノ実現ニ際シテハ特ニ左ノ点ヲ希望ス」として，「1 十七銀行ハ純然タル地方銀行ト認メ難キ点アルヲ以テ之レヲ地方銀行化セシムルコト　2 実行期ハ昭和十九年九月以降ト為シタキコト」[27]という要望を出すことを決定した。

同行は同年12月の取締役会で統合受諾の具体的な条件を，「現在ノ十七銀行本店及北九州殷賑地帯ノ支店（営業一切）ヲ安田銀行ニ於テ譲受ケ，其他ノ支店ヲ新銀行ニ於テ譲受クル事　前項実行困難ナル事情アル場合ハ地方銀行ノ特色ヲ維持スル為メ財閥関係ノ資本及人事ノ混入ヲ排除スル事」[28]とし，新銀行に安田財閥が関与しないことを強く求めた。十七銀行の本店と北九州地方の支店を安田に買収させ，残りの十七銀行支店を新銀行が譲り受けるという主張は当局には受け入れられなかったが，後者の主張については大蔵省や県の認めるところとなったようで，「吉田知事明賀監督官モ同意見ニテ両者ハ共ニ首脳者ハ地元ヨリ出シ度シ」[29]と明言した。筑邦銀行は明賀大蔵省監督官との折衝ののち「有力ニシテ純然タル地方銀行創設ヲ本旨トスル当局ノ合併方針ニ従ヒ積極的ニ参加協力」[30]することを1944年2月に決議したのである。日銀福岡支店の報告によれば，筑邦銀行は具体的には「新銀行ハ純然タル地元銀行タルヘキヲ以テ極力安田色ノ払拭ヲ熱望シ首脳者ハ必ス地元ヨリ選定セラレ度ク其ノ為メ現在四行ノ首脳者ハ一斉引退スヘキヲ主張」すると同時に，合併方法については十七銀行による吸収合併ではなく4行による新立合併を主張した[31]。

福岡貯蓄銀行も筑邦銀行に与した。1944年2月，明賀監督官臨席のもとで開かれた役員会で，名実ともに地方銀行たる新銀行の設立を決議し，新立合併とすること，なるへく地方人を代表者とすること，筑邦銀行を基準として合併比率を決めることなどを合併方針としたのである[32]。さらに，福岡貯蓄銀行では永江眞郷（西日本新聞社社長）も取締役として出席する取締役会で「永江氏推戴決議」が提案され，頭取伊藤伝右衛門の反対にもかかわらず，常務富重仁三郎や取締役堀三太郎の賛成によって議決された[33]。

これに対し，同じく伊藤伝右衛門が頭取を勤める嘉穂銀行は十七銀行と行動

を共にした。もともと同行は筑邦銀行成立以前から十七との合併を希望していたことはすでに述べたとおりである。同行の大和常務は筑邦,福岡貯蓄,嘉穂三行常務等の協議においても,永江眞郷を新銀行頭取に推薦しようとする両行に対し「十七ノ社長ガ当然頭取タルベキナリト決議ニ反対」[34]した。

(2) 首脳人事と二行合併論

筑邦,福岡貯蓄のこうした動きに対し,安田色の払拭は無理としても「最高首脳者ハ安田系ノ人物テハ地元カ治マラサルモノ」[35]とみる点で,日銀福岡支店長,大蔵省明賀監督官,福岡県は一致した。大蔵省は「合同ノ基本案トシテ一,新銀行職制ハ頭取制トシ地元ヨリ出スコト。二,合併形式ハ新立合併トシ行名変更ヲ伴ウ事。」[36]という合併案を十七銀行と安田保善社に提案した。

しかし安田保善社は,頭取は必ず安田側が出すこと,合併形式は吸収合併とすることを主張し,これを拒否した[37]。

吸収合併を主張していた安田が吸収合併についてはこだわらなかったため[38],対立の焦点は代表権をもつ頭取(ないし社長)に絞られていった。

大蔵省や日銀は,頭取に中立的人物(伊藤伝右衛門を想定)を置く案,会長・伊藤伝右衛門,頭取・井尻芳郎,相談役・山崎貞吉とする案,会長・山崎,頭取・井尻案などを提案したが双方を説得することはできなかった[39]。一貫して永江会長案を主張する筑邦,福岡貯蓄に対し,大蔵省では大臣裁定によって「二行併存案(嘉穂ヲ十七ニ,福岡貯蓄ヲ筑邦ニ統合シタル上十七,筑邦二行併存ス)及伊藤氏会長案ハ何レモ採択ノ意無シ又井尻氏ヲ新銀行ノ頭取ニスル意モ無ク新頭取ハ地方出身者タルベキコト」[40]とされ,永江会長案でまとめる方針が出されたが,安田保善社は大臣と総長との面談で永江案を拒否して松本健次郎(石炭統制会会長)会長案を提案[41]し,大蔵省の調停も白紙に戻った。6月13日,同省では改めて二案を安田側に提示した。第一案として麻生(義之助)頭取,井尻副頭取案を,第二案として第一案が無理なら現状維持というものであった。安田保善社は同案を受け入れたが,筑邦側を説得できなかったものと見え,第一案が実現することはなかった。

8月になると,双方譲らないまま四行合併はほぼ絶望的な状況に陥った。筑邦銀行,福岡貯蓄銀行は二行合併ないし嘉穂銀行を含む三行合併論を主張し,二行ないしは三行合併を日銀,大蔵省に申し入れている[42]。これに対し,十七と嘉穂は「殆ンド許嫁ノ関係ニアル十七ト嘉穂トノ両行合併」[43]を大蔵省に上申して,筑邦側に対抗した。

こうした二行併存の動きに対し,福岡で調整に当たる日銀福岡支店長は一万田理事に強権を発動しても四行合併を推し進めるか,それとも二行併存を認めるのか,大蔵省の方針を明確化するよう求めた[44]。大蔵省は当面現状維持の方針をもって臨むことと回答したが,二行合併の申し出があれば応じるとも述べ,二行合併は認めないとする方針を覆した。この点,日銀考査局は,日銀一万田理事の問いに対する大蔵省の回答を次のように日銀福岡支店長に伝えている。「(一万田理事が――引用者) 若シ先方ガ自由行動ヲ執リ二行宛合併ノ申出ヲナシタル際大蔵省トシテハ受付ケヌカト訊ネタルニ県ガ認ムルナラバ致方無カルベシトノ返事,然シソレデハ支店長ガ困ルコトニナル場合モアルベシ差置クト云フナラバ矢張四行合併ノ建前ト為シ置クベキニ非ズヤト云ヒタルニ,ソレデハサウシテ置カウトノ返事ニテ態度ハッキリ致サズ,要スルニドウデモ良イト云フ意向ト察セラレ候」[45]と。大蔵省は,この時点では四行合併は見込み薄と判断していたし,日銀もやむを得ざるものと考えていたのである。

吉田福岡県知事も二行並存案を大蔵省に提案し,蔵相は「異議無キ旨回答」[46]している。こうして8～9月には二行合併で事態が進行していった。

(3) 大蔵省の「最後案」と安田保善社

しかし,9月末になると事態は一変し,大蔵省は再び四行合併を推進し始めた。十七銀行井尻社長が嘉穂銀行との合併を陳情したのに対し,大蔵省は「大蔵省ノ県下四行合同方針ハ従前通リニテ今日ト雖モ変更シテハ居ラヌ」[47]と回答したのである。この変化は兵庫県の統合の成功によってもたらされた。この点を,船山普通銀行課長は井尻社長に対する真意として日銀側に次のように説明している。「大蔵省トシテハ四行合同ノ根本方針ハ出来得ル限リハ実現シ度

キヲ以テ此際此方針ニテ更ニ攻メテ見度イ，之ハ恰モ兵庫県ニテ地方三行ガ神戸銀行ヲ除キテ三行ノミノ合併ヲ主張シ居タルヲ逆用シ，最近神戸ヲモ入レタル大合同実現ニ漕ギ付ケ得タル工作ニ倣ハントスル考ニ出ヅ」[48]と。

10月になると大蔵省は四行合併で動き始めた。すなわち，10月6日，銀行局舟山課長は安田に再び「永江眞郷ヲ代表権アル会長トシ，頭取ハ井尻トシテ四行統合ヲ考慮スル様要望」したが，安田保善社は「円満謝絶」した[49]。翌12日，舟山課長はついに譲歩し，「代表権無キ会長ニテハ如何」と新提案を行った。これに対し，安田保善社は「当方会議（総長，柏舎理事，武井理事，秘書役，業務部長出席）ノ結果之ヲ受諾ニ決シ，同日夕刻同意ノ旨回答」[50]した。この提案は「実ハ大蔵省内部ニ於テ右ノ案ハ安田側ニ有利ニ過クトノ反対論」[51]があったものの，舟山は大蔵省の最後案と言われる調停案を各行に提案した。その内容は安田保善社の理事会議事録に残されたものと『金融史資料』に挙げられているものとではやや異なっているので，以下には両者をあげておこう。

安田保善社『理事会会議録』には次のように記されている。

　　　船山課長ヨリ当方並ニ筑邦，貯蓄ニ対シ，合弁ニ関スル如左事項ノ指示アリタリ
　　イ　新立合併ノコト
　　ロ　<u>永江氏ハ代表権無キ会長トシ井尻ヲ頭取トスルコト</u>
　　ハ　其他ノ役員ハ大蔵省ニ一任ノコト。
　　ニ　井尻，小池ハ安田ト完全ニ其関係ヲ離脱シ将来是等ノ地位ハ安田側ノ世襲的ノモノトナサザルコト
　　　　<u>安田ハ単ニ資本参加ニ留ムルコト</u>
　　　　<u>合併ノ際増資割当株ハ地方希望者ニ分散スルコト</u>
　　ホ　合併比率ハ大蔵省一任ノコト
　　ヘ　右条件受入レ難キ場合ハ，各行ノ自由意志ニヨリ其ノ嚮フ処ヲ決スルコト[52]

十七銀行を含む地方銀行四行に提示された案は日銀によれば次のようであった。

　一，方　　針
　　新立合併トシ地元銀行トシテ育成スルコト
　二，首　脳　者
　　会長　（代表権無キモノ）永江氏
　　山崎氏ヲ一応考ヘラルルモ健康其他ノ事情ニヨリ永江氏ヲ可トスベキカ
　之ノ場合山崎氏ハ相談役又ハ平取締役トシテ入リ，永江氏ハ新聞社ノ関
　係ハ現職ノ儘兼務ニテ可ナルコト
　　頭取　井尻氏
　三，其ノ他ノ役員
　　大蔵省ニ一任スルコトトシ現四行役員中ヨリ人選スルコト
　　在来ノ業務担当役員ノ地位ニツキテハ充分ヶヲ考慮スルコト
　　第三者ヨリ人ヲ入ルル説アリシモ人選難其ノ他ノ事情ニヨリ現在ノ処困
　難ナリ
　四，安田トノ関係
　　井尻，小池氏等新銀行ニ入ル場合，安田トノ関係ハ完全ニ之ヲ離脱セシ
　ムルコトトシ将来是等ノ地位ハ安田側ノ世襲的ノモノトナサザルコト
　　安田ハ単ニ資本参加ニ留メシムルコト
　　合併ノ際増資株アル場合，安田ヘノ割当株ハ地方ニ分散セシムルコトヲ考
　慮シテ可ナルコト
　五，合併比率ニツキテハ大蔵省ニ一任スルコト
　六，右条件ヲ受ケ入レ難キ場合ハ県下大合同ハ将来ニ俟ツ外ナシト認メラ
　ルルニヨリ各行ハ各々自由意志ニヨリ其ノ随フ処ヲ決スルモ致シ方ナキモ
　ノトス[53]

両者をみると，首脳者の項と安田への割当株に関する記述がやや異なってい

る点をほとんど違いはなく，安田保善社理事会のものは指示事項を略記したものである可能性が高い。

この指示事項で争点となるのはロ項の首脳人事とニ項の安田との関係（日銀資料によれば，第二項と第四項）の部分であった。ただし，首脳人事については，安田保善社は代表権を持たせないことを条件に永江の会長就任を認めている。筑邦など地元側も永江の会長就任が認められたことで人事については異存がなかったようである。問題は安田との関係を規定したニ項（第四項）であった。安田を単に資本参加にとどめ，頭取ポストや業務執行役員ポストを安田から切り離し，合併の際の増資割当株は地方居住者に分散させることを明示したこの規定は「地元銀行トシテ育成」したい筑邦，福岡貯蓄側としては満足のいくものであったが，安田保善社としては承認しがたいものであった。

大蔵省の提示に対して日銀福岡支店長は，この案で地元側はまとまると連絡する一方で，安田が「字句等彼是文句ヲ付ケ其ノ為メ折角ノ機運ヲ逸セサル」ように，次のごとく日銀考査局に連絡している。「第四「安田トノ関係」ノ項ハ中央ノ安田側ニ於テ難色アル如キモ，地許ニ於テ此案ノ如クニ斡旋解決ノコト，致シ度ク，中央ニテゴタゴタサレテハ却テ問題紛糾ヲ来ス虞アリ，大蔵省ニモ右ノ趣旨御話置ヲ乞フ」[54]と。

一方，安田保善社理事会では「（ニ）項ハ承認致難キヲ以テ適当ニ修正ノ上回答ノ事ニ決定」[55]した。安田の修正は，上記ニ項の「将来是等ノ地位ハ安田側ノ世襲的ノモノトナサザルコト……」以下の部分（下線部分）を削除することであった。そして，株式の分散の件については，「増資株アル場合，希望者アラバ安田側ハ能フ限リ之ニ応スルコトトシ十七銀行行員ヲ優先セシメ，次ニ一般ニ及ボスコト」，また資本代表役員の就任を認めることを求めている[56]。しかし資本代表役員についてはのちに三点の希望から除いている。

こうした安田の回答に対し，大蔵省では11月20日，上記の課長指示を撤回して迫水新局長より改めて覚書案が提案された。その内容は不明であるが，安田側は「内容概ネ妥当」として，業務担当者（小池常務）の地位を考慮することなど三点の希望[57]を付して異存なき旨を回答している。この案に沿って交わさ

れた覚書の概要を示すと，①四行は新立合併によって新銀行を設立すること，②新銀行は「地元銀行トシテ育成シ安田ノ関係銀行トシテハ取扱ハザルコト」，③「新銀行ノ首脳者ハ会長（代表権ナキモノ）ヲ永江眞郷トシ頭取ヲ井尻芳郎トスルモ其ノ他ノ役員ノ員数，人選及其ノ職掌ノ決定ハ大蔵省ニ一任スルコト但シ在来ノ業務担当役員ノ地位ニツキテハ十分之ヲ考慮スルコト」，④「合併ノ際増資株アル場合ハ努メテ之ヲ地方ニ分散セシムルコト」，⑤商号，資産査定，引継資産の選択，資本金その他合併条件は大蔵省に一任すること，などであった[58]。

以上の複雑な経過と覚書の内容から以下の点を指摘できよう。第一に，新立合併を余儀なくされ，関係行から切り離されるという外見とは裏腹に，安田側の基本的な主張が入れられていることである。この点は①地元側から選出される会長の代表権を認めていないこと，②安田の関係銀行とはしないことが規定されているものの，「安田ハ単ニ資本参加ニ留ムルコト」，安田派遣役員については「安田トノ関係ハ完全ニ之ヲ離脱セシムルコトトシ将来是等ノ地位ハ安田側ノ世襲的ノモノトナサザルコト」という当初の文言が外されている上，増資株の分散も努力目標に変わっていること，③業務担当役員（特に安田派遣の常務）の地位について充分考慮する旨が謳われていることから窺えよう。結局，安田は新銀行において主導権を確保したのである。

安田がこうした主張を貫き通しえたのは，もともと十七銀行が圧倒的な比重を占めている上，資金調整が困難になっている地方銀行は独立したとしても，中央の都市銀行との連繋が不可欠になるという金融当局の認識にあった。調整に当たる日本銀行福岡支店長にあてた考査局の書信にはそれがよく示されている。すなわち，同書信には「現在重モスレハ地方所在ノ銀行カ地方的独自ノ存在ノミ強ク主張セントスル風アリ其心持チ納得出来サルニアラサルモ大勢トシテハ地方所在ノ銀行トシテ独立ノ存在ヲ持スルト共ニ他面中央ノ大銀行トノ連繋益々密ヲ加フ可キコト必然ニ可有之候　右御含ミ置願度」[59]と認められているのである。

表6-10　福岡銀行の役員構成

氏　名	役職名	出身行	略歴その他
永江眞郷	会　長	福岡貯蓄銀行	慶應義塾理財科卒，三井銀行を経て三池銀行支配人，取締役，頭取，三池貯蓄頭取，福岡日日社長，西日本新聞社長
井尻芳郎	頭　取	十七銀行	東京帝国大学卒，安田銀行入行
高橋重威	副頭取	日本銀行	東京帝国大学卒，日本銀行入行。福岡支店次長などを経て，1945年7月福岡銀行副頭取
小池　潔	常務取締役	十七銀行	京都帝国大学卒，安田銀行入行。1927年十七銀行入行，42年同行常務取締役
松田均平	常務取締役	筑邦銀行	1919年生吉銀行入行，22年同行常務，41年筑邦銀行常務
富重仁三郎	常務取締役	福岡貯蓄銀行	慶應義塾商業学校卒，1913年三池銀行入行，40年三池貯蓄常務取締役，翌年福岡貯蓄常務取締役
溝口広次	取締役	十七銀行	京都帝国大学卒，1923年十七銀行入行，44年同行取締役，45年福岡銀行取締役（営業部長）
川島正雄	取締役	十七銀行	1904年十七銀行入行，43年同行取締役（業務課長），45年福岡銀行取締役（業務部長）
阿曽山幸吉	取締役	十七銀行	1904年十七銀行入行，41年同行取締役（検査課長），45年福岡銀行取締役（検査部長）
石井徳久次	取締役	福岡貯蓄銀行	大阪高等工業醸造科卒，1921年鞍手銀行取締役，25年筑豊貯蓄取締役，県信連会長，衆議院議員，県農業会長等歴任
富安三郎	取締役	福岡貯蓄銀行	慶應義塾中退，シカゴ大学等を経て三井物産入社，1938年柳河銀行取締役，41年筑邦取締役，西日本新聞社副社長を経て45年社長
斎藤広路	取締役	筑邦銀行	早稲田大学卒，1924年御笠銀行監査役，34年専務取締役，41年筑邦銀行取締役，45年福岡銀行取締役（人事部長）
伊藤　久	取締役	嘉穂銀行	日本大学中退，1920年嘉穂銀行入行，41年取締役，45年福岡銀行取締役（検査役）
横手貞人	常任監査役	十七銀行	東京帝国大学卒，1917年安田銀行入行，安田信託を経て39年十七銀行常務監査役，45年福岡銀行常任監査役
中村嘉次郎	監査役	筑邦銀行	久留米商業卒，1922年大溝銀行取締役，38年柳河銀行監査役，41年筑邦銀行監査役，45年福岡銀行監査役
芳賀茂元	監査役	十七銀行	東筑中学卒，1936年十七銀行監査役，45年福岡銀行監査役，福岡経済専門学校理事
麻生太七郎	監査役	嘉穂銀行	東京農業大学卒，1919年麻生商店入社，34年嘉穂銀行取締役，35年麻生商店監査役，45年福岡銀行監査役
伊藤伝右衛門	相談役	嘉穂，福岡貯蓄，十七	1904年十七銀行取締役，福岡貯蓄銀行および嘉穂銀行頭取，大正鉱業および幸袋工作所社長
山崎貞吉	相談役	筑邦銀行	東京帝国大学卒，三池銀行支配人，柳河銀行支配人等を経て1932年同行頭取，41年筑邦銀行頭取

出典：安田保善社「制限会社調査表」1946年7月，により作成。

　したがって第二に，大蔵省や日銀は柔軟な調停者として機能していたことを指摘できよう[60]。この点は，交渉が暗礁に乗り上げた際，「飽迄四行同時合併をやらす方針ならば次第に依つては強権の発動も已む無しとして具体案を押し付ける」かどうかを日銀側から問われた大蔵省が，事態の鎮静化のために先延ばしを選択し，金融事業整備令を背景とする強権的方針はとらなかった点によく示されているといえよう。また，「最後案」といわれるものも，合意できな

ければ「各々自由意志ニヨリ其ノ随フ処ヲ決スル」とする事項が盛り込まれている点にもその柔軟性を窺うことができよう。

なぜ強行しなかったのかという疑問が生じるが，この点について直接触れた資料はみあたらない。しかし，「過去ノ実例ニ徴シテモ無理ナル合併ノ結果失敗シタルモノアリ汗顔ノ至リニテ合併ノ結果倒レルヨリハ寧ロ合併セサル方可ナリト思フ」[61]という大蔵省銀行局長の日銀会議での発言に示されるように，無理な合併がかえって地方銀行の効率性を低下させるということを考慮していたのではないかと考えられる。

(4) 福岡銀行の役員と株主構成

1944年12月16日，十七，筑邦，福岡貯蓄，嘉穂の四行は合併契約書に調印した。残る武石銀行は1945年2月十七銀行に譲渡された。翌月31日，福岡銀行が設立され，ここに福岡県の銀行統合が完成した。

最後に，成立した福岡銀行の役員と株主構成について見ておこう。表6-10に示したように，同行の役員には十七銀行から頭取の井尻芳郎，筆頭常務の小池潔をはじめとする7名，筑邦銀行から松田均平，斎藤広路，中村嘉次郎に相談役の山崎貞吉を加えて4名，福岡貯蓄銀行から会長の永江眞郷を含む4名，嘉穂銀行から2名であったが，嘉穂の利害を代表する相談役の伊藤伝右衛門を加えると3名が入った。なお，副頭取ポストが設けられており，のちに日銀から高橋重威が選任されている。相談役を含む役員19名中10名が十七・嘉穂銀行系であった。しかも，十七銀行出身役員が人事部長を除く営業部長，業務部長，検査部長に就いていたほか，常任監査も安田銀行出身者であった。結局，業務執行役員はほとんど十七銀行出身役員によって占められていたのである。

表6-11で福岡銀行の株主構成みると，安田保善社が28％を占め，広く株主が分散する中で群を抜く大株主となっていることがわかる。株主構成からみても，安田保善社は実質的な支配権を保持していたといえよう。

表6-11 福岡銀行の大株主

(単位:株,%)

氏　名	所有株数	総株数に占める比率
安田保善社	139,926	28.0
新日本生命	53,424	10.7
麻生鉱業	7,241	1.4
黒田長禮	7,138	1.4
伊藤伝右衛門	4,576	0.9
野田孝太郎	4,160	0.8
立花鑑徳	2,645	0.5
大博証券	2,563	0.5
野田保	2,479	0.5
住友信託	2,357	0.5
中野商店	1,793	0.4
金光寛	1,603	0.3
川波政明	1,471	0.3
野見山淳造	1,466	0.3
有田廣	1,397	0.3
石橋清	1,384	0.3
高取豊	1,343	0.3
堀三太郎	1,297	0.3
芳賀善広	1,220	0.2
浅井弥三郎	1,190	0.2
総株数	500,000	100

出典:前掲「制限会社調査表」により作成。
注:1946年3月現在。

おわりに

　以上，福岡銀行の成立過程について検討してきた。明らかにしえたことをまとめると以下のようになる。

　安田保善社や安田銀行にとっては十七銀行をはじめとする地方銀行は資金調達などにかなり重要な役割を果たしていたし，地方におけるプレゼンスの高さが安田銀行（したがって安田保善社）の優位の根拠でもあった。そうであるだけに，関係地方銀行における主導権の維持は譲れない一線であった。

　福岡県の銀行統合をめぐって，地元地方銀行側とそれに与する福岡県などと

安田保善社は激しく対立した。安田財閥の影響力の排除を求める筑邦銀行や福岡貯蓄銀行に対し，安田保善社は新立の福岡銀行の支配権の維持に固執し，基本的には福岡銀行の支配権を維持することに成功した。この点は，①地元から会長を出すことを余儀なくされながらも会長には代表権を認めず，代表権のある頭取に安田側から出すことになったこと，②福岡銀行は安田保善社の関係銀行としないことが規定されているものの，安田は資本参加にとどまる，安田派遣役員は世襲的なものとはせず安田との関係を離脱させるといった大蔵省案をすべて拒否して引き続き役員を派遣できるようになっていること，③合併後の役員数でも，終始安田に与した嘉穂銀行出身役員と合わせ，十七銀行側が過半数を維持し，業務執行役員でも十七銀行役員が主要ポストを占めていたこと，④株主構成においても，過半を大きく割り込んだものの安田保善社が群を抜く大株主の地位を保持していたことなどから明らかであろう。

注

1) 進藤寛「戦時下における地方銀行の合同」(『金融経済』第66号，1961年2月)，杉山和雄「福岡県下の合同問題と三井銀行」(朝倉孝吉編『両大戦間における金融構造』御茶の水書房，1980年)，後藤新一『昭和期銀行合同史』(金融財政事情研究会，1981年)，佐藤政則「合同政策と三和系地方銀行」(伊牟田敏充編著『戦時体制下の金融構造』日本評論社，1991年)，同「日本銀行の銀行統合構想(1940～45年)」(伊藤正直・靎見誠良・浅井良夫編著『金融危機と革新』日本経済評論社，2000年)。
2) 中村浩埋「戦時下福岡県における一県一行主義の完成とその意義についての若干の考察」(九州共立大学『九州共立大学紀要』第14巻第2号，1980年3月)。
3) 杉山和雄，前掲稿，275—276頁。
4) 以下については，日本銀行百年史編纂委員会『日本銀行百年史』第4巻，1984年，佐藤政則，前掲稿，拙稿「戦時銀行統合と安田保善社」(地方金融史研究会『地方金融史研究』第36号，2005年3月)，を参照。
5) この一県一行主義の方針が出されたのは1933年頃(進藤寛，前掲稿，75～76頁参照)であるが，この方針がそのまま戦時期まで引き継がれたのではない。1939年には大きく改められている。すなわち，入間野銀行局長は1939年の日本銀行部局長支店長会議で次のように大蔵省の方針を述べている。「数年前ニ於テハ一県一行主義

ノ考ヘアリシカ現在ニ於テハ一県ニ二行テモ三行テモ可ナリト考フ又合併ニ付テハ無理ヲセサル方針ニテ強力テナク銀行ヲシテ合併スル気持ニナル様仕向ケル考ヘナリ。無用ノ競争ノアル地方ニ於テハ合併ヲ促進シタキ方針ニテ例ヘハ福岡，兵庫，静岡県等ニ於テハ目下合併談ヲ進メツ、アリ。尚合併ニ際シテハ不良資産ヲ切捨テ綺麗ナルモノトシテ合併致シタシ過去ノ実例ニ徴シテモ無理ナル合併ノ結果失敗シタルモノアリ汗顔ノ至リニテ合併ノ結果倒レルヨリハ寧ロ合併セサル方可ナリト思フ」（日本銀行審査部「昭和十四年十一月部局長支店長会議関係資料」『日本銀行資料』による）

6) 以上の大蔵省の統合方針については，前掲拙稿を参照。
7) 拙稿「戦時期の安田財閥——資金運用と資金調達を中心に」（北九州市立大学経済学部『商経論集』第40巻第1号，2004年10月），53頁参照。
8) 例えば福岡の地方銀行と安田系の十七銀行の預貸率を比べると，十七銀行が40%であるのに対して筑邦，嘉穂，三池の各行はそれぞれ37%，29%，28%であった（後掲の表6-6を参照）。
9) 拙稿，北九州市立大学『商経論集』第41巻第1・2・3合併号，2006年2月，7頁。
10) 杉山和雄，前掲稿，261頁。
11) 三井銀行への統合は三池銀行側から提案された。この経過については，杉山和雄，前掲稿，264〜273頁，に詳しい。
12) 「帝国ノ三池店舗買収ノ件」昭和18年9月10日（日本銀行考査局「昭和十七—十九年関東東北北海道地方銀行合併ノ件」『日本銀行資料』）による。なお，暖簾料は預金額の2%であった。
13) これらの点については，拙稿「福岡県地方銀行の大合同計画」（石井寛治・杉山和雄編『金融危機と地方銀行』東京大学出版会，2001年），297〜301頁を参照されたい。
14) 嘉穂銀行「具陳書」1944年9月（『日本金融史資料昭和続編付録第4巻 地方金融史資料（四）』1988年，642頁。以下では，『地方金融史資料（四）』と略記する）。
15) 日本銀行福岡支店「北九州地方ノ銀行整備事情」1942年6月（『同書』630頁）。
16) 『同書』642頁。
17) 以上の数値は大蔵省銀行局『第46回銀行総覧』による。
18) 『大阪銀行通信録』第481号，1937年9月，59頁。協定によれば，新立合併とし，資本金は150万円ないし200万円，積立金は3分の1を持ち寄り，営業所は現在の各本支店の位置に開設して，同年11月末に合併する予定であった。
19) 『筑邦銀行草野銀行資料』草野-41（福岡銀行所蔵資料）。
20) 以上は「陳情書」昭和16年3月14日（前掲『筑邦銀行草野銀行資料』）による。

21) 「合併契約書」第13条に支店設置が明記された（同上資料）。
22) この点について，日銀福岡支店長は「嘉穂銀行ハソノ営業地盤，沿革等ニ鑑ミ十七ニ合併セシムルコト最モ適当ナル……大蔵当局ニ於テモ此点諒解ノ様子ナリシモ何分ニモ昨秋筑邦銀行成立ノ際斡旋ノ労ヲトリタル大蔵省当局者ニ於テ将来嘉穂銀行モ亦筑邦ニ合併セシムベキ旨暗黙ノ諒解ヲ与ヘタル行懸リモアリ……」と日銀考査局長に報告している（前掲，日本銀行福岡支店「北九州地方ノ銀行整備事情」1942年6月『地方金融資料（四）』630頁）。
23) 「合併契約書」第5条による（前掲『筑邦銀行草野銀行資料』）。このほか，合併契約書第6条に基づいて，各銀行株主は一定の割合で株主交付金を受けた。
24) その他の役員は以下のようであった。（ ）内は出身銀行名とその役職（頭は頭取，専は専務取締役，常は常務取締役，取は取締役，監は監査役を示す）。
 取締役　高木喜三郎（大東・頭），吉瀬又太郎（田主丸・取），野田保（野田・頭），上野久守（草野・常），倉員敬雄（八女・常），平田千代松（三奈木・取），佐藤與（興産・頭），貝島又二郎（甘木・頭），田中萬次郎（明十・取），斎藤広路（御笠・専），田中貞次（水田・頭），南寛蔵（筑後・頭），有吉勝三郎（筑紫・頭），宮原官太（筑肥・取），富安三郎（柳河・取）
 監査役　中村嘉次郎（柳河・監），江口正雄（八女・頭），野田孝太郎（野田・取），彌吉勘吉（生吉・頭）
25) 日本銀行考査局「九州地方銀行統合並店舗整理案」昭和18年1月（前掲『地方金融史資料（四）』636頁）。同案によると，第一段階では嘉穂銀行を十七銀行，武石銀行を筑邦銀行に合併させ，三池は三井への合併を認める。そして，第二段階で「十七ヲシテ筑邦及福岡貯蓄ヲ吸収合併セシムル」というのである。
26) 安田保善社『理事会会議録』第118回，1944年2月2日。
27) 以上，引用はいずれも筑邦銀行「取締役会決議録」（福岡銀行所蔵資料）1943年7月3日，による。
28) 同上「取締役会決議録」1943年12月27日。
29) 日本銀行福岡支店「福岡県下本店銀行統合ノ件」（前掲『地方金融史資料（四）』639頁）。
30) 前掲「取締役会決議録」1944年2月5日。
31) 前掲「福岡県下本店銀行統合ノ件」（前掲『地方金融史資料（四）』639頁）。
32) 中村浩理，前掲稿，28〜29頁。
33) 提案したのは富安三郎取締役。これに対して伊藤は「合併ニ付テハ先ノ重役会ニテ合同ニ参加スル事ハ決議シタガ其後具体的ニ合同談ガ進捗セザル今日斯カル決議ハ穏当ナラズ。嘉穂銀行及十七銀行ノ関係ヨリモ自分ハ絶対不賛成ナリ。但諸君ガ決議スルト云ウノヲ差止メル訳ニモ行カヌ故，自分ハ退席スル」（前掲，安田保

善社『理事会会議録』第144回，1944年5月10日）と述べて退席した。富安は1938年から柳河銀行取締役を務め，筑邦銀行成立後同行取締役，さらに1943年から西日本新聞副社長を兼ねていた。

34) 前掲『理事会会議録』第144回，1944年5月10日。
35) 前掲「福岡県下本店銀行統合ノ件」（前掲『地方金融史資料（四）』639頁）。
36) 前掲『理事会会議録』第124回，1944年2月19日。
37) この点について，前掲『理事会会議録』（第124回，1944年2月19日）には以下のように記されている。「十七銀行ハ頭取ハ安田系タルベキコト，並ニ合併形式ハ吸収合併ノ合理的ナルコトヲ主張シ来ルモ，明賀監督官ハ前二項ヲ固持シテ譲ラズ。右対策種々協議ノ結果，大蔵省提案ハ拒否スルコトニ決定ス」。また，大蔵省での船山普通銀行課長と折井安田保善社銀行課長との折衝は次のように記されている。「折井銀行課長ヨリ十七ノ件ハ新銀行頭取ハ必ズ安田系タルベキ事及合併形式ハ吸収形式タルベキ事，筑邦側ヨリノ提案ノ全面的否定，此ニヨリ合併不成立ヲ来ストモ当方ニ責任ナキ事ヲ主張ス船山氏ハロボット的地方有力者ヲ頭取ニ据ヘラレ度旨希望アリ
……要スルニ当日ハ，安田ノ犠牲ト功績ヲ認メザル限リ又所謂安田色払拭ヲ云々スル限リ，両行夫々（十七銀行，大垣共立銀行——引用者）ノ合併談ニハ応ジ難キ主旨ヲ強調セルモノナリ」（同上，第118回，1944年1月28日）。
38) 統合交渉が始まった時点で安田保善社理事会では，新立合併はやむをえないと考えていた（前掲『理事会会議録』第114回，1943年12月29日）。
39) 日銀考査局「貴地三行合併ニ関スル件」昭和19年2月22日（前掲『地方金融史資料（四）』639頁）。
40) 前掲『理事会会議録』第144回，1944年6月7日。
41) 同上，第146回，第147回，1944年6月16日，21日。
42) 同上，第156回，1944年8月16日。
43) 十七銀行「御願書」1944年9月20日（前掲『地方金融史資料（四）』642頁）。
44) この点について，日銀福岡支店長は次のような書簡を一万田理事あてに送付している。「大蔵省並に本行に於ても此の辺で方針を決めハツキリと指導致度ものと存候 就ては飽迄四行同時合併をやらす方針ならば次第に依つては強権の発動も已む無しとして具体案を押し付けるか，そこ迄強行の意無ければ或程度説得して聴かなければ十七と嘉穂及び筑邦と福貯と二つの合併を承認すること、するか何とか態度を定め二，三ケ月中には一応の締め括りをつけ度きものと存候」（日本銀行福岡支店「福岡県下銀行の分離合併の動きに就て」1944年8月15日，同上，641頁）。
45) 日本銀行考査局「福岡県下銀行合併ニ関スル大蔵省意見連絡ノ件」1944年8月24日（同上，641頁）。

46) 前掲『理事会会議録』第161回，1944年9月20日。同会議録は「上京中ノ吉田長官ヨリ大蔵大臣ニ対シ四行統合カ暗礁ニ乗上ゲタル今日，二行乃至三行ノ合同ニ進ミテハ如何ト提案アリ蔵相之ニ対シ異議無キ旨回答セル趣船山課長ヨリ電話アリ」と記録している。
47)48) 日本銀行考査局「十七銀行井尻社長陳情ノ件」1944年10月1日（前掲『地方金融史資料（四）』643～644頁）。
49) 前掲『理事会会議録』第164回，1944年10月11日。
50)51) 同上，第165回，1944年10月18日。
52) 同上，第166回，1944年10月25日。
53) 「福岡県下四行合併大蔵省最後案ニ関スル普通銀行課長指示事項」1944年10月19日（前掲『地方金融史資料（四）』644頁）。
54) 日本銀行福岡支店長「福岡県下四行合併ニ関シ大蔵省最後案指示ノ件」（同上，644頁）。
55) 前掲『理事会会議録』第166回。
56) 「十七銀行ニ関スル大蔵省銀行課長指示事項ノ件」（同上，第167回，1944年11月1日）。
57) 三点の希望とは，役員数を預金量に応じて選出すること，実務運営の中心になると考えられる小池常務の地位を考慮すること，増資株の割り当ては十七銀行関係者を優先することであった。
58) 「十七銀行，筑邦銀行，嘉穂銀行及福岡貯蓄銀行ノ新立合併ニ関シ覚書調印ノ件」1944年12月4日（前掲『地方金融史資料（四）』644～645頁）。
59) 日本銀行考査局「貴地三行合併ニ関スル件」1944年2月22日（同上，639頁）
60) この点はすでに佐藤政則，前掲稿（2000年），201頁，で指摘されている。
61) 前掲「昭和十四年十一月部局長支店長会議関係資料」（『日本銀行資料』）。

第7章　芝浦製作所の技術開発と技術者人事管理

市原　博

はじめに

　戦前期日本の電機企業は，明治期以前には日本人にとって未知であった電気に関する科学知識を不可欠の構成要素とする電気技術を海外から導入し，国際水準の大容量を持つ発電機・電動機などの電機製品を製作できるまでの技術力を昭和初期までに獲得した。本章は，芝浦製作所を対象に，その技術形成の担い手となった技術者たちの能力開発と人材活用の取り組みを分析し，その特徴を検討することを課題としている。

　この課題設定の意味については，三菱電機を対象とした別稿で説明した[1]。そこでは，技術者の職務行動のあり方とそれを規定した彼らの職務能力の特徴が日本企業の成長過程や経営行動に大きな影響を与えたことが予想されるにもかかわらず，文系の学問的訓練を受けた研究者が理系の人材の職務を研究する難しさが壁になって，技術者に関する歴史研究の蓄積が意外に少ないこと，そのため，経営史研究での日本の技術者に関する通念的理解と歴史的現実との間に齟齬が生じていることを主張した。具体的には，高等技術教育で教授された学理的知識の重要性を高く評価するあまり，現場経験を通して技術知識を獲得した「現場型技術者」への目配りが弱くなり，彼らが果たした重要な役割が正当に評価されて来なかったこと，第一次世界大戦後に大企業で形成された「学歴身分制度」のもとで学卒技術者の「現場主義」的な行動様式が製造現場で働

く職工たちとの対立を回避させ，製品開発の成功や効率的な生産の実現を生み出す要因となったという通念が，当時広範に存在した学卒技術者たちの実力への疑問や，彼らの現場職務を忌避する行動様式への批判と適合しないことを指摘した。そして，三菱電機の事例分析を通して，設計と製造の両職能をつなぐ重要な役割を「現場型技術者」が果たしていたこと，製造はもちろん設計でも現場経験を通して技術知識を獲得した人々が大きな役割を果たしていたことを解明し，彼らの力量を生かすための人事管理上の取り組みが，彼らの技師への昇進や技師に比肩する賃金の支給という形でなされていたことを明らかにした。本章は，これらの知見が芝浦製作所でも確認できるかを検証しようとするものである。

とはいえ，入手した史料から得られる情報の違いにより，別稿とまったく同じ分析が出来るわけではない。また，芝浦製作所と三菱電機の経営発展と技術形成をとりまく歴史的条件と外部環境の違いが存在するので，両者の取り組みには差異も存在する。この点で重要なのは，芝浦製作所の前身が「現場型技術者」の代表的な存在であったからくり儀右衛門こと初代田中久重により明治初期に設立された工場であったこと，日本の重電機産業のパイオニアであり，この分野の技術形成をリードする役割を果たしたこと，それゆえ学卒技術者の経営・技術幹部への採用が早期に進展する一方，彼らの技術的能力の限界がもたらす問題点が深刻な形で顕在化し，「現場型技術者」と学卒技術者との協力関係の構築がその技術形成に不可欠の課題として出現したことである。この課題の解決方法に視点を置き，芝浦製作所の歴史的経験から得られるインプリケーションを探究したい。

1　学卒技術者の蓄積と「現場型技術者」の役割

周知のように，芝浦製作所は，初代田中久重が工部省の求めに応じて1875年に新橋に創立した日本初の電信機製造工場を起源とする。設立当初は，初代久重とその弟子で縁戚関係にあった川口市太郎や金子和輔ら数人が業務に従事し，

間もなく工部省の指定工場になった。1878年に, 電信機の自給を意図した工部省が電信寮製機掛を拡張し, 田中工場を買収すると, 初代久重は注文に応じて機械類を製作する工場を再開した。1881年に初代久重が死去した後は, 電信寮製機掛に勤務していた初代久重の弟子で養子の二代目久重が, 当初は製機掛の職務との兼務で同工場の経営を引き継いだ。翌82年に海軍から水雷製造の依頼を受けた二代目久重は, この事業に専心するために製機掛を辞職し, 芝浦に新工場を建設して, 事業を拡張した。この時, 設計担当者として海軍造兵廠から林寛明が移ったことが確認でき, 職工の数も約200名に増加したが, 事業の中心となっていたのは, 林のような海軍からの移籍者を除けば, 依然として初代久重の弟子たちであったと推測される[2]。

しかし, 同所の技術者への学卒者の採用は, 同所が民間を代表する機械工場に成長したことを反映して, 早くから進展した[3]。その契機となったのは, 1886年12月から翌年7月にかけて海軍中将に随行して行われた二代目久重所長のヨーロッパ視察であった。二代目久重は, 水雷製造の実況を視察したほか, 各国の工場を巡覧し, 以後, 水雷から一般機械類への製作品目の拡大を志向するようになり, 同時に,「従来の技術が兎角実地経験偏重の弊があるのに鑑み, この頃から大いに学者を聘用して技術の進展を期した」[4]とされる。実際, 1889年頃には, 初代久重の女婿で工部大学校卒の田中林太郎が技師長に就任していたほか, 工部学校卒でのちに電友社を創立する加藤木重教が設計部門に所属し, 東京職工学校機械部長の山田要吉と, 遞信省工務局長であった志田林太郎という二人の工学博士が技術顧問を務めるようになっていた。1890年には工学士の岩田武夫も設計部門加わっていることが確認できる[5]。1885年に同所に入所した人物は, この当時について「田中林太郎といふ人が工場全体を見て居た当時工学士といへば実に大したものであった」[6]と, 学卒技術者の権威の大きさを回想している。

同所は1887年12月にはすでに683名の職工を有し, 三菱造船所に次いで民間第二位の規模を持つ工場に成長していた[7]。しかし, 同所の経営は間もなく苦境に陥った。上述した二代目久重の製作品目の拡大という意図にもかかわらず,

実際の製作品目の大部分は海軍からの注文品であり,やがて海軍からの注文が競争入札制度に変更され,さらには海軍工廠での生産拡大により注文が激減したためである。1893年には抵当流れの形で同所の経営が三井銀行に移管され,同時に名称が芝浦製作所に改められた。この変更により,同所の事業は一変し,技術者たちの構成も全面的に変革された。同所主任として経営責任者に任命されたのは,三井銀行抵当係であった慶応義塾出身の藤山雷太であったが,彼は電気機械製作への進出を決断し,「電気機器の方面に於ては,須く新進の人材を登用し,最新の科学を応用しなければならぬと云ふ新方針の下に」学卒技術者を幹部技術者に招聘したのである[8]。具体的には,鐘紡技師長で理学士の吉田朋吉を製造課長兼技術長に就任させ,横浜電話交換局長の工学士潮田伝五郎を電気工部長に招聘した。潮田は,工科大学電気工学科在学中に誘導交流発電機を発明し,明治天皇に電気学を御進講するという名誉を受けた秀才の誉れ高い人物で,大学卒業後に逓信技師に任官し,電気試験所を経て就任した横浜電話交換局長の時に日本で最初の電話架空ケーブルと磁石式電鈴を採用した新進の技術者であった[9]。

　三井銀行への経営移管当初は,二代目久重が工務監督を嘱託されたほか,職員・職工の全員が残留した。この時新たに形成された職制では,製造課の中に設計部門と五つの工場が置かれていたが,技師長であった田中林太郎が製造課の技士に任命され,工場の責任者はすべて二代目久重経営時代の幹部職員が就任していた。しかし,新に任命された幹部職員と彼らとの融和が進まなかったため,旧来の幹部職員の多くは半年以内に退職した。そして,1895年から97年にかけて,岸敬二郎（工科大学電気科卒）,岩岡保作（東京大学理学部卒）,納富盤一（工科大学電気科卒）,西崎伝一郎（工科大学機械科卒）といったのちに同社の技術開発の中心となる若手の学卒技術者が採用された。1898年には,設計係が製造課から独立させられるとともに,電気と機械,それに後述する造船事業進出方針から造船という技術分野ごとに専門化され,同時に,製造課廃止後に設置された製造係の係長に工学士斯波権太郎が招聘された。設計係長には潮田が任命され,こうして設計部門を中心に製造部門を含めて学卒の技師が

統制する体制へと移行したのである[10]。

　しかし，こうした学卒技術者中心の体制は，三井への経営移管後に低迷から抜け出せなかった同所の経営建て直しを目指して1899年に実施された太田黒重五郎による改革で抜本的に変更された。同所は1894年に三井工業部に移管され，電機品の製作を開始した。同年中に60kw二相式交流発電機を完成させ，翌95年には25馬力の直流電動機が製作されている。しかし，電機品の注文がほとんどなく，その上製品の信頼性の低さから輸入品よりも大幅な低価格での受注を余儀なくされたため，雑多な製品を不利な条件で製造せざるを得ず，製造工程が混乱を極め，経営は困窮を続けた。1896年に三井銀行神戸支店長から支配人に任命された小野友五郎は，製造品目を整理することにより製造工程における無駄なコストを削減して経営を再建しようとしたが果たせず，翌97年に支配人に招かれた元海軍技師の若山鉉吉は，海軍との個人的な関係を利用して造船事業へ進出することにより経営再建を図ろうとしたが，若山の急死によりその意図は実現しなかった。その後を受けて，同所の経営再建を託されて主事に任命されたのが，東京高等商業学校卒で三井物産三池支配人をしていた太田黒重五郎であった[11]。

　太田黒により断行された改革は，「工場名主の征伐」と呼ばれる配下職工の賃金ピンはねをしていた古参職工の解雇で知られている。しかし，そのもっとも重要な内容は，上記した学卒の幹部技術者の多くを解雇し，その代わりに，製造部門の責任者として新設された工場取締のポストに実地経験だけで技術を身につけた「現場型技術者」小林作太郎を抜擢したことにある。太田黒は，主事就任後すぐに人事の刷新に取り組み，潮田・斯波・岩岡ら工学士を含む幹部技術者十数人を解雇した。のちに太田黒は，この人事について，解雇した人々は「実際の仕事となると私よりもすべてが能く出来ている人ばかり」であり，大学で工学を専門的に学んだり，専門学校を卒業した「相当の人達」であったが，「今の芝浦では，余りに相当の人達が多過ぎると云ふのに相違ない。これは仕事の程度々々で人材を置いてさえいればそれで足りるのだ。ここが改革の焦点だなとさう思った」と回想している[12]。彼らの解雇は人件費の削減も意図

表7-1 小林作太郎の略歴

1869年9月23日	長崎市で彫金職人の子として生まれる。
1880年	陸用蒸気機関の模型を製作
1881年	汽車の模型を製作
1884年	汽船の模型を製作，伊藤博文の目に留まって皇太子に献上される。
1885年	鯨の模型を製作，有栖川宮親王に献上，長崎県知事等の推薦で三菱長崎造船所に入所，設計部に勤務し，コーターの指導を受ける。
1890年	第三回内国勧業博覧会に壜中軍艦を出品，皇太子に献上される。病気のため辞職，姉の嫁ぎ先で静養中に電気書籍を読破，佐賀機械製造会社顧問となる。
1893年	上京し，上野図書館で電気学を独学，学問での立身の難しさを感じて田中製造所に職工として入所
1894年3月	第二工場技手に登用，月給5円，加俸金12円
1897年3月	工場係となる。
7月	電気技士となる。
1899年5月	第二工場主任となる。
1890年	工場取締に抜擢される。

出典：木村安一『小林作太郎伝』(1939年)。

するものであったが，仕事の内容に比べて教育水準の高い人材が多すぎるという太田黒の認識は，彼らの能力と職務との不適合が生み出していた経営上の欠陥への問題意識に基づいていた。

　工学士の斯波に代わって製造部門の責任者に抜擢された小林作太郎は，「技術の偉人」として戦前の国定教科書に取り上げられた人物として有名である。表7-1は彼の略歴を示している。彼は，子供の頃に製作した機械模型が伊藤博文や皇太子への献納品になるなど機械製作の傑出した才能の持主で，三菱長崎造船所の設計部に入所して外国人技師コーターの指導で機械の勉強をしたのち，電気学を独学で学び，実地技術者としての立身を目指して田中製造所に職工として入所していたところを潮田に見出され，技手から技士に引き上げられ，工場長を務めていた人物であった。彼は以後，同所の製造技術のリーダー，製造部門の組織整備の担い手として大きな役割を果たすことになる。太田黒は，一方で，設計部門を電気と機械に分割し，それぞれの主任に若手の工学士である岸と西崎を任命し，その配下にそれぞれ工学士の納富と慶応義塾出身で若山の指導により機械・造船技術を学んだ田澤昌孝を配置し，設計の陣容を強化し

た[13]）。こうした太田黒の人事は，設計と製造との間で学理的知識と実地経験の融合の促進を意図していたと考えられる。

2 技術形成と「現場型技術者」の役割

　太田黒の改革以後，芝浦製作所は電機製造会社として本格的な成長を開始した。1900年下期に経営の黒字転換を実現し，以後安定した収益を挙げたことを背景に，1904年には株式会社として独立した。独立直後の1905年上期の受注高では，総額54万9千円のうち一般機械類のそれが43万5千円と約8割を占めていたが，電機品の受注額が以後急増し，1906年下期には一般機械類のそれを凌駕した。1911年上期には電機品の受注額89万2千円が総受注額111万4千円の8割を占めるにようになり，同年，一般機械部門を石川島造船所に移管して電機専業企業に転換するに至ったのである[14]）。こうした成長を支えたのは，新しい体制のもとで進められた技術形成と，職場への管理の浸透であった。

　太田黒の改革以前の同社では，学卒の幹部技術者・技師の実地経験の不足から，製造部門が職工たちの統制下に置かれ，いわゆる「職工政治」に陥っていた。二代目久重経営時代に同所の職場が管理不在の状況に置かれていたことは，その改革を志して挫折した「現場型技術者」小野正作の経験が良く示している。1888年に小野が，かつての上司で同所の技術顧問を委嘱されていた山田要吉の依頼で同所に監督として入所した。そこで彼が見た職場の状況は以下のようなものであった。

　　従来各工場が思ひゞゞに職工長の気儘に仕事を遣って居て工場相互の連絡が取れず何の工場にも火床を置て火造物を遣って居ると言ふ風で甚だしいのになると鍛治工場内で洋式に一同が立って遣って居る中に座して仕事をして居る者が居るので聞いて見ると旧来の純日本風で無くては仕事が出来ぬと言ひ夫で別段上手と言ふ事もなく工場主とは昔からの馴染であると言ふので立って働くのは厭だとて外の者の邪魔になる場所で遣って居るので工場主に話

して見たら何の人は今更解雇したら困るだろうからと言ふので別室の中で矢張り座して仕事を遣らせる様にしたが以上の如きは一例だが外にも工場主と昔友達だと言ふ職工が所々に幅を利かせて居て勝手な事をするので他の職工も之を見習って我儘に仕事を遣り工場の取締は寛大過ぎて経費も当時外の工場より多く掛かった。

上述のように，同所はすでに海軍から発注される水雷製造への依存からの脱却を目指し，学卒技術者の招聘を始めていたが，二代目久重と深い人間関係を持つ職工の親方層の仕事の進め方を統制することが出来ずにいたのである。二代目久重から小野に与えられたミッションも一般機械類，特に造船の工事を進めるための職場の改革であり，彼は力ずくで職工たちを統制し，反発した職工たちが職場放棄をすると，新規に職工を採用し，さらに旧来の職工たちの圧迫から彼らを守るために工場に泊り込ませて，旧来の職工たちを屈服させようとした。しかし，二代目久重が小野の改革を支援しなかったため，間もなく小野は憤激して辞職し，その試みは挫折した[15]。

　三井銀行に経営移管された後も，こうした職場の管理不在の状態は容易に改善されなかった。太田黒の着任前後の工場の状態について，工手学校卒で1899年に入社した三澤為麿は次のように回想しているのである。

> 当時朝七時に出勤する職工のスタイルは印半纏や木綿の衣物で腹に低く三尺帯を締め足にはツッカケ草履を突掛けて通って職工と伍長，組長との間柄は多くは親分，子分で〇〇（不明）。よく工場内にて喧嘩が出来一度第二工場の監督福原七之助氏が職人に刃物を以て追廻はされ全人総立ちとなり仕事も手に付かなかった。私なども職人がナグル等と威かされた事も時々あったが幸に実現を免れた。なくなられた更田君も製缶工場を見廻はりの際職人が赤大せるリベット抛付けられ襟首に当ったこともある[16]。

監督者や技師が職工に刃物で追い回されたり，リベットを投げつけられたり

するこうした無規律な状態を改善し、製造部門を統制できるようにするために太田黒が断行したのが、配下の職工たちの賃金をピンはねしていた古参職工の解雇であった。これが「名主征伐」として知られるものである。この改革の障害になったのが学卒の幹部技術者たちが抱いた不安であった。無規律な職工たちの作業を統制しようと相談した時の幹部技術者たちの反応を太田黒は次のように述べている。

　　技師長などと話をしてみると、「どうもそこのところに手を着けたいとは思ふけれども、申さば職工の中の名主みたいな者がいる……古参といふので、そこに居て沢山の職工から賃銀の頭を刎ねてゆくといふ悪弊がある。だがそれに手を着けやうとすると、片腕を捥がれる位の覚悟が必要になる、怖いから誰も手が着けられない」と此様話をして聞かせた。

　この時期の同所には技師長という役職はなかったが、ここで言われる技師長が製造部門の責任者であった斯波や、技術者のトップであった潮田であることは間違いない。太田黒によれば、このような不安を彼らが抱いたのは、「監督する技師といふのが講釈ばかりで実地にやれる力がな」い「有閑有材者」で、「職工が「これはいけない」と言ふと、「さふか。」といふことで、職工政治になって」いたからであった[17]。学校教育で学理的知識を獲得してきた学卒技術者たちの能力は実際の職務上の必要を満たすことが出来なかったのである。ここに、上述した学卒幹部技術者たちの解雇と「現場型技術者」小林の製造部門責任者への抜擢がなされた理由があった。

　この時期の幹部職員による職工の統制の不徹底さと学卒技術者の技術的能力の不足は、東京高等工業機械科卒で、1897年に入所し、のちに製造部門の責任者を務めた高橋綱吉も激しく批判している。それによれば、幹部職員の仕事振りは次のように退廃したものであった。

　　夏期になれば三時を期して大部分の工場長尤も涼しい海岸の鋳物工場に

集まり雑談にふけり猥談に時を積し唯々酒色のことのみを志し或は吹き矢を試み又は鋳物を函に入れて其の重さを当てる等の遊戯をなし尤も拙劣の成績の人は其の罰則として菓子，寿司等を買ひ甚だしきは料理屋ををごるなどの事のみに熱中し仕事を世話することに熱心なかりしが如し（中略）連日連夜深残業又は徹夜をなし職工は請負故働くも役員は押入れに這入りて徹底的に終夜休み唯々残業手当の収入を謀るのみ（中略）技師長と組長は直接に公私のこと凡て密接の関係を付け居るのみならす工場長其他の役員は損益に係らず月給百円に付き一日一銭三厘かの「ボーナス」を貰ふ制度にて一心不乱に働く人もなく従て部下に馬鹿にされ又技師長の威を借れ工場長を馬鹿にし居る故仕事の精巧及能率増進などは到底望み得ざりし状態なりし[18]。

工場長をはじめとする幹部職員がこのような職務行動を取ったのであれば，職工の統制が利かないのは当然であろう。その上，学卒技術者たちの技術能力も心許ないものであった。この点について高橋は，次のような経験を紹介している。

明治三十一年井口ポンプを初めて芝浦に注文せられ其れに使用する燐青銅の鋳物の立会として井口先生出張せられ午後二時に来社故落度なく用意する様予て技師長より通達ありしが鋳物工場長何れに行きしや一時過ぎに到るも帰らず一同大いに気を揉みしか一時半頃になりて漸く工場員に指図し熔解にかゝりしも三時になりても熔解せずために技師長自身にて現状にはせ来りまだ熔けぬかと厳しく催促せしに今日は天気が曇り居る故熔解に大変時間が掛ると出放題の弁解をなせしに技師長も感心してそー云ふものかなと其の儘井口博士に報告先生も平気で真実に信じ居る[19]。

燐青銅の融解が進まないのを曇りだからと弁解した鋳物工場長の言葉を技師長が鵜呑みにしたというこのエピソードは，学卒技術者たちの製造技術に関す

る知識の不足を象徴的に示している。

　上述した「名主征伐」，すなわち古参職工の解雇により親方請負が廃され，職工の職務遂行がすぐに技術者の管理下に入ったというわけではない。1910年になっても工賃受負規則が存在しており，そこでは，請負人が競争入札または指名により工賃請負契約を締結し，請負工事に関する一切の責を負い，従業人は請負人から工賃および歩合を受けて作業に従事することとされた[20]。しかし，高橋によれば，規律に欠けた職場の状態は，1904年頃から正されるようになった。「工作を誤間化すもの，工場の物品を持ち出すもの又は私有物を内密に作るもの，駄菓子を売るもの，火気の厳禁を守らぬもの，禁煙を破るもの，賭博を弄ぶもの等苟も風紀を紊すものは在来等閑に付し居りしも明治三七年頃より少しも仮借する所なくどしどし処罰場合によりては直ちに解雇」[21]するようになったと言うのである。その背景には，「小林氏が工場へ出勤すると「ソレ小林さんが見えたぞツ」といふので，隅から隅まで水を打ったやうに緊張したものだ」[22]と回想される小林の威令があった。小林は工場中を敏速に見て廻り，次々に注意を与え，その指示の的確さに職工は逆らえなかったとされる。

　同時に，この頃から同所の工作技術にも大きな進歩が見られるようになった。この点でも高橋が自らの経験を回想している。それによれば，彼の入所当時は工作機械が旧式の日本製のものしかなく，その整備も行き届かず，旋盤のセンターの角度もばらばらで，真円や直角を作ることが出来ず，熟練した仕上工の手で修正して何とか仕上げる状況であった。工作機械の精度ももちろん劣悪で，工具やゲージ類もほとんど揃っておらず，そのため，「一切を無智な職工に任せ居ることとて旋削速度も自然に放任又正確なるものヽ出来る道理なく」，職工による現場合せの加工が部品の仕上に不可欠になっていた。1901年に第一工場の責任者になった高橋は，こうした状況の改革に取り組み，まず，シックネスゲージやマイクロメーターを使用して公差の概念を持ち込み，職工に規定寸法通りの加工を要求して，規定寸法にはずれた製品はすべて打ち壊して職工に意識改革を迫った。1903年頃には，高速度鋼に関する情報を書籍から入手し，1年間自身で研究したのち，それで製作したバイトを職工に貸し付けることと

し，それまで通り自分で研磨したバイトでなければ仕事が出来ないと泣いたり暴れたりした職工たちの抵抗を押しつぶしてそれを実行した。高橋によれば，これらの工作技術の改革には長い時間がかかり，「工場長の交代組長の圧迫，職工教育の実施」などにより漸く改進の域に達したという[23]。

実際，同所に道具工場が設立され，工具の貸与制度が全面的に実施されたのは，高橋が取り組み始めたという1903年から5年たった1908年であり，それは小林が欧米の実例を研究した結果だとされる[24]。小林は，潮田の解雇後に設計部門の責任者になっていた岸敬二郎とともに1904年7月から翌年1月までアメリカの電機事業の視察を行っている。この視察旅行で工場の参観は歓迎されず，見せてくれた場合でも要所を外そうとされたので，岸が案内者に必要のないことまで話しかけて注意をそらしている間に小林が機械設備などをすばやく観察して，技術の急所を捉えることが出来たと岸は後年よく語ったという[25]。工具の貸与制度がこの視察の成果であるとすれば，ここにも「現場型技術者」小林の大きな役割を見て取ることができる。

工場長など幹部職員は，1900年8月に職工と同様に出勤退出することになり，そのために給与されるべき社宅の代わりに月手当を支給されるようになった。さらに1912年には，職員の出退勤管理にタイムレコーダーが使用されるようになった[26]。職員の勤務に対する管理も厳格化されたのである。

製品開発の面でも，この頃から記録的な製品が製造されるようになった。岸により1902年に開発され，セントルイス万博で金牌を受賞した磁田鉄心発電機（岸式直流発電機）はその代表的なものであった。この発電機は，外環のヨーク内に，錬鉄または鋼鉄の丸針金を束ねて作られた界磁鉄心を深く鋳込んで作られたもので，界磁鉄心が針金で出来ているので，針金の隙間の空気による絶縁作用により，界磁鉄心内の渦電流の発生を防止することが出来，また，界磁鉄心とアーマチュア鉄心との間に生ずる磁束線の界磁鉄心内の透過を妨げることにより，電機子反作用を抑えることが出来るという利点があった[27]。これは鉄心用鉄板の材料となる珪素鋼板の開発が進んでいなかった当時の材料上の不備を補う発明であったが，一時期は同社の直流機のほとんどに採用されたとい

う。

　一方，この発電機製作には，界磁鉄心用の針金を直線で一定の長さに切断する機械が必要であり，それは小林により開発された。また，それに先立ち1901年には，初めて受注した界磁回転型発電機の製造に不可欠であったコイル捲機械も小林により作られた。この発電機は200kw界磁回転型三相交流発電機で，銅帯を軸心線と直角に螺旋形に捲き付け，長方形の円筒形の界磁を作り，しかも，その長円形のいずれの断面も同じ面積になる必要があった。手作業では均一の断面積を実現することが出来ず，この作業を可能にするコイル捲機械の情報を外国が秘密にしていたので，小林が独自にこの機械を開発することになり，大変な苦労の末に完成させた。それは，工場見学に来たドイツ人技師が関心を示し，再度詳しく観察させて欲しいと希望したほどのものであり，同社のその後の変圧器・発電機製造の基礎を作ったと評価されているほか，のちには技術提携先のGEにおいても採用されたと言われている[28]。小林は，そのほかにも，青写真や絶縁関係の機械などを開発し，1907年には32点の工作機械の考案に対して表彰を受け，7000円の賞金を支給されている。

　一方，岸も特許10件，実用新案12件を取得し，同所の技術のみならず，日本の電機技術全体の向上に大きな貢献をした。その中には，この時期に進展した長距離高圧送電を可能にした高圧碍子の開発も含まれていた[29]。同所の技術形成をリードした岸と小林の関係に，同社の技術形成における学理と実地経験の融合の重要性を見ることができる。両者の関係は，「工場部は実験を積み手腕を練り上げたるものに富み，設計者は学校出身者多し」[30]とされた同所の技術開発のあり方を象徴するものであった。

　こうした同所の技術形成と職場管理強化の取り組みの成果は，電機製品の生産規模の拡大として現れた。図7-1に示されるように，同所の発電機・電動機の生産台数は1902年と03年の間を画期に急増している。発電機の単位容量も，セントルイス万博で金牌を受賞した岸式直流発電機が12kwに過ぎなかったのに対して，1905年には100kw，1910年には300kwの直流発電機が製造され，交流発電機でも，1901年に製作された最初の大形回転界磁型交流発電機は150kw

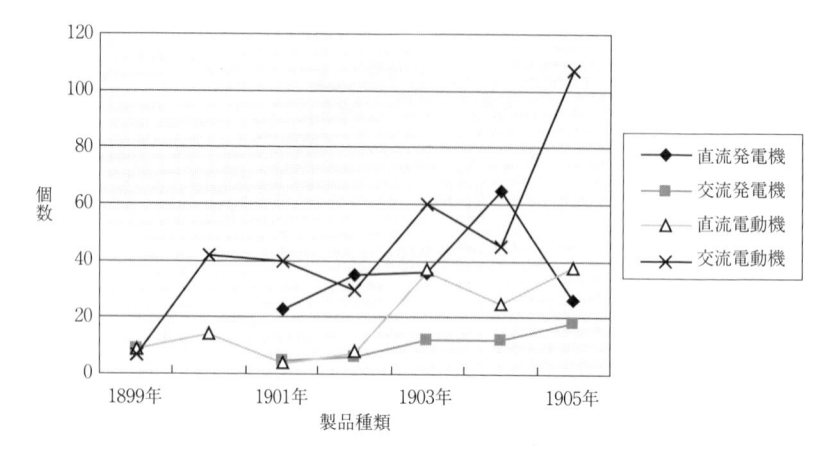

図7-1　芝浦製作所の電機品製作個数

凡例：直流発電機、交流発電機、直流電動機、交流電動機

縦軸：個数
横軸：製品種類（1899年～1905年）

出典：日本工学会『明治工業史』同会，1930年，405～406頁より作成。

であったが，1904年には倍の300kw発電機が製造されるなど，増大を続けた。こうした電機事業の拡大の背景には，各地の水力発電所の企画を支援してその建設を実現させ，電機品の受注につなげた取り組みがあり，それを主導したのも岸であった。こうした生産拡大に対応して，1905年には第一期拡張工事が開始され，1907年には主要工場が完成した[31]。

　しかし，同所の電機企業としてのこうした発展は，なお大きな限界を持つものであった。1907年に建設された駒橋発電所が長距離高電圧送電に成功したことを契機に，日本の電力産業は中・長距離高圧送電の時代に入り，各地に大規模な水力発電所が建設されるようになった。これらの発電所で使用された大容量・高電圧の電気機器はすべて外国製品で，日本の電機産業をリードしていた同所も製品を納入することができなかった。小容量の電気機器ならともかく，大容量・高電圧の機器の開発は容易ではなかったのである。その原因の一つは，当時の製品開発が外国製品の見取りにより進められていたことにあったと考えられる。1937年に小林の胸像と記念室が鶴見工場内に作られた際，その除幕式で来賓として挨拶した太田黒は，「当時は製品も兎角不完全でどうも設計製作

とも安心出来る機械はなか〳〵出来ない」。「そこで考へついたのは得意先の諸会社で購入した外国製電気機械を組立てる時部分的に見せて貰って設計の参考にしやうといふことであった」。「暮から春にかけての休業の時期などを利用して設計係の人を各地に出張させて諸所の会社で見せて貰った」と往時を回顧した後，その「泥棒の親分」が岸のもとで設計を統括していた工学士の納富盤一だと述べて出席者の笑いを取った[32]。こうした開発方法では，大容量・高電圧機器のような新たな技術を要する製品の開発に際しては，解決すべきブラックボックスの問題がたくさん残ってしまい，その完成まで試行錯誤の連続とならざるを得ない。その上，当時は，大容量・高電圧化に必要となる珪素鋼板の製造や絶縁技術といった基盤技術が未だ発達していなかったので，大規模発電所用の電気機器の開発は困難であった。1909年に同所がGEと技術提携し，その技術導入に乗り出したのは，こうした限界の打破を意図したものだと考えられる。

　この技術提携契約は，同所の株式の24％をGEに提供するとともに，GEのライセンス・研究情報の供与，GEでの日本人技術者の訓練とGE技術者の派遣，工場レイアウトの青写真の供与と建設の監督，経営スタッフの教育に対して同所がGEに売上の1％をロイヤリティとして支払うことを定めていた[33]。この契約に基づき，翌10年に岸・小林を初めとする9名の技術者がGEに派遣された。そこでの彼らの経験は，「GE関係の工場に於ては，大々的歓迎を受けて，研究室その他秘密に亘る処も充分に開放され，益する処非常に多かった」[34]と岸に回想されている。その後も，GEに同社の駐在員が置かれ，多くの職員が見学に派遣された。

　こうしたGEからの技術導入の成果は，1913年に6,250kVAの交流発電機という記録的製品を製作して大規模水力発電所に初の国産品として納入したことや，1913年に1,000kwの直流電動機を，1916年には2,000kwの直流発電機を開発したことに示されている[35]。こうした技術形成の進行の中で，1911年に小林が岸とともに常務に昇格し，後任の製造部長に東京高等工業学校卒の更田信四郎が就任した。以後，製造部長には高等工業学校機械科の卒業生が就任する

ようになり，製造部門も高等技術教育を受けた技師の統制下に入るようになった。しかし，技術者の実地経験を重視する姿勢はその後も失われなかった。

3 技術人材の育成

　技術者の育成に際して実地経験の重要性が認識されていたことを示すのが，大学・専門学校・実業学校卒業者を教習工として採用し，職工籍に置いて6カ月から2年間現場作業の経験を積ませ，人格と技術の両全を期した教習工教育の取り組みであった。この取り組みは，他社に先駆けて明治30年代から始められ，例えば，熊本高等工業機械科を卒業して1904年に入社し，のちに取締役にまで昇進した太田黒静生は，「学校を出ましてから芝の芝浦製作所へ，日給四十銭の仕上職工としてはいりました」[36]と後年回想している。当初，この取り組みは規定なしに行われていたが，1933年に教育部が新設されたのに伴い，規定が制定された。そこでは，大学・専門学校卒業生を甲組，中等実業学校卒業者を乙組とし，それぞれ1年間教習を施したのち，甲組は職員に登用し，乙組は各人の技能に応じて職員と工人に分けられた[37]。

　ただ，上記学校の卒業者全員が実際に教習工を経験したかどうかにはやや疑問が残る。主要職員の辞令記録を同所が各人別にまとめた資料が存在し，その中に，職員として入社する以前に日給職を経験したことが記録されている人々が含まれている。『日本工業要鑑』や『日本技術家総覧』と突き合わせて彼らの学歴を調べ，作成したのが表7-2である。学歴の判明した限りでは，職員採用前に日給職を経験した者は高等工業学校卒業者，とりわけその機械科卒業者に集中していて，大卒者にはほとんど確認できない。ここでの日給職がそのまま教習工を意味しているのではないが，高等工業学校卒業者，とりわけ機械科の卒業者は大卒者に比べて，卒業後月給職員に採用されるまでに1年以上の年月を経過した者が多い。後述のように製造部門の技師は高等工業学校機械科卒業者に多く，製造技術者の育成に実地経験が重視されていたこともここから推測できる。しかし，1922年には，大学出身の教習工に大学卒職員と同等の実

表7-2 月給使用人採用前に日給職を経験した者の数

	大学電気卒	大学機械卒	高工電気卒	高工機械卒
0年			2	2
1年	1		1	3
2年				2
3年				2

出典:芝浦製作所人事記録より。1912年までに採用された者を対象に作成した。
注:卒業年,専攻の不明な者は除く。
　　日給職と明示されていなくても,入社時と月給使用人採用時点がずれていれば日給職経験者とみなした。

収入を与えるため,一日に付き2円30銭を支給するという伺出が承認されており[38],大卒者も教習工としての育成の対象から排除されていなかったことは確かである。

　一方,職工に基礎的な学理を授ける教育も開始された。1905年に東京府立職工学校に適材教育部が開設され,各社から選抜された職工を入学させて,機械・材料・製図・工具・製作法・算術などを学ばせる教育が開始されたことは良く知られている。適材教育と呼ばれるこの教育プログラムの企画の中心となったのは東京高等工業学校長の手島精一と東京府立職工学校長の今景彦であったが,その立案に際して小林作太郎に相談が持ちかけられ,彼の意見が企画に反映されたという[39]。それゆえ,芝浦製作所はこのプログラムの中心として毎年約20名,後には約30名の職工を同校へ送り出した。1918年までに適材教育を修了した職工422名中,同所の職工が235名と過半数を占めており,適材教育はまさに同所により支えられていたのである。1931年に鶴見工場に全面的に移転した後学校までの通学が不便になったため,1936年からは所内に独自の適材教育部を設立し,従来と同様の教育を施すようになったが,それを含めると1939年までに同所の修了生の合計は700名に上った[40]。こうして,学卒技術者と職工との間の溝を埋める人材の育成が「学理の分かる」職工の育成としても取り組まれたのである。

表7-3 身元保証金額

	月給高	保証金額
理事	無制限	3,000円
書記及技士		
一等	200円以上	2,500円
二等	100円以上	1,500円
三等	50円以上	1,000円
四等	30円以上	500円
五等	15円以上	300円
六等	5円以上	150円
雇		
一級	1円以上	200円
二級	50銭以上	150円
三級	25銭以上	100円
四等	10銭以上	50円

出典:芝浦製作所六十五年史資料『規則類・職員関係』243頁。
注:「身元保証金規則」1895年3月14日制定実施。

表7-4 職員の採用・

	雇入	工人から登用	日給者より昇級
1920年6月～20年11月			
1920年12月～21年5月	7		
1921年6月～21年11月	26		
1921年12月～22年5月	31		6
1922年6月～22年11月	3		
1922年12月～23年5月	29		4
1923年6月～23年11月	0		
1923年12月～24年5月	49		29
1924年6月～24年11月	5		
1924年12月～25年5月	37	2	21
1925年6月～25年11月	5	9	18
1925年12月～26年5月	32	4	23
1926年6月～26年11月		2	14
1926年12月～27年5月			
1927年6月～27年11月	2		
1927年12月～28年5月	4		
1928年6月～28年11月	1		
1928年12月～29年5月	2	3	32
1929年6月～29年11月	2	1	
1929年12月～30年5月	17	17	
1930年6月～30年11月			
1930年12月～31年5月	2		
1931年6月～31年11月	1		
1931年11月～32年5月	2		
1932年6月～32年11月	1		
1932年12月～33年4月	2		41
1933年5月～33年10月		2	
1933年11月～34年4月	4		34
1934年5月～34年10月		1	
合計	264	41	222

出典:芝浦製作所『業務用営業報告書』各期より作成。
注:1924年6月から26年11月に20名が死亡しているが、月給使用同じ。

4 人事制度と技術者のキャリア

　技術者育成において現場経験が重視されたことは，職員のキャリアでも確認できる。創立直後は職員と工員との区別が未だ明確になっておらず，人事制度上で両者が分離されたのがいつかは明らかでない。しかし，1893年に三井の経営に移管されたのちは，三井の管轄本部に在籍する使用人と，管轄本部に籍の

解雇状況　月給使用人

嘱託より任用	練習員・臨時職員より登用	教習工より登用	待命	解雇	死亡	期末在籍者数
						437
				4	1	439
			22	27	1	415
				6	1	445
				7	2	439
				3	2	467
				17	1	449
				152		374
				12		367
				8		419
				2		449
				11		497
				2		511
				4		507
						509
				7		506
				29		478
				6	2	507
				2		508
				2		540
				49	2	489
			64	60		367
				2		366
				6		362
				4		362
3				1	1	408
1	1			8	2	402
1		2		3	1	452
		2	14	3		452
5	9	14	64	437	16	

人，日給職員別の人数がわからないので，表示せず，解雇者に含めている。表7-5も

ない芝浦限職員，それに職工からなる人事制度が形成されていた。使用人は月給職員であり，芝浦限職員の多くは日給職員であったが，一部に月給職員がいた。1895年の身元保証金規則によれば，表7-3のように，月給職員は書記と技士に分けられ，給与額の多寡を基準に一等から六等に位置づけられ，日給職員は雇とされ，やはり日給額により一等から四等に区分されていた。このように，月給額の多寡により等級に位置づけられた月給職員と，日給の職工との間に，やはり日給額の多寡により等級づけられた日給職員=雇が置かれるという「身分」的な人事制度が同所でも採用されたのである。1897年には書記・技士と雇の呼称が廃止されて，それぞれを月給使用人，日給使用人と呼ぶようになり，1904年の株式会社としての独立以後は，日給使用人の新採用を止めて自然廃止方針を取り，彼らを雇員と準雇員の二種に改めたとされるが[41]，実際には後掲表7-5に示されるように，日給使用人の採用は続けられた。

表7-5 職員の採用解雇状況　日給職員

	雇入	臨時雇員より昇級	工人より登用	練習員・臨時職員より登用	工人に変更	月給者に昇級	待命	解雇	死亡
1920年6月〜20年11月									
1920年12月〜21年5月	58				12			37	4
1921年6月〜21年11月	77				10		1	63	3
1921年12月〜22年5月	236	11			10	6		44	3
1922年6月〜22年11月	99				3			58	5
1922年12月〜23年5月	129		11		11	4		60	9
1923年6月〜23年11月	13							414	4
1923年12月〜24年5月	147					29		58	
1924年6月〜24年11月	119							44	
1924年12月〜25年5月	99		37		8	21		34	
1925年6月〜25年11月	63		13			18		32	
1925年12月〜26年5月	121		13			23		48	
1926年6月〜26年11月	34		6			14		44	
1926年12月〜27年5月	10		14					41	6
1927年6月〜27年11月	2							23	1
1927年12月〜28年5月	11							35	6
1928年6月〜28年11月	67		1					66	
1928年12月〜29年5月	88		8		6	32		39	5
1929年6月〜29年11月	90		79					46	1
1929年12月〜30年5月	31		2		2			24	6
1930年6月〜30年11月	7		3					111	
1930年12月〜31年5月			3					285	1
1931年6月〜31年11月			3					17	
1931年11月〜32年5月	4		1					12	2
1932年6月〜32年11月	6		2					9	
1932年12月〜33年4月			1	1		41		8	1
1933年5月〜33年10月			4	2				10	
1933年11月〜34年4月	1			1		34		9	2
1934年5月〜34年10月	1		23	36				9	
合　計	1,513		224	40	62	222		1,682	58

出典：芝浦製作所『業務用営業報告書』各期より作成。
注：表7-4の注参照。

　この人事制度と教育資格が結合していたことを示す規定類は確認できていない。しかし，こうした「身分」的な人事制度は，教育資格との結合を前提に設計されるのが通例であったので，同所でも教育資格との結合関係が存在したと想定するのが妥当であろう。同所の人事制度の運用で注目されるのは，職工や日給使用人（雇員・準雇員）から上位身分への登用者がかなり存在していたことである。事務管理系の職員を含んだ数ではあるが，表7-4に示されるように，記録の残っている1921年12月から1934年10月までの間に月給使用人として直接採用された者は264名であった。これに対して，雇員・日給職員から月給

表7-6　職員教育程度別構成

大学	9.9
専門学校	11.1
中等学校	70.1
小学校	8.9

出典：木村安一『芝浦製作所六十五年史』。
注：1939年5月調（1940年），159頁。

健保組合へ転籍	期末在籍者数
	617
	622
	622
	806
	839
	895
	490
	554
	629
	702
	728
	791
	773
3	747
	725
	695
	697
	711
	833
	834
	732
	449
	435
	426
	425
	377
	373
	330
	381

使用人に登用された者は222名にも達している。関東大震災の復興需要が減少し，経営が苦境に陥った1920年代後半から昭和恐慌期にかけて，その登用が中断した時期があるが，恐慌からの回復期には登用が再開されている。職工から月給職員に登用された者も41名おり，日給使用人からの登用者と合わせると，登用職員が新たに月給使用人に採用された者の半数を占めたのである。同表にあるように，月給使用人の離職率は，関東大震災の打撃や昭和恐慌に苦しんだ時期を除けばかなり低く，1920年代から彼らはすでに定着的な存在になっていた。一方，表7-5にあるように，日給使用人の場合でも，職工からの登用者が224名にのぼり，それは，月給使用人に登用された日給使用人の数にほぼ匹敵した。その上，その登用は，ほぼ全期間にわたって実施されている。日給使用人の離職率は，月給使用人はもちろん，普通職工のそれよりも高かった。そのため，採用者数も多く，日給職員への直接採用者に対する職工からの登用職員の割合は15％程度にとどまったが，職工からの登用が日給使用人の重要な供給源であったことに変わりはない。

　こうした登用職員の多さは，東京電気との合併直前である1939年5月の職員の身分別・教育資格別構成を示した表7-6でも確認できる。職員中に占める月給者の割合は37％だったので，大学・専門学校卒業者を全員月給職員とみなしても，月給職員の4割以上は中等以下の教育資格保有者ということになり，実際には19％を占めた練習員・教習生に大学・専門学校卒の者が含まれている

表7-7 設計・製造経験者の職能経験

	設　計	製　造
設計	41	7
検査	5	3
設計・検査		
予算	3	1
研究	13	3
工具設計	4	2
製造	7	53
発電場・動力	1	3
材料	1	3
荷造発送		1
設備計画	2	
計画	3	4
原価	2	4
工賃	1	3
生産		6
営業	5	1
監査	1	1
教習係	1	3
図書	1	
倉庫		2
人事・労務		2
調査		1

出典：芝浦製作所人事記録より作成。
注：複数の職能を担当する部署のスタッフは，その中の一つの職能を重視したことがわかる場合には除いてある。例えば，「設計，技術部（設計・検査）」の場合，設計のみにカウントしてある。
　　特許は研究に含めた。その係が研究の部署に属していたため。
　　企業計画は計画に含めた。
　　試験は研究に含めた。
　　建設係，臨時増設係は除いた。
　　月給使用人勤続5年以上の者を対象とする。

ので，その割合はさらに高くなる。その上，職員の1割近くは小学校卒業者が登用されていたのである。こうした職員登用には，人材形成における実地経験の重要性が反映されていたと考えるのが妥当であろう。

　表7-2の作成に利用した主要職員の人事資料から，技術者たちの職能経験を整理したのが表7-7と表7-8である。表7-7によれば，設計経験者は，ほかに研究・検査部門を経験することが多く，製造経験者は，生産・計画・原価・工賃係という管理部門を経験するケースが目立った。設計経験者41名，製

表7-8 教育資格別職能経験

	大学電気卒	大学機械卒	高工電気卒	高工機械卒
設計	10	2	7	7
検査	9	1	1	2
設計・検査	4	1		1
予算		2		1
研究	10	1	5	6
工具設計				2
製造	1	1	1	23
発電場・動力	1			2
材料				1
荷造発送				
設備計画				1
原価		1		3
工賃				1
生産		1		1
計画	4			1
営業	4		1	1
監査				
教習係		1		1
図書			1	
倉庫				1
労務				
調査				1
人員数	22	4	9	32

出典:芝浦製作所人事記録,工業之日本社『日本工業要鑑』1916/17年,1921年,日刊工業新聞社『日本技術家総覧』1934年より作成。
注:表7-7と同じ。

造経験者53中,両職能を経験したのは7名に過ぎず,例外的であった。このように,設計と製造の間で従事者の経験職能が分岐していたことが確認できる。表7-8は,判明した限りでの技術者の学歴と彼らの職能経験との関連を示している。大学卒業者と高等工業電気科卒業者は設計・検査・研究部門に集中し,高等工業機械科卒業者は製造部門に集中していたことがわかる。学卒技術者たちは,教育経験により採用時点で職能キャリアコースが分岐していたと考えることができる。中等以下の教育資格保有者の職能経験に関する情報はなかなか手に入らないが,表7-9は,電機学校の同窓会誌に掲載された芝浦製作所の同窓会支部員の所属部署を示している。製造部門に所属した者が最も多く,検

表7-9　電機学校芝浦ECR会所属員の配置職場

設　計		製　造						総計
製図係	10	回転機組立	18	試験	9	技術調査・研究	7	
配電盤・器具	5	制御装置組立	11	検査	23	販売関係	4	
制御装置	3	変圧器	9	動力	2	商品係	2	
直流機	2	家庭用具	12	材料関係	5	図書係	5	
交流機	1	配電器具	4	原価係	3	建設係	1	
設計部	1	小物	1	工賃係	1			
		鍛冶・鉄板関係	4	荷造発送係	2			
		設備工作	3	生産関係	3			
		製造主幹付	1					
		製造部	5					
合　計	22		68		48		19	157

出典：電機学校同窓会『電気工人会会誌』1926～28年により作成。
注：鶴見工場第三工作場は回転機組立と推定した。
　　材料関係は，生産材料係4，材料集配係1
　　生産関係は，生産係1，本社生産本部発番係2
　　技術調査・研究は，研究係，技術部，技術調査係，技術本部を纏めた。

査・試験関係の仕事を担当した者がこれに次ぎ，一部に設計部門や研究部門に所属した者がいた。実際に設計図を描いたり，研究データを取得・整理したのは彼らだったのであろう。

　表7-2で使用した主要職員の人事記録と各種技術者名簿を突き合せて，部長・技師長・工場長という上位管理職に就任した者の教育資格を調べると，検出された36名中大学卒業者が15名，高等工業学校卒業者が16名に上り，高等教育修了者が大部分を占めていたことが確認できる。それ以外には，工手学校卒業者が3名，教育資格を判明できない者が2名いた。工手学校卒の3名の内，1名は卒業後に電燈会社に勤務したのち草創期の1896年に入所し，1922年に取締役販売部長に就任した人物であるが，他の2名は太田黒改革後の時期に卒業とほぼ同時に入所し，1920年代から30年代に製造部門の責任者に就任している。上位管理職への就任には高等教育卒の教育資格が大きな意味を持ったが，それでも，中等教育以下の教育資格しか持たない者が1930年代に至っても製造部門の責任者に登用され得た事実は興味深いものである。

　これら3名の初任給と最高給を，大学・高等工業学校卒で後に同社の幹部職員になった人々いく人かのそれと比較したのが表7-10である。同じ教育資格

表7-10 上位管理職就任者の給与

		卒業年	入社年	初任給	最高給	最高額時の職位	経過年数
大竹武吉	工手学校		1896	25	357	販売部長	26
小堀重雄	工手学校	1900	1901	22	302	設計部長代理	25
島村一郎	工手学校	1907	1912	30	300	鶴見工場長	26
岸敬二郎	東京大学	1895	1895	40	250	電気部主任	12
納富盤一	東京大学	1897	1897	55	375	工務部長	22
小金井晴正	東京大学	1905	1905	37	400	製造主幹	21
風間憲一郎	東京大学	1913	1913	60	350	技師長兼設計課長	24
高橋綱吉	東京高等工業	1897	1897	18	327	工務部副部長	23
久保正吉	東京高等工業	1903	1905	32	325	製造主幹代理	21
太田黒静雄	熊本高等工業	1904	1906	38	345	製造部長	20

出典：表7-8と同じ。
注：給与の単位は円。

でも初任給にかなり大きな格差が見られ，大卒と高等工業卒とを比較すると全体として2倍近い開きがあった。しかし，最高給はほとんどが300円台であり，それほどの差はない[42]。彼らは20年以上の勤続を積み重ねて，300円台の最高給の水準へと昇給していったのである。工手学校卒の上級管理職就任者の最高給を見ると，取締役になった大竹武吉のそれは高等教育修了者と差がなかったが，他の二人のそれは若干少なかった。それでも，彼らは25年もの年月をかけて初任給の10倍以上の水準へと昇給を重ねていったのである。上位の職位に就任すれば，下位の教育資格しか保有していない者でも高等教育卒にそれほど引けをとらない給与が支給されたと考えられる。

おわりに

芝浦製作所は，GEからの技術導入にも支えられて第一次世界大戦期に飛躍を遂げた。1914年上期には165万円であったその受注高は，1918年下期には1,260万円へと急増し，資本金も，1913年2月に200万円から500万円に増資され，さらに，1920年6月には2,000万円への増資が決議された。1920年代に入っても安定した収益をあげ続けたが，関東大震災でその設備が破壊された上，長年書き溜められてきた100万枚に及ぼうとする図面類や技術関係書類が消失

するという大打撃を受けた。鶴見工場の建設などを通じて復興を果たしたものの，1920年代後半から30年代初頭には不況とそれに伴う競争激化の影響で経営が悪化し，無配に転落した。しかし，そうした中でも同所は新製品開発を進め，昭和恐慌から脱出して経営が回復へと向った1931年以降になると，国際的な水準に到達した発電機その他の電気機器を開発するようになった[43]。

学卒技術者の職能経験が学校での教育により分岐していたことに示されるように，学校教育で獲得された学卒技術者たちの学理的知識がこの間の技術形成に重要な役割を果たしたことは言うまでもないが，一方で，小林作太郎に代表される「現場型技術者」の実地体験に基づく知識も不可欠のものであった。実際の製品開発には，開発・設計と製造にそれぞれ重点を置く両者の知識の融合が必要だったのである。1921年に病気を理由に小林作太郎が辞職し，技術に関する一切の業務を統括する職位として新設された技術長に工学士の納富盤一が就任したという事実からは学卒技術者の役割が拡大していったことが想定されるが，それ以後も，実地経験で技術を身につけた人々の上位身分への登用は継続的に実施された。同社の人事制度は，学教資格を基準とした身分制度を大枠として保持しながらも，実地経験による知識の重要性を反映して，上位身分への登用をインセンティブとして与えることにより実地経験を通して技術を獲得した人々を活用する仕組みを組み込んでいたと考えられるのである。

注
1) 市原博「戦前期三菱電機の技術開発と技術者」(『経営史学』41巻4号，2007年)。
2) 木村安一『芝浦製作所六十五年史』東京芝浦電気，1940年。
3) 沢井実「重化学工業化と技術者」(宮本又郎・阿部武司編『経営革新と工業化』岩波書店，1995年)，207頁。
4) 木村前掲書，18頁。
5) 同上，18〜19頁，今津健治『からくり儀右衛門　東芝創立者田中久重とその時代』ダイヤモンド社，1992年，200頁。
6) 大木春太郎「田中から芝浦」(芝浦製作所六十五年史資料『営業案内及逸話』三井文庫所蔵)。
7) 東京芝浦電気『東京芝浦電気株式会社八十五年史』東芝，1963年，47頁。

8) 大竹武吉『工学博士岸敬二郎伝』岸敬二郎君伝記編纂会，1931年，11頁。
9) 「工学士潮田伝五郎君行状」(芝浦製作所六十五年史資料『名簿及主要職員経歴』所収)。
10) 木村前掲書，23頁，32頁，137〜138頁。
11) 同上，24〜38頁。
12) 河野磐城『太田黒重五郎翁口述　思出を語る』太田黒重五郎翁逸話刊行会，1936年，199頁。
13) 木村前掲書，38頁，前掲大竹『工学博士岸敬二郎伝』12頁，田澤昌孝「田澤昌孝氏談」(前掲芝浦製作所六十五年史資料『営業案内及逸話』所収)。
14) 前掲『東京芝浦電気株式会社八十五年史』940頁。
15) 引用とも，鈴木淳編『ある技術家の回想』日本経済評論社，2005年，158〜160頁。
16) 納富盤一宛の三澤為麿の書状 (前掲芝浦製作所六十五年史資料『営業案内及逸話』所収) 1〜2頁。
17) 先の引用とも，前掲『太田黒重五郎翁口述　思出を語る』205〜206頁。
18)19) 高橋綱吉「思出のままに」(納富盤一氏関係書類『旧職員の手記類』所収，三井文庫所蔵)，1〜4頁。
20) 前掲芝浦製作所六十五年史資料『規則編工場』195頁〜196頁。
21) 前掲「思出のままに」12頁。
22) 木村安一『小林作太郎伝』東京芝浦電気，1939年，73頁。
23) 前掲「思出のままに」11〜12頁。
24) 木村前掲書，49頁。
25) 前掲『工学博士岸敬二郎伝』36頁。
26) 前掲芝浦製作所六十五年史資料『明治時代沿革』325頁，366頁。
27) 特許第5087号明細書「発電機及び電動機の磁田鉄心」1901年12月26日特許，発明者岸敬二郎　本資料の閲覧は，岸敬二郎のお孫さんの岸敬二氏のご厚意による。
28) 前掲『小林作太郎伝』54〜56頁，久保正吉「思い出」(日本電機工業会『日本電気工業史』同会，1956年)，667頁。
29) 前掲『小林作太郎伝』69頁，前掲『工学博士岸敬二郎伝』28頁，50〜55頁。
30) 『実業之日本』1908年2月 (前掲芝浦製作所六十五年史資料『営業案内及逸話』より引用)。
31) 木村前掲書，48〜49頁，347〜348頁，367頁。
32) 太田黒重五郎「昭和十二年二月九日芝浦クラブハウス，岸敬二郎氏胸像，小林記念室落成除幕式来賓挨拶」(前掲芝浦製作所六十五年史資料『営業案内及逸話』所収)。

33) Hoshimi Uchida "Western Big Business and the Adoption of New Technology in Japan: The Electrical Equipment and Chemical Industries 1890-1920", edited by Akio Okochi, Hoshimi Uchida, *Development and diffusion of technology: electrical and chemical industries*, University of Tokyo Press, p. 154.
34) 前掲『工学博士岸敬二郎伝』38頁。
35) 木村前掲書, 67頁, 367頁。
36) 工政会『工政』171号, 1934年7月10日, 16頁。
37) 前掲『芝浦製作所六十五年史』175〜176頁。
38) 「大学出身及中等程度以下学校出身教習工に対する手当の件」1922年4月29日伺承認済（前掲芝浦製作所六十五年史資料『規則類・職員関係』227頁）。
39) 前掲『小林作太郎伝』88〜89頁。
40) 隅谷三喜男編『日本職業訓練発展史・下』日本労働協会, 1971年, 26頁, 木村前掲書, 174頁。
41) 木村前掲書, 161頁。
42) 岸敬二郎の最高給は250円と少なくなっているが、これは彼が早く常務取締役に就任し、以後の俸給額が不明なためである。取締役に就任した者の報酬額が不明なので、この点についてはさらなる検討が必要である。
43) 木村前掲書, 63〜86頁。

※本稿は平成19〜21年度科学研究費補助金基盤研究C（代表市原博）および平成20〜21年度基盤研究B（代表小野塚知二）による研究成果の一部である。

第8章　官営八幡製鉄所創立期における労務管理の一側面
―― 製鉄所附属病院を対象として――

時　里　奉　明

はじめに

　本章の目的は，官営八幡製鉄所創立期の附属病院を分析して，当時の労務管理における機能と特徴を明らかにすることにある[1]。

　かつて筆者は，製鉄所が創立後数年足らずで従業員の福利施設を整備したことを指摘した。製鉄所は日露戦争後までに住宅や病院をはじめ，共済会，購買会，貯金会を設立している。このような規模の大きさと多様な福利施設の展開は，他の企業ではほとんどみられない。そうしたなかで，病院は住宅と並んで，最も早くから設置されたのである[2]。

　ところで，明治期の炭鉱や繊維工場では労働災害が頻発し，労働者の傷病も多かったことが報告されている。とりわけ，繊維工場では結核に罹患した女工が問題になっていた[3]。政府は明治10年代から労働者保護に取り組み，ようやく1911年になって日本最初の労働者保護立法である工場法を制定した。工場法は，児童雇用を禁止，年少者および女子の労働時間を規制し徹夜業を禁止するとともに，工場主の労働災害補償を明確にしたのである。

　この間，企業はどのように対応したのだろうか。現場の安全衛生対策はさておき，事後の備えとして病院を設立し，救済制度を定めることであろう。ここでは，企業に病院が設置されていたか否かを明らかにするため，1903年に農商務省商工局が編纂，刊行した『各工場ニ於ケル職工救済其他慈恵的施設ニ関ス

ル調査概要』を検討したい。この調査は、工場法制定を前提とした資料収集のため実施された。1901年12月、全国236工場に調査票を配布して回答を求め、123工場から回収している（回収率52％）。回答した123工場のうち、「病室ノ施設アルモノ」は66工場で、その割合は54％であった。また、「多少治療及看護ノ注意ヲ為セ」る工場は34で、両者を合わせると100を数え、全体の81％にのぼる[4]。回答していない工場が半数近くあるので、直ちに判断することは難しいが、工場法制定以前に少なくとも治療や看護を行う企業が多数存在したのである。

　このように、各企業で病室を設け、治療するなど対策を取っていたにもかかわらず、今までほとんど考察することがなかったように思われる。その理由の大半は、史料の制約にあるだろう。しかし、このことを考慮したとしても、福利施設の中心的な存在とされる共済組合と比較すると、ほとんど研究がなされていないのはどうしてだろうか[5]。そうした事態を理解するためにも、先行研究の成果と課題をあげておこう。

　間宏は、戦前日本の労務管理を社会学の立場から「経営家族主義によってつらぬかれた労務管理」とみなしている。そして、「家族主義管理」を構成するいくつかの要素を取り上げて論を進めている。例えば、本論に関連した要素に「生活保障としての企業内福利厚生制」があり、その制度を支えている観念として「親に相当する経営者は、子である従業員の生活について面倒をみるという態度が明らか」と結論づけている。つまり、労務管理を分析するにあたって、親子の関係として想定される要素にしぼっているので、それに当てはまらずに論じられていないものも多い。また、製紙業、紡績業、重工業、鉱業それぞれどのような福利施設が存在していたのか、その違いを明らかにしている。ただし、産業別の指摘に終わっているため、個別企業の労務管理にとって福利施設がどのような意味をもっているのかを追求してはいない[6]。

　官営製鉄所の労務管理を本格的に分析したのが森建資である。森は製鉄所のような巨大事業所内に、中央集権的な労務管理がどのようにして形成されたかを論じている。森は製鉄所の労務管理が全体レベル、部レベル、工場レベルの

三層構造になっており，当初は工場レベルが担っていた管理の権限が全体レベルにおける中央管理部局に移行したとしている。また本論では，おもに要員管理，賃金管理（別稿）に焦点をあてている。森は製鉄所という個別企業の労務管理を体系的に明らかにしていると言えるだろう。ところが，福利施設の考察は第一次世界大戦後の共済組合に限っており，安全衛生管理についてはまったくふれていない[7]。

以上の先行研究をふまえ，次の2点に留意しながら本論を進めたい。まずは個別企業の病院を取り上げ，福利政策の一施策として分析することである。その際，福利施設が個別企業の形態，規模，業種によってそれぞれ異なった形をとることはよく知られている。どのような企業であるのかは，病院のあり方を決定すると思われる。ゆえに，官営，大企業，製鉄業の個別事例として，製鉄所の病院を取り上げてみたい。

また，病院は従業員の福利に収まらない側面をもっている。そもそも，病院は人々の傷病を治療し，健康を回復させることが第一義であろう。そのため，病院は人間の身体に関するあらゆることを扱う場合がある。企業に設けられた病院の場合，従業員の身体のどのような問題をいつから対象としたのだろうか。例えば，明治期の産業界では，コレラやペストなどの急性伝染病と脚気の対策が急務であったという[8]。ゆえに，各企業がどのような安全衛生対策をとったのかを，病院を対象として考察してみたい。そのような作業によって，安全衛生管理に関する研究の空白を埋めることも可能だろう。

本章は次の諸点から製鉄所の病院を分析したい。まず病院費の予算化とその理由を，製鉄所の状況に応じて明らかにする。次に，病院の機能である治療と衛生について，傷病の実態をふまえて検討する。最後に，病院が職工の身体について果たした役割について考察する。それらの解明を通して，病院を製鉄所創立期における労務管理に位置づけ，さらに企業の病院を研究する手がかりを提供してみたい。

1 病院の開院

(1) 病院費の内容

　製鉄所は国家資本として成立し，複会計制度によって財務処理されている。創立費はおもに製鉄所の設備投資にあたり，複会計制度における資本勘定に属するものである。原則として，一般会計の農商務省臨時部によって処理される。創立費予算は帝国議会の承認を得て，成立することになっていた。一方，流動資本に関わる作業費は，一定の金額が法律によって定められた据置運転資本または借入金によって調達されていた。ゆえに，作業会計によって処理され，毎年回収され，年度末に損益が計上されていたのである。そういった仕組みのなかで，病院に関する費用は創立費と作業費の両方から支出されている[9]。それぞれ検討しておこう。

1) 創立費

　第12回帝国議会　創立費に病院費が現れるのは，1898年に成立した創立費追加予算647万円である。この追加予算は，いわゆる和田意見書による設計変更をもとに，第12回帝国議会において，1899年度以降3カ年継続予算として成立した。追加予算と同時に作成された「製鉄所工事竣功年度割表」によると，「病院」の項目が登場しており，1899年度の単年で完成することになっていた。また，職工の住宅も「職工納屋」の項目で予算が計上されている[10]。

　第18回帝国議会　1902年6月，製鉄所は事業不振の原因を究明するために，製鉄事業調査会を設置している。調査会は製鉄事業全般にわたって検討し，12月に報告書を農商務大臣に提出した[11]。報告書は将来の製鉄所の方針について，重要な内容をもっていたことはすでに指摘されている[12]。

　報告書は緒言を含め九款から成っているが，第八款の「注意及冀望」に「職工ノ熟練ハ製鉄事業ニ最大切ナルヲ以テ其ノ養成ノ方法即見習ノ制度養老ノ制度等永久勤務ノ念ヲ起サシムルノ手段ニ就テ慎重ニ注意攻究アランコトヲ望

ム」という文章が盛り込まれていた。職工の熟練には，まずは職工に「永久勤務ノ念ヲ起サシムルノ手段」が求められていたのである。

　また，報告書は1903年度から4カ年継続予算の創立補足費の資料を添付しているが，製鉄所に639万円，そのうち「職工長屋及役宅」に26万9千円，「倉庫並雑工事」に7万9,500円を計上していた。この倉庫並雑工事中に仮病院電灯800円が含まれている[13]。こののち，病院の設備に関する予算は，倉庫並雑工事に組み込まれることになった。このように，住宅や病院など職工の福利に関する予算が創立補足費に継続して認められるようになったのである。

　さて，製鉄所は調査会の報告書をもとに，1903年度から5カ年継続の創立補足費486万円，初年度にあたる1903年度に182万円の予算を編成し，農商務省に提出している。しかし，1903年5月に始まった第18回帝国議会で創立補足費は否決され，1903年度分のみ通過した。1903年度も大幅に減額され，ほぼ半額に近い95万円のみ認められることになったのである。前年10月に開会した第17回帝国議会では，海軍拡張のための地租増徴継続案が否決され，予算は成立せずに解散していた。第18回帝国議会でも，その影響は続いていたのである。

　創立補足費486万円に，「職工長屋」は12万2,700円，「倉庫並雑工事」は6万3,600円が計上されていた。また，1903年度の182万円にも，職工長屋4万9,300円，倉庫並雑工事2万6,100円（仮病院電灯800円）を盛り込んでいる。しかし，1903年度予算が減額されて95万円になると，職工長屋と倉庫並雑工事は全額を削減されたのである[14]。

　中村雄次郎第3代製鉄所長官は，1903年度予算の修正案が提示された予算委員会で，次のように述べている。

　　職工長屋ノ如キモノハ，ナクッテモ宜イト云フ，チョット御考ガ著クダラウト考ヘマス，所ガ此職工ト云フモノヲ養ッテ行ク上ニ付テハ，職工ノ安心シテ，其処ニ居付クト云フコトガ，第一ノ必要ノコトデゴザイマス，ソレニハ居住ヲ先ヅ定メテ，サウシテソコニ職工ガ家族デモ持ッテ，安心シテ居ラレルト云フヤウナ具合ニナリマセヌデハ，到底熟練シタ職工ハ得ラ

レマセヌカラ，ソレデ此場合職工長屋ト云フモノガ，即チ這入ッテ居リマス[15]

中村長官は，調査会でも同じ趣旨の発言を行っていた[16]。中村長官は，とくに職工長屋の予算が全額削減されたことに対し，理解を求めていると言えるだろう。

第19回帝国議会 製鉄所は再び議会に提出するため，創立補足費を作成している。今回は1904年度以降5カ年継続で334万円の予算案であった。そのうち，「職工長屋」は前回と同額の12万2,700円，「倉庫並雑工事」はやや増加して6万6,700円を計上している[17]。創立補足費が486万円から334万円へ3分の1ほど減額しているのに対し，職工長屋と倉庫並雑工事は前回とほぼ同額を請求している。ただし，1903年12月に開会した第19回帝国議会は翌日解散になり，この予算案は流れてしまったのである。

第21回帝国議会 1904年2月に勃発した日露戦争をきっかけに，製鉄所が生産を軌道に乗せたことはよく知られている。1904年度から06年度において，数回にわたり創立補足費661万円が投入され，製鉄所の生産設備は著しく増強された。これに対し，職工長屋と病院には全く予算が計上されていない[18]。

同年11月に開会した第21回帝国議会は，まさに戦時議会であった。この議会に提出された1905年度創立補足費167万円は，さしたる議論もなく通過している[19]。製鉄所予算に関する議会の対応は，日露戦争の前と後で，全く異なったのである。

しかし，この議会においても住宅をはじめ職工の福利に関する予算は実現しなかった。この点について，中村長官は，次のように説明している。

今ノ製鉄所デハ職工ノ事ニ付イテハ，残念ナガラ計画ガ不十分デアル，是ハ実ニ遺憾デアリマスケレドモ，先ヅ職工ノ家ヨリ見レバ，鉄ヲ拵ヘル機械ガ先デゴザイマスカラ，未ダ職工ノ処マデ手ガ届カヌ，此ノ如キモノヲ挙ゲマスレバ，未ダ大分ゴザイマスガ，是ハ後年度ニ於テ計画ヲ立テ，諸

表 8 - 1　作業費予算の推移

(単位：円)

項　目	1901年度	1902年度	1903年度	1904年度	1905年度
俸給及諸給	31,718	128,634	128,802	128,855	117,294
庁費	22,557	55,292	55,788	56,649	48,202
修繕費	7,700	27,036	37,550	27,441	
死傷手当	1,000	1,040	1,250	1,040	
諸収入過誤納下戻	30	30	30	823	
諸払戻金					5,020
賠償及訴訟費	400	769	450	400	400
旅費	11,402	24,766	25,024	24,710	50,777
雑給及雑費	518,150	813,794	804,830	1,056,156	230,411
傭外国人諸給	51,400	104,500	104,500	104,500	
作業費	1,495,864	1,227,699	1,174,713	2,306,339	
事業費					6,360,528
材料素品購買費	2,443,031	1,235,392	1,462,375	2,670,604	4,023,743
坑業費	724,315	834,993	867,051	858,501	
病院諸費		20,434	20,503	20,753	
歳入臨時部繰入		93,333	2,093,333		
予備金	30,000	25,000	25,000	25,000	10,000
合　計	5,307,345	4,692,715	6,791,202	7,281,772	10,846,378

出典：『製鉄所作業報告』(製鉄所文書)。
注：1905年度は諸払戻金に諸収入過誤納下戻, 雑給及雑費に死傷手当, 傭外国人諸給, 作業費が事業費と改称して, 修繕費, 雑給及雑費中の職工人夫給, 坑業費 (坑営諸費), 病院諸費 (治療諸費) が含まれている。

君ノ御協賛ヲ仰グ時ガゞザイマセウト思ヒマスカラ，此処ニ殊ニ一言シテ置キマス[20]

つまり，ロシアとの戦争に直面して，今回の予算は生産設備を優先したため，職工の住宅などの福利は先送りにしたことが述べられている。数回に及ぶ創立補足費の大半を，生産設備に費やしていることも，こういった事情から理解できるだろう。ただ，中村長官は職工に対する福利が十分ではないので，いずれ予算を組むのを明らかにしていた。

2) 作業費

表 8 - 1 は1901年度から05年度における作業費予算の変遷を示している。金額は年々増加しており，1901年度の531万円から05年度の1,085万円に倍増している。また，項目別には原料費 (材料素品購買費) および製造費 (作業費) の

表 8-2 病院諸費の推移

(単位：円)

項 目	1902年度	1903年度	1904年度
給与	7,100	7,100	7,100
雇員給	960	960	960
傭人料	1,427	1,445	1,463
被服費	199	199	200
旅費	246	246	246
備品費	843	843	843
図書及印刷費	137	144	144
筆紙墨文具	272	272	277
消耗品	506	506	506
通信運搬費	30	30	30
雑品費	34	34	93
薬品費	5,475	5,476	5,630
入院患者賄費	2,190	2,208	2,220
雑費	1,012	1,035	1,036
計	20,434	20,503	20,753

出典：『製鉄所作業報告』(製鉄所文書)。

金額が大きい。病院費は1902年度から04年度までの3年間，病院諸費という項目で登場し，ほぼ2万円で推移している。なお，1905年度以降は治療諸費という名称で，事業費に含まれているようである。

病院諸費の内訳を表したのが表8-2である。給与，雇員給，傭人料など職員の給料が50％弱を占めており，薬品費および入院患者賄費が40％ほどで続いている。

一方，後で詳しく説明するが，自費患者が支払った治療費が作業費収入に組み込まれている。作業費収入の大半は，製品売払代になっている。治療費は雑収入の弁償金に計上されている。弁償金の内容はわからないが，金額はわずかであろう[21]。

つまり，製鉄所の創立当初から病院の費用を国費でまかなっていること，病院の建物および設備は創立費から，病院の運営に要する費用は作業費からそれぞれ支出されていたことがわかるだろう。

(2) 病院の開院

1900年8月20日，和田維四郎第2代製鉄所長官は病院の設置を農商務大臣に上申，同月24日決裁を得ている。

ところで，先にみたように，1898年に成立した創立費追加予算に病院の予算が含まれている。ゆえに，和田長官の上申書は予算が認められ開院が間近に迫っていることを考慮すると，形式的な書類の手続きを行ったものと思われる。

では，誰が病院の設置を発案したのだろうか。そもそも，創立費追加予算は和田長官の「意見書」に基づいて予算化している。その意見書のなかに病院に関する記載はないが，和田長官が病院の予算化と上申書の両方に関わっており，枢要な立場にあったことを指摘しておきたい。それはさておき，和田長官の上申書は，病院の設置について重要な内容を含んでいるので，全文を紹介しておこう。

> 明治三十三年度製鉄所創立費及作業費ノ予算ニ置テ，本所附属医院設置ニ関スル経費ヲ要求シ，本所職員及官役人夫ニシテ職務ノ為メ疾病ニ罹リ若クハ傷痍ヲ蒙リタルモノヲ診療スルヲ得ヘキハ，予算規定ノ精神ニ有之候所，目下創立事業ノ進捗ニ伴ヒ予メ病院ノ設備ヲ為シ置クノ必要ヲ生シタルニ依リ，予算要求額ノ範囲内ニ於テ漸次薬品其他治療ニ要スル器具等ヲ購入セルノミナラス，曩ニ専門ノ医術家数名ニ医務ヲ嘱託シ，又薬剤師看護婦等ノ如キハ旬日ナラスシテ之ヲ採用シ得ルノ運ニ至ラントス。依テ今般製鉄所附属病院ヲ設ケ，其名称ノ下ニ於テ総テ本所ニ属スル医務衛生ニ関スル事務ヲ所弁セシメンコトヲ欲ス[22]。

まず，病院の財源を「創立費及作業費ノ予算」とあるように，国費に求めていることがわかるだろう。診療の対象は，「本所職員及官役人夫ニシテ職務ノ為メ疾病ニ罹リ若クハ傷痍ヲ蒙リタルモノ」であった。製鉄所の従業員で，業務によって傷病を被った場合，官費で治療することを提示しているのは注目し

てよいだろう。設置の理由は,「目下創立事業ノ進捗ニ伴ヒ予メ病院ノ設備ヲ為シ置クノ必要ヲ生シタル」にあった。製鉄所では従来の土木および建設の作業から本作業を中心としたしくみに重点が移りつつあり,これに応じた労働力の確保が必要になっていた。製鉄所は操業を開始する最終的な準備に入っており,すでに作業を行っていた工場もあったのである[23]。病院の目的は,「総テ本所ニ属スル医務衛生ニ関スル事務ヲ所弁セシメンコト」であった。つまり,病院は治療と衛生の二本を軸にすることを表明していたのである。

続いて,診療の対象と費用について,次のように記している。

- 一　本所ニ属スル職員諸傭員及官役人夫ニシテ職務ノ為メ疾病ニ罹リ若クハ傷痍ヲ蒙リタルトキハ附属病院ニ於テ官費治療スルコト　但此場合ニ於テハ規則上定マリタル治療費実費ヲ給セス
- 一　前項ノモノ病院ニ於テ治療ヲ受クルコトヲ欲セサルトキハ其随意タルヘキコト　但此場合ニ於テハ規則上定マリタル治療費実費ヲ給ス
- 一　第一項ニ掲クルモノ及其家族ニシテ職務ニ起因スルコトナク疾病ニ罹リ若クハ傷痍ヲ蒙リタルトキハ病院ニ於テ之ヲ治療セシムルコトヲ得但此場合ニ於テハ療治実費ヲ徴収ス
- 一　前項受療者ヨリ徴収スル療治実費ノ標準ハ水薬散薬繃帯料等適当ノ方法ニ依リ区分シテ予メ之ヲ定メ収入官吏ヲシテ之ヲ徴収セシメ而シテ其徴収ノ都度之ヲ作業収入ニ編入スルコト
- 一　将来事業ノ須要ニ伴ヒ完全ナル病院制度ヲ設ケ画然タル職制ヲ定メ以テ工場衛生ノ完備ヲ期図スルコト[24]

以上をまとめると,①業務上傷病の場合の官費治療,②家族を含む業務外傷病の場合の自費治療,③②の自費は作業収入に編入の三点である。製鉄所病院は本作業開始に備えて,従業員はもちろん家族も含めた治療を行うことにしていたのである。

上申書の認可を受けて,製鉄所は9月11日に「製鉄所附属病院医務内規」を

制定した。医務内規は全28条で構成されている。上申書の内容を，実際の運用のために具体化したといってよいだろう。

　病院は院長，医師，薬剤師，看護手から成り，堤宗郷が初代の院長に就任している。勤務時間は午前9時から午後4時まで，日曜・祭日は休みであった。病院は長官に直属し，院長は「長官ノ命ヲ承ケ所内衛生，治療其他医務ニ関スル事項ヲ掌理ス」とされた。院長の職務は多岐にわたっている。まず，院長は患者の日報，月報，年報を作成することになっている。月報は経理部長を経て長官へ届けられ，年報は直接長官へ提出することになっていた。次に，院長は所内衛生の責任者であった。院長の権限は大きく，衛生について長官へ上申することができたのである。伝染病が発生した場合は，院長は長官と経理部に通知し，清潔方法および消毒方法を実施する必要があった。最後に，院長は内規に基づいて細目を決定し，長官の認可を得ることができることになっていた。ほかにも，院長は労働者に官役人夫死傷手当規則を適用する際，その証明を行っている。官役人夫死傷手当規則は，官営工場労働者の保護を目的として1875年に制定された。院長は現場監督者の現認証書を得て，死亡証書または診断証書を作成し，主務部長へ提出することになっていた。

　診療の対象は，上申書と変わらない。さらに加えて，「官役人夫ニアラサルモ本所ノ工事ニ従事シ現場ニ於テ服役中疾病ニ罹リ若ハ傷痍ヲ蒙リタルモノ」も対象としている。製鉄所と直接の雇用関係がなく，請負人のもとで製鉄所の請負作業に従事していた労働者を想定していると考えられる。一方，同じく製鉄所に直接雇用されているわけではなく，供給人に製鉄所の仕事を斡旋され，日雇いで作業している労働者は対象外であった。従業員は業務中に傷病を被った場合，患者は現場監督者が書いた見傷症を持参して病院へ行き，院長は証明書を発行し，患者は証明書を所属部課長または工場掛長へ提出することになっていた[25]。さらに，医務内規は伝染病の予防と対策について記載している。この点は，のちに詳しく説明してみたい。

　こうした医務内規の内容は，新たに定められた職工規則に盛り込まれた。1900年12月，製鉄所は本作業を開始するにあたって，「製鉄所職工規則」を制

定している。職工規則は製鉄所で初めて職工の労働条件を明らかにしており，9章119条で構成されていた。

　まず，第1章総則の第4条に「職工職務ノ為メ疾病ニ罹リ若クハ傷痍ヲ蒙リタルトキハ製鉄所附属病院ニ於テ治療セシムルモノトス」と規定している。次に，第8章が「職工治療ニ関スル規程」になっている。条文は次の通りである。

　　　第百二条　職工職務ノ為メ疾病ニ罹リ若クハ傷痍ヲ蒙リタルトキハ本所附属病院ニ到リ診察治療ヲ請フヘシ
　　　　　　　前項ノ場合ニ於テハ職工ハ工場掛官ヨリ見傷症ヲ受取リ病院ニ持参スヘシ但急遽ノ場合ニ於テハ治療ヲ受ケタル後其手続ヲ追行スルコトヲ得
　　　第百三条　附属病院ハ患者ノ診断ヲ為シタル後病傷ノ種類及軽重ニ依リ適宜宿所ニ於テ療養セシメ又ハ病室ニ収容シテ之ヲ治療スルコトヲ得
　　　第百四条　職務ニ起因スル病傷者治療ニ必要ナル薬価，繃帯料，入院料等ハ官費ヲ以テ之ヲ支給ス
　　　第百五条　十三週間以上治療ヲ加フルモ治癒ニ至ラス又ハ転地療養ヲ出願シタル場合ニ於テハ部長ハ解職又ハ帰休ヲ命スルコトヲ得
　　　　　　　前項帰休ノ日限ハ病院長ト協議ノ上之ヲ定ム
　　　第百六条　本章ニ定ムル場合ノ外総テ附属病院医務内規ノ定ムル処ニ依ル[26]

　職工の治療に一章をさいていること，業務上傷病の場合の官費治療が明記されていることに注意しておきたい。

　1900年10月，附属病院は稲光33号官舎を病院仮診療所として開設し，診療と投薬のみ行うことになった[27]。開設4カ月後の翌年2月，稲光官舎近くに建物が完成し，正式に附属病院と称した。同時に，患者の収容施設2室9床も設立し，入院も可能な施設になったのである[28]。この時の職員数は，院長はじめ給

仕や小使を合わせて16名であった[29]。

　同じ頃，病院の勤務時間，診察時間も新しく定めている。医務内規の改正によって，病院職員の勤務時間は製鉄所職員の勤務時間と同様になった。外来患者の診察時間は，7月11日から9月10日までは午前8時から12時，9月11日から翌年7月10日までは午前9時から午後2時になっている[30]。職工は，午前7時と午後7時を軸にそれぞれ昼夜に分かれる12時間2交代勤務であったので[31]，昼業の後半と夜業は閉院していることになる。急患の場合は時間外の診療も認められていたが，職工にとって不便な診察時間であったろう。

　病院が完成し，病棟も設けられたので，2月中に「附属病院宿直規程」，「附属病院入院規則」，「看護手服務規程」，「入院患者心得」，「入院患者面会人心得」と入院に関する制度を相次いで定めている[32]。宿直，看護手の制度によって，病院の入院体制は整備された。このなかで，「附属病院入院規則」について説明しておこう。

　この規則によると，入院できるのは院長の許可を得た製鉄所の従業員と家族のみであり，傷病が業務によるものか否かで，官費か自費かの区別があった。また，官費入院者を優先するため，ベッドが足りない場合は自費入院者を断ったり，退院させることがあると定められていた。特に，官費入院者に介護者が必要であることを院長または医師が認めた場合，介護者の費用を官費で支出することになっていた[33]。このように，官費入院者，すなわち業務上の傷病で入院する者に対する手厚い待遇を理解することができるだろう。

(3) 製鉄所操業開始期の病院

　職工はどのような環境で働いていたのだろうか。当時の製鉄所は五部二課で組織されていた。そのうち，本作業に当たる部所は，製銑部，製鋼部，製品部である。製銑部に属する溶鉱炉の現場は，次のような状況であった。

> 作業着手の結果，一百名の増員にても不充分なるは如何なる原因にやと相質候処，何分銑鉄の熱湯を扱ふこと故，身体に疲労を感じること甚敷，到

底他の職工同様に立働くこと六ヶ敷が為めなりとのことに候。三百人の職
　　工が半分宛の昼夜交代にて百五十名づヽ鋳上及び炉上に立働くさま，他に
　　見受けられざる光景に御座候。随つて工夫の総ては丸裸となりても，尚且
　　つ堪へ難き程の熱気と戦ひ候ものから如何に怒鳴られても吾を忘れて水を
　　飲みたがり，為に多くの病人を出すの恐れあるに依り，製氷課に於て氷を
　　製出給与の筈なれども，是れとて多量に食すれば腸胃を損するに相違なく，
　　当局者も殆んど閉口致され居候[34]。

　溶鉱炉の温度は1,000度を超えるという[35]。職工は非常な高熱のもと，長時間の労働を強いられていたのである。高熱下での労働は，製鋼部でも変わらなかった。

　　職工就業中の苦熱は寧ろ製銑部の夫れよりも甚敷もの有之候。此等労働者
　　の飲料には矢張麦湯を備へられ候[36]。

　製品部は，熱した鋼塊をロール機にかけて各種の鋼材をつくりだす職場である。ゆえに，高熱のもと，手作業と機械の操作による圧延作業が労働の中心であった。

　ここで，製銑部の1901年中の傷病状況を考察しておきたい。その内訳を示したのが，表8-3である。製銑部の職工数は700人前後，負傷者の延人数858人，治療延日数1万2,155日，休業延日数3,323日で1人当り治療日数は14日，休業日数は4日を費やしている[37]。負傷者の延人数が，職工数を上回っていることをみても，作業環境は危険な状態にあったと言ってよいだろう。

　症状は，挫傷，火傷，打撲傷で負傷者の80％を占めている。また，これらの治療日数は14日から16日，休業日数は4日から5日かかっている。ゆえに，職工は長期間の治療，休業を余儀なくされ，何らかの救済がなされない限り生活困難に陥り，ついには退職へ追い込まれることもあったと考えられる。

　1901年度における病院の実績は外来患者6,261人，その内訳は官費患者3,316

表8-3 製銑部職工の傷病状況（1901年）

症状	人数（人）	割合（%）	治療日数	1人平均	休業日数	1人平均
挫傷	266	31.0	4,286	16.1	1,194	4.5
火傷	233	27.2	3,358	14.4	1,029	4.4
打撲傷	198	23.1	2,985	15.1	761	3.8
眼中異物	83	9.7	650	7.8	99	1.2
捻挫	50	5.8	700	14.0	181	3.6
ガス中傷	28	3.3	176	6.3	59	2.1
計	858	100.0	12,155	14.2	3,323	3.9

出典：『門司新報』1902年3月21日より作成。
注：人数，治療日数，休業日数の計が新聞本文中の数字と異なっているが，筆者の計算を採用した。

人，自費患者2,945人になっている[38]。官費患者数の割合は52％で，自費患者数をやや上回っている。また，官費患者数は従業員数2,787人に対して119％であった。つまり，少なくとも1年に1度は勤務中に傷病を被り，病院で診療してもらう計算になる。開院当初から従業員によく利用されていると言ってよいだろう。

さて，医務内規は伝染病の予防と対策について決めていた。その条文は次の通りである。

  第二十三条 本所構内ニ於テ伝染病疑似症ヲ発生シタルトキハ何人ニ限ラス直ニ病院ニ急報スヘシ

  第二十四条 病院長ハ病症ヲ診断シ伝染病ト診定シタルトキハ直ニ長官ニ具申シ同時ニ経理部ニ通報シテ清潔方法及消毒方法ヲ行フヘシ　但清潔方法及消毒方法ハ明治三十年五月内務省令第十三号ニ拠ル

  第二十五条 経理部前条ノ通報ヲ受ケタルトキハ直ニ患者又ハ死体所在地ノ町村役場及警察署ニ急報スヘシ

  第二十六条 前三条ノ外本所構内ニ於テ伝染病発生シ若ハ発生ノ虞アルトキハ長官ハ福岡県知事ト協議シ伝染病予防法ニ準シ予防方法ヲ施行スルモノトス[39]

伝染病の疑いが生じた場合は病院に急報すること，院長が伝染病を診断して長官および経理部に通報し，清潔方法および消毒方法を行うこととあるように，伝染病の対策に病院が重要な役割を果たすことがわかる。

また，第26条に基づき，1901年9月17日から10月10日まで製鉄所長官と福岡県知事の間で協議がなされた。両者は1897年に成立した伝染病予防法第20条を根拠に，8項目を決議している。伝染病の予防，発生時の対処について，お互いの協力，連携を確認し，決定しているといってよい[40]。伝染病は製鉄所単独の問題にとどまらなかったのである。このことは，多くの従業員をかかえる大企業が，伝染病対策を通して，地方行政とどのような関係を取り決めるのか，興味深いケースである。

さて，製鉄所は伝染病にどのように対処したのだろうか。1902年6月30日，コレラ流行の兆しに対して，次のような通達を発している。

　　伝染猛劇ナル虎列刺ハ過般来清国地方ニ流行シ，且ツ既ニ其病毒ハ内地佐賀県ニ侵入シ，漸次蔓延ノ兆候有之趣ニ付，当所工場ノ如キ多数ノ職工ヲ収容セル場所柄ニ於テ，一朝其発生流行ヲ見ルニ至レハ，生命健康ニ被ムル惨害ハ勿論，当所事業上不少影響ヲ来スヘキ虞有之候条，摂生予防上遺策無之様御部下一般ヘ周知方御取計相成度[41]

所内でコレラが発生したら，多くの職工が働いているため一気に流行し，職工の健康や生命を損ね，ひいては製鉄所の生産に影響することを危惧していることがわかる。その後の製鉄所の対応を挙げてみると，7月11日吐瀉，下痢を生じた場合は，請負の労働者であっても必ず診断を受けること[42]，12日門司市，若松町にコレラが発生したため，従業員は当地方への出入りを自粛すること[43]，19日各官舎は床下に石灰を散布するなどの清潔方を実施のこと[44]，26日船溜に停泊中の船舶乗組員の上陸を禁止すること[45]，を次々に達している。

次にペストについてみてみよう。1903年1月27日，製鉄所は昨年末から横浜市および東京市でペストが流行しているのに対して，まず工場使用の檻褸は購

入後に病院で蒸気消毒することを命じ[46]，一，倉庫，工場，官舎に清潔法を実施すること，二，倉庫，官舎の鼠族を駆除すること，三，裸足を止めること，四，足の傷は必ず薬を使うことの注意事項を伝えている[47]。

また，種痘も早くから実施していたようである。実際に確認できるのは，1906年6月12，14，19の3日間（午後2時から4時），病院で家族を含め種痘を行うことを達している[48]。1904年5月には肺結核予防のため，所内に唾壺（いわゆる痰壺）を配置している[49]。

以上のように，製鉄所はコレラなど急性伝染病が職工の生命および健康を脅かし，生産に影響を及ぼすのを恐れて，その予防と対策に注意をはらっていた。しかし，作業環境は挫傷や火傷が頻発していたように，危険な状態にあったのである。

2　病院の拡張

(1) 職工の移動と福利政策

この項は，筆者がすでに別稿で論じているので，簡単に説明しておきたい[50]。製鉄所は日露戦争をきっかけに生産を軌道に乗せたが，職工の移動が激しく定着しないという事態が起こっていた。職工は現場で長期間働くことによって技術や技能を習得するため，職工が定着せずに移動してしまうのは，将来の生産に支障を来す恐れがあったのである。職工の移動が激しい理由は，日露戦争前後に労働市場が流動していたことを背景に，危険で過酷な作業環境のもと，相対的に低賃金，長時間労働であったことが大きいと思われる。

さて，製鉄所は職工の移動をどのようにしてとどめようとしていたのだろうか。そもそも，製鉄所は昼夜2交代，1日12時間労働は過酷であることを認めていた。しかし，例えば8時間3交代にすると，職工の労働は緩和できるが，職工数を増加するなど多くの経費がかかってしまう。ゆえに，衣食住の生活費を軽減したり，病院や共済などを整備し安心して暮らすことができるような方

策，言い換えれば福利施設の整備を行ったのである。要するに，製鉄所は労働条件を改善するのではなく，福利施設を充実することによって経費を切り下げ，職工の定着を促そうとしたのである。そのように考えると，福利施設の整備は経費軽減のためという消極的な理由と言わざるを得ない。

　もっとも，中村長官は福利施設の整備を積極的に捉えていた。中村長官は，1907年1月第23回帝国議会の予算委員第五分科会で職工の待遇について言及し，賃金を増額するよりも，住宅を供給し，病院および救済を整備するほうが職工のためによいと述べていた[51]。さらに，住居が定まっていて家族がいる職工は多少賃金が高くても他所へ行くことはないが，住居不定で独身の職工は他所へ移動しやすい傾向にあると説明している[52]。つまり，中村長官は職工を定着させるためには，賃金の増額よりも福利施設の整備によって職工の生活を扶助することのほうが有効であるとみていたのである。

　また，職工の生活を扶助する施設は，どれか単独で進んだのではなく，住宅をはじめ，病院，共済会，購買会，貯金会を合わせて構想されたことを理解する必要があるだろう。あとで論じるように，製鉄所は住宅と病院の予算，共済会の補助金を第22回帝国議会に提出していた。一方，製鉄所は議会開会中に地元で購買会を設立することに着手していたのである[53]。

　以上のように，住宅をはじめとする一連の福利施設は，職工の生活をまるごと扶助するシステムとして成立したのである。そうすることによって，職工に他への移動をとどまらせ，製鉄所に定着する効果を期待したのである。

(2) 病院費の増大

　第22回帝国議会は，1905年12月に開会し，翌年3月に閉会している。この会期中に1906年度予算が成立した。1906年度の製鉄所創立費は，1906年3月6日に成立した予算と，3月27日に成立した予算の合計から成り立っている。便宜上，前者を当初予算，後者を追加予算と呼ぶことにする[54]。

　1906年度の製鉄所創立費は440万円であり，当初予算190万円と追加予算250万円の合計になっている。ちなみに，この議会で1906年度から08年度までの3

第8章 官営八幡製鉄所創立期における労務管理の一側面

表8-4 工場費予算の内訳

(単位：円)

項目	1906年度	1907年度
製鋼工場	86,040	450,000
分塊及軌条ロール工場並精整工場	288,000	230,000
薄板ロール工場	58,000	50,000
ロール及誘導装置	315,000	200,000
工作工場	275,640	100,000
機械運転用装置	192,500	500,000
運輸用装置	285,600	108,000
給水及排水道	142,400	830,000
鉄道	175,596	140,000
荷揚装置	160,900	132,000
繋船壁	42,000	90,000
航路浚渫	80,387	90,000
倉庫並雑工事	101,510	60,000
職工長屋及官舎	175,030	142,000
地所購買	489,128	270,000
熔鉱炉及焼鉱炉	310,000	890,000
洗炭及骸炭工場	100,000	700,000
炉材工場	200,000	90,000
中小形ロール工場	50,000	200,000
電気諸装置	150,000	50,000
鍛工及冷鋼牽引装置	150,000	50,000
諸機械	150,000	250,000
鉱石置場	30,500	0
混銑工場	14,600	0
附属病院	41,408	0
計	4,104,239	5,622,000

出典：『創立費支払予算』（製鉄所文書）より作成。

カ年継続事業として1,088万円が認められ，第一期拡張工事が始まっている。つまり，追加予算は第一期拡張工事の初年度予算に当たる。

1906年度の製鉄所創立費のなかで，病院費はいくら計上されたのだろうか。表8-4は創立費中における工場費410万円の内訳である。この表によると，「附属病院」は当初予算のみで4万1,408円になっている。また，表8-5は第一期拡張工事中の予算を示している。「附属病院」は1908年度のみ計上しており，8万円になっている。両者を合わせると，3年間で12万1,408円の病院費を予算化している。

すなわち，第一期拡張工事が始まった1906年度に病院費が予算化したこと，そして少なくとも3カ年計画で行われたことがわかる。では，このような病院

表8-5 製鉄所創立費（1906〜08年度予算—第1期拡張工事）

(単位：円)

種別	1906年度	1907年度	1908年度	総額
製鉄所創立費	2,500,000	5,646,000	2,734,000	10,880,000
事務費	24,000	24,000	20,000	68,000
工場費	2,476,000	5,622,000	2,714,000	10,812,000
製鋼工場	0	450,000	0	450,000
分塊及軌条ロール工場並精整工場	270,000	230,000	0	500,000
薄板ロール工場	50,000	50,000	0	100,000
ロール及誘導装置	97,000	200,000	203,000	500,000
機械運転用装置	144,000	500,000	581,000	1,225,000
運輸用装置	54,000	108,000	0	162,000
給水及排水道	100,000	830,000	100,000	1,030,000
鉄道	60,000	140,000	200,000	400,000
荷揚装置	66,000	132,000	0	198,000
繋船壁	0	90,000	80,000	170,000
航路浚渫	10,000	90,000	100,000	200,000
倉庫並雑工事	40,000	60,000	60,000	160,000
職工長屋及官舎	66,000	142,000	200,000	408,000
附属病院	0	0	80,000	80,000
地所購買	409,000	300,000	0	709,000
熔鉱炉及焼鉱炉	310,000	890,000	200,000	1,400,000
洗炭及骸炭工場	100,000	700,000	110,000	910,000
炉材工場	200,000	60,000	0	260,000
中小形ロール工場	50,000	200,000	400,000	650,000
工作工場	0	100,000	150,000	250,000
電気諸装置	150,000	50,000	0	200,000
鍛鋼及冷鋼牽引装置	150,000	50,000	0	200,000
諸機械	150,000	250,000	250,000	650,000

出典：『日本近代製鉄技術発達史』1957年，579頁より作成。

に対する予算は，いつどのような理由で登場したのだろうか。

1906年2月3日，第5回予算委員第5分科会で，中村長官は当初予算190万円について説明している。中村長官は本予算が二瀬炭鉱の経営，ロールの製造が中心であることを説明し，続いて職工の養成について言及している。中村長官は，熟練した職工を得るためには，職工本人が製鉄所に終生勤務するのはもちろん，その子供も製鉄所で働くようになる必要があると述べている。そして，そうなるためには，職工の養成に力を入れている他国の製鉄所をモデルとすることを表明していた[55]。さらに，中村長官は「職工ガ製鉄所ニ依頼ヲシテ居レバ，終身渇ヘルコトハナイト云フ，斯ウ云フ精神ヲ持タセルト云フコトガ大ヰニ必要」[56]と語っている。

第8章　官営八幡製鉄所創立期における労務管理の一側面　221

　このように，中村長官の最終的なねらいは，職工の生活の面倒をみることによって，彼らが終生にわたり製鉄所に生活を依存するような精神を自ら培わせることにあった。このことを，製鉄所に対する忠誠心を涵養すると表現することも可能だろう。職工の生活を扶助するシステムの構築は，当面のことだけではなく，長い将来にわたる熟練労働力の確保をねらって構想されたのである。
　3月23日，中村長官は第9回予算委員第5分科会で追加予算について説明している。病院の予算について質問された中村長官は，次のように答えている。

　　製鉄所ノ職工ハ，第一居住ヲ安全ニシ，ソレカラ之ニ対シテ負傷其他ノ場合ノ手当ヲ，安心スルタメニ設備ヲ致ス，サウシテ負傷其他家族ノ病人ニ付イテモ，之ニ手当ヲ十分ニ出来ルト云フヤウナ方法ニ致シマスルト云フコトハ，誠ニ職工ヲ安心セシムル，一ノ重要ナル事柄デゴザイマス，殊ニ製鉄事業ニ関シマスル職工ハ，負傷致シマスモノガ甚ダ多イ，是ハ職務ノ上カラ已ムコトヲ得マセヌ，今日ニ於キマシテモ，現ニ負傷ノタメニ死ニマスル者ガ随分月ニ一人二人位ヅヽ出来ル有様デアル，始終焼傷其他打撲，負傷等ハ殆ド毎日絶エマセヌデゴザイマス，ソレガタメニ病院ヲ設ケマシテ，其所ニ於テ負傷致シマシタ者ヲ療治ヲシテ，其他此病院ニ於キマシテハ，職工ノ公務ニ付イテ怪我シタ者ノミナラズ，職工ノ平病ニ対シテモ，出来得ル限，此病院デ手当ヲシ，尚薬等モ当ガッテ遣ルト云フ方法ヲ立テマスル積デアリマス，勿論平病其他ノ事ニ付イテ，家族ノ如キハ自費患者デゴザイマス，ソレガタメニ此病院ト云ノモノハ，稍々完全ナ病院ヲ拵ヘテ遣ルトデフコトガ必要ト考ヘマスノデ，茲ニ請求致シマス次第デゴザイマス57)

　中村長官は，職工の死傷者が職務中に多発していることを指摘している。この状況を改善しようとするのではなく，職務上致し方ないと肯定していることに注意しておきたい。また，職工の傷病はもちろん，家族の傷病をも病院が診療し，家族ぐるみで面倒をみることによって，職工を生活面で安心させること

を述べている。そういった事態に対応するために，従来の病院を拡張して整備することを説いているのである。

(3) 病院の拡張

1907年から09年にかけて，病院は再編成された。1907年1月病院は長官直属から離れ，庶務課に属することになった。庶務課は従来各部課がもっていた管理機能を中央に一元化するためにつくられた組織であった。病院は庶務課の管轄になることによって，労務管理機構に組み込まれることになったのである[58]。

また，同年10月職工規則が新たに制定された。職工規則は各部課で独自に行っていた労務管理の内容を全所にわたって統一するため，全面的に改正されたのである[59]。職工規則は8章102条に再構成された。第1章総則の第5条に「職工職務ノ為疾病ニ罹リ若クハ傷痍ヲ受ケタルトキハ官費治療スルモノトス」とある。第7章が「治療」になっており，第87条から第91条で構成されている。多少文言に違いがみられるが，内容は変わっていない。依然として，業務上傷病の場合，官費治療することが明記されている[60]。

ところで，新しい法令が定められて，官費治療者の範囲が広がっている。1907年5月9日「官役職工人夫扶助令」（以下，扶助令と略す）が制定された。扶助令は官役人夫死傷手当規則にかわり，政府が使役する労働者，すなわち「官役職工人夫」を対象に，新たに「自己過失によらない」という限定をつけ，業務上の災害扶助を行うものであった。

ここで問題になったのが，「官役人夫」の解釈である。製鉄所は扶助令のいう「官役人夫」を「製鉄所カ直接傭入レ服役スルモノ，即チ臨時職夫中直払職夫ノミヲ云ヒ，人夫供給人ヨリ供給セル人夫ハ之ニ包含セサルモノ」とした。つまり，「直払職夫」も「供給職夫」も臨時雇いであったが，前者のみに扶助令を適用したのであった[61]。

先にみたように，病院の予算が認められたので，構外に本館および病棟を新築し，1908年2月に移転している。本館は木造平屋一部2階建であった。第1病棟および第2病棟が建設され，合わせて48床を備えることになった。また，

賄所および院内医院宅も設けている[62]。1911年の職員構成は，院長，副院長，医師9人，薬剤師4人，看護手7人，看護婦長，看護婦および見習23人の医療スタッフ46人，そのほか45人と合わせて計91人であった。こうして，内科，外科，小児科，眼科，婦人科の臨床5科をもち，入院施設を備え，規模や体制を刷新した病院が発足したのである[63]。

製鉄所は病院の移転に伴い，構内繃帯所を1908年1月に開設している[64]。これによって，本院と構内繃帯所で業務の分担が行われた。構内繃帯所は，まず「公傷ニ罹リタルモノヽ初診」，次に「公休ナキ官費患者中軽傷ト認ムルモノヽ治療」，最後に「構内ニ於テ特発シタル自費患者ニ対スル手当」を担当した。一方，本院は，第1に「入院患者」，第2に「公休患者」，第3に「公休ナキ官費患者中稍重傷ト認ムルモノヽ治療」，第4に「自費患者」を診ることになっている[65]。

また，同年9月製鉄所の大蔵住宅街に附属病院大蔵出張所を開設した[66]。大蔵住宅街は隣接する高見や槻田の住宅街とともに1908年に完成したばかりで，すべて合わせると1,200戸を数えたのである[67]。1912年の『通達』によると，本院は緊急患者，構内繃帯所は新患者，大蔵出張所は一般患者の調剤をそれぞれ担当することになっているので，三者間で業務の分担が行われていたと考えられる[68]。

ここで，1912年に制定された「製鉄所附属病院治療費後払手続」を検討しておきたい。この手続きは，治療費を現金で支払っていた自費患者の要望に応えたと思われる。治療費の後払いができるのは，①職員および官舎に居住している職工で，共済会又は職工貯金会に20円以上の貯金があるもの，②官舎に居住していない職工で，職工貯金会に10円以上の貯金があるものであった[69]。①の場合は20円，②の場合は10円とそれぞれ設定した貯金額を超過した分を担保にするのであった。職工の場合，官舎に居住しているか否かで区別している。官舎は無償で貸与されるので，家賃を支払っている者とは貯金額に差が生じているとみなし，配慮したのであろう。

申請方法は煩瑣であった。まず，申請者は治療証明書交付主任から治療費後

表8-6 製鉄所職工の災害死傷者数および症状別内訳

(単位:人,%)

	皮下挫傷	皮下裂傷	挫創	挫断	裂創	切創	刺創	爆傷	骨折
1902年	—	—	82(51.3)	—	—	8(5.0)	10(6.3)	—	10 *1(6.9)
03年	—	4(0.6)	367 *1(55.0)	—	—	8(1.2)	10(1.5)	—	67 *1(10.2)
04年	153(26.1)	—	173(29.5)	5(0.9)	2(0.3)	5(0.9)	2(0.3)	—	99(16.9)
05年	250(20.2)	7(0.6)	484(39.1)	24(1.9)	2(0.2)	8(0.6)	28(2.3)	—	67 *2(5.6)
06年	1,473(34.1)	1(0.0)	1,217(28.1)	25(0.6)	21(0.5)	56(1.3)	128(3.0)	—	87(2.0)
07年	1(0.0)	—	2,379(69.6)	10(0.3)	10(0.3)	29(0.8)	81(2.4)	—	58(1.7)

	捻挫	脱臼	熱傷	その他外傷	不明	合計	職工数	割合(%)
1902年	4(2.5)	2(1.3)	22 *3(15.6)	18(11.3)	—	160	1,763	9.1
03年	9(1.3)	9(1.3)	77 *65(21.2)	51(7.6)	—	669	1,729	38.7
04年	10(1.7)	2(0.3)	90(15.4)	42 *1(7.3)	2(0.3)	586	3,610	16.2
05年	48(3.9)	2(0.2)	153 *1(12.4)	163(13.2)	—	1,239	6,155	20.1
06年	207(4.8)	4(0.1)	537(12.4)	530(12.3)	39(0.9)	4,325	7,263	59.5
07年	116(3.4)	11(0.3)	399(11.7)	321(9.4)	1(0.0)	3,416	7,876	43.4

出典:「工場災害統計表」(『明治前期産業発達史資料』別冊(98)Ⅱ),『八幡製鉄所五十年誌』付表より作成。
注:*をつけている数字は,死亡者。

払証明書を受け取って捺印し,次に雑事科職札掛で印鑑証明を受け,最後に職工共済会事務所で後払担保金額を記入してもらい,ようやく附属病院へ提出することになっている[70]。こうした手続きを通して,福利施設である職工共済会や職工貯金会との連携が強化されている。つまり,製鉄所に生活を依存する仕組みが整えられたのである。

(4) 製鉄所拡張工事期の病院

表8-6は製鉄所職工の災害死傷者数および症状別の内訳を表している。災害死傷者数は年々増加傾向にあり,1902年の160人から,06年の4,325人へ37倍に急増している。また,職工数に対する割合も上昇,1906年には60%に達している。

症状については皮下挫傷と挫創の区別が明らかではないように,データにやや難があるが,全体の傾向をつかむには問題ないであろう。この表によると,挫創および皮下挫傷が圧倒的に多く,1906年以降は60%を超えている。次に熱傷,その他外傷が続いている。捻挫,骨折の症状も多い。どのような災害や事故が起こっていたかはよくわからないが,肉体的に危険な作業環境であったこ

表8-7　職工患者数の推移

(単位：人，％)

病名	1907年	1908年	1909年
伝染性及び全身病	838 (7.3)	703 (8.8)	719 (9.2)
結核	55	52	40
花柳病	126	139	90
脚気	429	286	436
蒼白病	2	5	8
その他	226	221	145
呼吸器病	341 (3.0)	260 (3.3)	286 (3.7)
営養器病	624 (5.4)	412 (5.2)	436 (5.6)
歯牙疾患	68	23	22
胃腸病	380	255	302
その他	176	134	112
血行器病	25 (0.2)	28 (0.4)	28 (0.4)
運動器病	84 (0.7)	68 (0.9)	57 (0.7)
リュウマチ	41	27	23
その他	43	41	34
脳及び神経器病	231 (2.0)	180 (2.3)	230 (2.9)
神経衰弱	149	126	163
その他	82	54	67
五官器病	675 (5.9)	392 (4.9)	494 (6.3)
トラホーム	63	33	71
結膜炎	496	284	337
耳病	61	35	29
その他	55	40	57
皮膚病	200 (1.7)	159 (2.0)	167 (2.1)
泌尿生殖器病	109 (1.0)	81 (1.0)	68 (0.9)
外傷	8,312 (72.5)	5,700 (71.3)	5,298 (67.9)
中毒	9 (0.1)	7 (0.1)	15 (0.2)
その他	13 (0.1)	4 (0.1)	4 (0.1)
合計	11,461 (100.0)	7,994 (100.0)	7,802 (100.0)
職工数	7,876 (145.5)	7,602 (105.2)	6,457 (120.8)

出典：『報告関係書類綴　明治43年-大正2年』(製鉄所文書)，『八幡製鉄所五十年誌』付表より作成。
注：各年の職工数の( )は，患者数÷職工数×100の値。

とを示している。もちろん，災害死傷者の症状はすべて外傷であるが，製鉄所の患者全体に対して大きな比重を占めていた。

　表8-7は1907年から09年における職工患者数の内訳である。官費と自費の区別はないが，おそらく官費のみの人数であろう。まず，職工数に対する患者数の割合はすべて100％を超えている。特に，1907年は146％に達していた。症状別では，各年とも外傷が患者数のほぼ70％と突出していた。ほかの症状の割合は，数％にとどまっていたのである。

　1904年から05年の日露戦争，そして06年から鋼材年産18万トンを目標に4カ

年継続の第一期拡張工事がスタートしている。1901年に年産3万トンであった銑鉄は，日露戦争直後の05年に8万8,000トン，そして第一期拡張工事が終了した09年に11万6,000トンになっている。同じく，1901年に僅か3,400トンにすぎなかった鋼材は，05年に4万6,000トンに伸び，09年には10万トンを超えていた。外傷者数は生産高の伸びに応じるように増え続け，特に第一期拡張工事が始まってから急増している。外傷は高熱のもと，重筋労働や機械作業に従事し，長時間労働を強いられる職場で，日露戦争を契機に回り始めた生産を，第一期拡張工事に入って強力に推進したために生じたと思われる。

ここで注意すべきは，外傷の患者を製鉄所の労働に適しないとみなして，年々解雇したと推測されることである。表8-8は職工の解雇または死亡の原因となった患者の統計である。病名別では外傷が全体の60〜80％を示し，圧倒的に多かった。

1911年度における病院の実績は，官費患者1万937人，官費入院患者205人，私費患者5,680人になっている。官費患者数は従業員数7,375人の148％であった[71]。この年，鋼材年産30万トンを目標に，5カ年継続事業の第二期拡張工事が始まっている。今までみてきたように，官費患者の大半は外傷と推定するならば，作業環境は改善されたわけではなく，同じような状況にあったと考えられる。病院は患者を治療して健康を回復させ，再び労働に従事させるとともに，労働に耐えうるか否かを選別する役割を果たすことになったのである。

ここで，製鉄所の衛生対策についてみておこう。製鉄所において憂慮すべき症状の一つに脚気があった。再び表8-7をみてみると，脚気患者数は290人から440人で全体の5％程度であり，それほど多いわけではない。しかし，脚気によって作業中に倒れたり，長期休業する者も出てきて，決して軽視できなかった。

この事態を改善しようとしたのが，かつて陸軍にいた中村長官であった。1906年2月中村長官は，日露戦争中に軍隊の主食を米食から麦食に替えたところ，顕著な効果を収めたことを説明し，「工場衛生ト個人摂生ノ周到ヲ期スルタメ」，製鉄所の職工も米食を廃し麦食を常食にすることを奨励したのであ

表8-8　職工の解雇または死亡の原因となった病名

(単位：人，％)

病名	1907年	1908年	1909年
伝染性及び全身病	23 (11.4)	24 (9.5)	46 (20.0)
結核	18	21	36
花柳病	—	—	—
脚気	3	2	10
蒼白病	—	—	—
その他	2	1	—
呼吸器病	10 (5.0)	5 (2.0)	4 (1.7)
営養器病	5 (2.5)	5 (2.0)	8 (3.5)
歯牙疾患	—	—	—
胃腸病	1	1	7
その他	4	4	1
血行器病	1 (0.5)	—	2 (0.9)
運動器病	2 (1.0)	2 (0.8)	1 (0.4)
リュウマチ	1	1	1
その他	1	1	
脳及び神経器病	16 (8.0)	4 (1.6)	11 (4.8)
神経衰弱	10	1	4
その他	6	3	7
五官器病	2 (1.0)	6 (2.4)	6 (2.6)
トラホーム	1	—	2
結膜炎	—	1	
耳病	—	1	2
その他	1	4	2
皮膚病	—	—	—
泌尿生殖器病	2 (1.0)	1 (0.4)	4 (1.7)
外傷	140 (69.7)	205 (81.0)	146 (63.5)
中毒	—	1 (0.4)	—
その他	—	—	2 (0.9)
合計	201 (100.0)	253 (100.0)	230 (100.0)

出典：『報告関係書類綴　明治43年-大正2年』(製鉄所文書)より作成。

る[72]。同年5月に成立した製鉄所購買会で，最初に米と麦の販売を開始したのは，中村長官の意向が大きかったとされる[73]。

　ところが，中村長官自ら訓令し，実際に購買会から麦を売り出したにもかかわらず，なかなか麦食は進まなかった。同年8月，購買会で米，麦の販売高を調査したところ，麦は米の7分5厘にも達しなかったのである。また，病院の医師が脚気患者に聞き取り調査をしたところ，脚気発生以前に麦を食べていたのは10人中1人であった。島岡亮太郎文書課長は，これから暑さ厳しくなると脚気が流行するので，所内に麦食の励行を呼びかけたあと，「若シ職員職工ニシテ脚気病発作シタルコトヲ自覚シ，附属病院ニテ診察ヲ求メ，取調ノ結果平常食養生ニ重キヲ置カス，麦食ヲ用ヒスシテ発作シタル事実アルモノニ対シテ

表 8-9　職工体格検査表

年齢	16歳未満			17歳未満			18歳未満		
勤続年数	1年以内	2年以内	2年以上	1年以内	2年以内	2年以上	1年以内	2年以内	2年以上
人数	3	3	5	6	3	2	2	5	4
体重	41.6kg	39.2kg	37.7kg	47.9kg	47.5kg	41.2kg	47.1kg	50.8kg	43.1kg
身長	152.8cm	149.2cm	144.8cm	156.9cm	159.5cm	152.9cm	152.0cm	160.2cm	151.4cm
胸囲	74.6cm	72.4cm	72.0cm	77.6cm	78.9cm	75.3cm	79.7cm	79.7cm	79.8cm

出典:『報告関係書類綴　明治43年-大正2年』(製鉄所文書)より作成。
注:体重は貫,身長は尺の単位だったので,それぞれ3.75kg,30.3cmを掛けて算出している。

ハ,一切診療ヲ施サヾルコトニ措置致スヘク,長官ノ命ニ依リ此段及通牒候也」と強行な態度をみせている[74]。ただし,表8-7が示すように,依然として脚気患者がなくなることはなかったのである。

さらに注目すべきは,病院が健康診断や身体検査を行っていることである。製鉄所は各部課で職工を採用する時,健康診断をすることになっていた。ところが,しばしば健康診断を実施することなく採用したため,「実地操業ニ方リ身体強壮ナラサルモノ及感染性ノ疾患アルモノ等ヲ発見」することになった。ゆえに,1906年2月「新ニ採用スル場合ハ渾テ所属病院ニ於テ体格検査ヲ施行シ合格者ニ非ラサレハ入職セシメサルコト」にしたのである。

職工の志願者は附属病院で健康診断を行い,医師は検査の結果を履歴書の欄外に記入することになっていた。検査の結果は,甲,乙,丙の三段階で評価された。甲は「体格完全ナルモノ即チ合格者」,乙は「多少ノ欠点アルモ業務ノ種類ニ依リテハ使役ニ堪フルモノ即チ準合格者」,丙は「全然不合格」であった[75]。病院は志願者の健康を診断することによって,職工の採用に大きな役割を果たすことになったのである。

さて,工場法制定に際し,労働と身体の関係を検討する調査が実施された。1910年6月4日,農商務省工務局長から製鉄所長官に対し,工場ニ於ケル労働ト衛生及疾患トノ関係ヲ調査スル」ため,調査表を作成して,8月末日までに送付するよう要請があった。直ちに長官から庶務課長を経て院長に達している。院長が調査表を提出したのは,同年9月9日であった。調査表は次の10種類であった。

（1910年8月）

19歳未満			20歳未満			20歳以上		
1年以内	2年以内	2年以上	1年以内	2年以内	2年以上	1年以内	2年以内	2年以上
5	4	10	7	4	13	7	11	14
50.4kg	51.8kg	50.1kg	50.2kg	48.7kg	51.3kg	53.8kg	49.9kg	48.5kg
159.5cm	158.7cm	158.0cm	158.3cm	159.0cm	159.3cm	162.2cm	155.8cm	154.4cm
83.2cm	83.8cm	81.8cm	82.5cm	81.6cm	83.1cm	84.7cm	84.0cm	82.9cm

①現在職工体格検査成績表　②現在職工疾患調査表

③応募職工体格検査成績表　④応募職工疾患調査表

⑤職工解雇又ハ死亡ノ原因タリシ疾患調査表　⑥職工疾患調査表

⑦幼年職工体格検査成績表　⑧応募時現在職工体格検査成績比較表

⑨連続徹夜業ト体重トノ関係調査表　⑩現在職工数並勤続年月数調査表[76]

　調査には恒常的なものと，臨時的なものの両方がある。応募した職工の体格や疾病，解雇あるいは死亡した職工の疾病は，恒常的な記録によることに注意しておこう。

　ここでは，①，②，⑨について説明しておきたい。①を示しているのが，表8-9である。工場法制定のために調査しているので，10代後半は1歳ごとに記載されるなど，少年に重点が置かれている。ゆえに，年齢を重ねていくと，体重，身長とも体格がよくなっている。ただ，同年齢では勤続年数が長くなると，体重が減少し，胸囲が縮小する傾向がみられる。表8-10は，②の現在職工疾患を表している。108人中56人が何らかの疾患にかかっていると診断されており，52％に達している。なかでも，16歳未満の呼吸器病，18歳以上のトラホーム，19歳以上の歯牙疾患にやや人数が集中している。

　⑨の夜業から始まる24時間労働と体重の関係を示しているのが，表8-11である。夜業終了後には，体重が0.8～1.4kg減少しており，昼業が終わっても夜業前の体重に回復していない。表8-12は，連続徹夜業を実施している工場のデータを比較したものである。表中の製鉄工場が製鉄所である。この表による

表8-10　職工疾患調査表（1910年8月）

病名		16歳未満	17歳未満	18歳未満	19歳未満	20歳未満	20歳以上	合計
伝染性及び全身病	結核							
	花柳病							
	脚気						1	1
	蒼白病		2		1			3
	その他							
呼吸器病		4	1	1	1	1	1	9
営養器病	歯牙疾患					3	1	4
	胃腸病							
	その他							
血行器病			1		1			2
運動器病	リュウマチ							
	その他							
脳及び神経器病	神経衰弱							
	その他							
五官器病	トラホーム	1	2	1	5	9	9	27
	結膜炎	1	1		1		2	5
	耳病							
	その他				1		1	2
皮膚病		1					1	2
泌尿生殖器病								
外傷					1			1
中毒								
その他								
合計		7	7	2	10	14	16	56
調査人数		11	11	11	19	24	32	108

出典：『報告関係書類綴　明治43年-大正2年』（製鉄所文書）より作成。

表8-11　連続徹夜業と体重との関係調査表（1910年8月）

（単位：kg）

年齢別	人数	夜業開始前	夜業終了後	増減	昼業終了後	増減
17歳未満	5	46.9	46.0	-0.9	46.9	0
18歳未満	13	50.6	49.1	-1.4	51.3	-0.7
19歳未満	12	50.8	49.8	-1.0	51.0	0.2
20歳未満	13	53.3	52.4	-0.8	52.7	-0.6
20歳以上25歳未満	49	52.8	51.5	-1.4	52.5	-0.3
25歳以上	119	54.6	53.3	-1.3	54.0	-0.6

出典：『報告関係書類綴　明治43年-大正2年』（製鉄所文書）より作成。

と，製鉄所職工は夜業後の減量が最も大きいことが明らかであった。

製鉄所は調査の結果をもとに，何らかの対策をとったわけではないだろう。ここでは，農商務省の依頼によって，病院が職工の身体データを採り，調査結果をまとめたことに留意しておきたい。

表 8-12　連続徹夜業と体重との関係調査表（1910年）

(単位：グラム)

工　場	人　数	交代期間	夜業後の1人平均減量	回復量	回復しない量
A 紡績会社	81	7日	638	259	-379
B 紡績会社	59	7日	578	506	-71
C 印刷工場	204	7日	990	236	-754
D 印刷工場	803	7日	529	446	-83
製菓工場	12	6日	251	184	-68
製鉄工場	211	7日	1189	803	-386

出典：農商務省工務局「工場衛生調査資料」（『明治前期産業発達史資料』別冊 (97) Ⅲ）より作成。
注：体重の単位は匁だったので，3.75グラムを掛けてグラム単位で算出した。

おわりに

　最後に本章をまとめて終わることにしたい。
　まず，製鉄所の病院は創立当初から国費が投入されていることに特徴がある。製鉄所と同じく官業である呉海軍工廠と比較してみよう。呉の場合，造船廠及び造兵廠それぞれに共済会があり，1903年に海軍工廠が設立されたのに伴い，両者合併して職工共済会が成立している。その資金は，主に会員の拠出金によった。病院はこの職工共済会が母胎となって，翌1904年に成立している。その後，1912年に海軍共済組合が設立されて，呉の病院に初めて国費が投入されることになったのである[77]。また，製鉄所の職工は業務による傷病を被った場合，官費で治療することができた。呉の海軍工廠より後に成立した八幡の製鉄所に，創立当初から国費が投入されたことは注目してよい。さらに，製鉄所はコレラ，ペスト，天然痘など急性伝染病の予防と対策に注意を払っていた。病院は労働力の保全と再生産を身体面から支えていたのである。
　次に，病院は職工の身体が労働に耐えうるか否かを診断することによって，製鉄所の雇用管理を担うことになった。また，工場法制定の調査において，労働と健康に関するデータを収集し，結果をまとめている。
　こうして，日露戦争後の病院は個々の職工の身体を把握することによって，

職工の身体管理を行うことになったのである。これ以降、病院が労働力の身体面における質的管理を担当することになったと言えるだろう。労働力の質的管理は、製鉄所の労務管理が目指していた方向に合致するものであった[78]。その後、この管理がどのように展開したのかは今後の課題である。

注

1) 「創立期」とは、「創立費」による「創立事業」が行われた期間をいう。具体的には、1896年に創立案を作成してから1910年に第一期拡張工事が終わるまでの15年間をさしている。詳しくは、清水憲一「官営八幡製鐵所「創立事業」としての第1期拡張」(『九州国際大学経営経済論集』第12巻第1・2号、2005年)参照。

2) 以上、時里奉明「製鐵所創立期の福利政策——住宅を中心に」(課題番号16330066　平成16年度〜19年度科学研究補助金　基盤研究(B)(研究代表者：清水憲一九州国際大学教授)研究成果報告書『官営八幡製鐵所創立期の再検討』2008年)。病院は1900年10月に開院している。操業を開始したのは、1901年2月であった。

3) 石原修「衛生学上ヨリ見タル女工之現況」、「女工と結核」(篭山京編『生活古典叢書　女工と結核』第5巻、光生館、1970年)は著名である。

4) 以上、農商務省商工局編「各工場ニ於ケル職工救済其他慈恵ノ施設ニ関スル調査概要」(間宏編『日本労務管理史資料集』第1期第3巻慈恵的施設と福利増進施設、五山堂書店、1987年)。

5) 重工業大経営の福利施設、おもに共済組合を対象としたものに、兵藤釗『日本における労資関係の展開』東京大学出版会、1971年、がある。兵藤は日用品供給施設や住宅に言及しているが、病院はまったくふれていない。

6) 間宏『日本労務管理史研究』ダイヤモンド社、1964年。

7) 森建資「官営八幡製鉄所の労務管理(1)(2)」(『経済学論集』第71巻第1・2号、2005年)。

8) 三浦豊彦『労働科学叢書52　労働と健康の歴史』第2巻、労働科学研究所出版部、1980年、191〜222頁。

9) 以上、製鉄所の財政については、佐藤昌一郎『官営八幡製鉄所の研究』八朔社、2003年、長島修「官営八幡製鉄所の確立——創立費予算の分析を中心にして」(『九州国際大学経営経済論集』第13巻第1・2号、2006年)を参照。なお、創立費の記述は、前掲時里「製鐵所創立期の福利政策」に基づき、加筆、訂正を行っている。

10) 『重要書類　但事業関係ノ部』製鉄所文書。

11) 以上、『製鉄事業調査報告書附録』製鉄所文書。

12）　調査会の主たる議題を整理し，製鉄所の民営化案を検討した論文に，長島修「創立期官営八幡製鐵所の戦略的意思決定──製鉄事業調査会の議論を中心に」（『立命館経済学』第46巻第4号，2007年）がある。
13）　以上，『製鉄事業調査報告書』製鉄所文書。
14）　以上，「予定経費追加要求書」「予定経費追加要求書各自明細書」（『予算表』製鉄所文書），『帝国議会衆議院委員会議録』24，東京大学出版会，1987年，54～55頁。
15）　前掲『帝国議会衆議院委員会議録』24，55頁。
16）　中村長官は，7月1日に行われた調査会の会議で，現場の労働が過酷なので職工が製鉄所で長く働こうとしないこと，そのため熟練した職工を得ることが困難であることを指摘し，「有用ノ職工丈ケ」は住宅を与えて「永ク落付テ居ラセル」ことが必要だと主張していた（1902年7月1日「製鉄事業調査会第1回議事速記録」前掲『製鉄事業調査報告書附録』）。
17）18）　『明治36・37・38年度臨時事件費関係書』製鉄所文書。
19）　「予算委員会会議録」，「予算委員第五分科会会議録」（『帝国議会衆議院委員会議録』28，東京大学出版会，1988年）。
20）　同前，230頁。
21）　以上，『製鉄所作業報告』製鉄所文書。作業費収入は，作業収入と雑収入に分かれている。その内訳は次の通り。
　　一，作業収入　製品売払代　不用品売払代
　　一，雑収入　手数料　物品払下代　弁償金　違約金　返納金
22）　以上，「附属病院設置ノ件本省大臣ヘ上申」（『病院諸規程』製鉄所文書）。
23）　時里奉明「官営製鉄所における救済制度の展開と労働力編成」（『福岡県史 近代研究編 各論（二）』福岡県，1996年）。
24）　前掲「附属病院設置ノ件本省大臣ヘ上申」。
25）　以上，「附属病院医務内規」（前掲『病院諸規程』），前掲時里「官営製鉄所における救済制度の展開と労働力編成」。
26）　以上，1901年1月「職工規則，全服制規程及全身元保証金納付規程等制定ノ義大臣ヘ上申ノ件」（『通達原議』製鉄所文書）。
27）　「附属病院設置ニ付施療投薬ニ関スル件」（前掲『病院諸規程』）。
28）　以上，『八幡製鐵所病院九十年史』新日本製鐵株式会社八幡製鐵所病院，1990年，422頁。
29）　『八幡製鉄所五十年誌』八幡製鉄株式会社八幡製鉄所，1950年，265頁。
30）　「附属病院医務内規中改正追加ノ件」，「附属病院医務内規中改正ノ件」（前掲『病院諸規程』）。それまで，病院職員の勤務時間は午前9時から午後4時，診察時間は午前9時から午後2時であった（「病院開始ニ付キ院長ヘ注意ノ件」前掲『病

31) 前掲「職工規則，全服制規程及全身元保証金納付規程等制定ノ義大臣ヘ上申ノ件」。午前6時と午後6時に交代時間を変更し，実施したのは1901年8月26日からである（1901年8月「職工規則改正ノ件」前掲『通達原議』）。
32)「附属病院宿直規程制定ニ付通牒ノ件」，「附属病院入院規則制定ノ件」，「看護手服務規程制定ノ件」，「入院患者心得及入院患者面会人心得制定ニ付通牒ノ件」（前掲『病院諸規程』）。
33) 前掲「附属病院入院規則制定ノ件」。
34)『門司新報』1901年5月31日。
35)『北九州市産業技術史調査研究　八幡製鐵所の設備・技術の変遷』第1分冊高炉，原料処理設備，北九州産業技術保存継承センター，2008年，24頁。
36)『門司新報』1901年8月30日。
37) 同前，1902年3月21日。
38) 同前，1903年5月23日。
39) 前掲「附属病院医務内規」。
40) 以上，同前。
41) 1902年6月「伝染病流行ノ傾向アルニ付注意ノ件」（『通達』製鉄所文書）。以下，『通達』は製鉄所文書である。
42) 1902年7月「職員以下吐瀉又ハ下痢ノ疾病ニ罹リタルモノヽ通知方」（同前）。
43) 1902年7月「門司若松ニ虎列拉病発生ニ付キ該地方ヘ往復見合ス可シトノ件」（同前）。
44) 1902年7月「清潔法施行ノ件」（同前）。
45) 1902年7月「虎列拉病発生ニ付キ船溜ニ碇泊ノ貨物乗込員上陸禁止ノ件」（同前）。
46) 1903年1月「ペスト病発生ニ付本所使用ノ艦褸消毒ノ件」（同前）。
47) 1903年1月「ペスト病発生ニ付予防方注意ノ件」（同前）。
48) 1906年6月「天然痘予防之為メ種痘施行ノ件」（『通達』）。附属病院が開院したころ，つまり1900年の秋ごろ，庶務科長から院長に種痘を実施することを打診している（前掲「病院開始ニ付キ院長ヘ注意ノ件」）。
49) 1904年5月「肺結核予防ニ関シ唾壺配置ノ件」（『通達』）。1904年2月，内務省は肺結核予防法を公布した。製鉄所は，この法令に基づき対策を取ったのである。
50) 時里奉明「官営八幡製鉄所の創業と都市社会の形成」（『福岡県史』通史編近代産業経済Ⅰ，2003年）第2節2製鉄所の労務管理参照。
51)52)『帝国議会衆議院委員会議録』40，東京大学出版会，1988年，278頁。
53)『福岡日日新聞』1906年1月27日。

54) 1906年度における製鉄所創立費のプロセスは、前掲清水「官営八幡製鐵所「創立事業」としての第1期拡張」参照。
55)56) 『帝国議会衆議院委員会議録』33、東京大学出版会、1988年、274頁。
57) 同前、308頁。
58) 『製鉄所官制沿革』、前掲時里「官営八幡製鉄所の創業と都市社会の形成」。
59) 前掲時里「官営八幡製鉄所の創業と都市社会の形成」。
60) 以上、1907年10月「製鉄所職工規則及附則製鉄所職工心得ノ件」(『通達』)。
61) 前掲時里「官営製鉄所における救済制度の展開と労働力編成」、『製鉄所例規集覧』上巻、748~749頁。
62) 以上、前掲『八幡製鐵所病院九十年史』423頁。
63) 以上、『遠賀郡誌』下巻、遠賀郡誌復刊刊行会、1962年、373頁。
64) 前掲『八幡製鐵所病院九十年史』423頁。
65) 1908年1月「附属病院患者取扱ニ関スル件」(『通達』)。
66) 前掲『八幡製鐵所病院九十年史』423頁。大蔵出張所の勤務時間は午前8時から午後5時まで、診察時間は午後1時から4時までの3時間であった。翌年6月、診察時間は午前8時から午後2時までと大幅に改正されている(前掲『製鉄所例規集覧』上巻、724~726頁)。
67) 前掲時里「製鐵所創立期の福利政策」。
68) 1912年9月「附属病院ニ於テ患者取扱ニ関スル件」(『通達』製鉄所文書)。
69)70) 1912年12月「附属病院治療費後払手続制定ノ件」(同前)。
71) 以上、前掲『遠賀郡誌』下巻、373頁、前掲『八幡製鉄所五十年誌』付表。
72) 1906年2月「麦飯奨励ノ訓令」(『通達』)。
73) 時里奉明「日露戦後における官営製鉄所と地域社会――製鉄所購買会と八幡町商業者の関係を中心に」(『九州史学』第115号、1996年)参照。
74) 以上、1906年8月「脚気患者多数ニ付警戒ノ件」(前掲『通達』)。
75) 以上、1906年2月「職工志願者体格検査施行方ノ件」(前掲『通達』)。
76) 以上、「本省工務局長へ職工体格検査成績表其他送付ノ件」(『報告関係書類綴明治43年-大正2年』製鉄所文書)。
77) 呉共済病院については、次の文献を参考にした。池田憲隆「近代日本の重工業における福利政策の展開――海軍事業所を中心にして」(『立教経済学研究』第54巻第2号、2000年)、『呉共済病院100年史』(呉共済病院、2004年)。
78) 前掲時里「官営八幡製鉄所の創業と都市社会の形成」。職工については、彼らに対する定着化策が本格化し、統一的な業務の整理や身元調査の徹底など質的な管理が進められる。

第9章　明治期における塩業組合
―三田尻塩田大会所を事例に―

伊藤 昭弘

はじめに

　従来の日本塩業史においては，塩業組合に対するふたつの評価が存在する。まず渡辺則文氏は広島県の塩業組合[1]について，近世の「塩浜[2]共同体」（製塩経営者の協同組織）から本質的には変化していない，とされている[3]。他方太田健一氏は，兵庫県赤穂浜の分析から，塩業組合などの「各種団体組織」は，地主層が「あらゆる面から小作人及び塩業労働者の支配の貫徹」を図るために結成した組織とされる[4]。そのほか加茂詮氏[5]や相良英輔氏[6]も，塩田地主制[7]の成立・展開を念頭に置きつつ，主に香川県における林田塩産会社など，会社形態の塩業組織を分析されている。
　以上，これまでの塩業組合研究は，その前近代性や，地主による小作支配装置としての側面が特に注目されてきた。こうした論点も重要ではあるが，広大な瀬戸内海沿岸地域には多くの塩業組合が存在しており，その実態も多様であろう。例えば赤松道弘氏は，明治中期までの山口県小松浜について，「地主と現業人（小作：筆者註）の協力による塩田経営」に注目し，地主・小作両者が小松浜の「発展」に貢献した側面に注目し[8]，上記のような論点とは異なる評価をされている。今後，より多くの実態分析を積み重ねることで，明治期日本における塩業組合を再評価し，さらには塩業組合が産地側の受け皿となった明治38（1905）年成立の塩国家専売制について，産地側からの視点による再評価

につながるのではないか。

　本章では，山口県内最大の面積・生産量を誇った三田尻浜の「三田尻塩田大会所」（以下「大会所」）を検討する。大会所については，相良英輔氏が塩田小作争議および浜子（労働者）の同盟罷業に関する研究の中で言及されている[9]。氏は大会所について，「耕地地主を兼ねた経済的に圧倒的地位を誇る塩田地主」がいなかったため，秋良貞臣という山口県庁の官吏の「政治的行政的能力」に依存しつつ[10]，個々の地主の「経済的基盤の弱さ」を克服するために大会所に結集した，とされている。

　「経済的基盤の弱さ」を測ることは難しい[11]が，数多くの（相良氏が言うところの）「地主」が大会所に加盟していたことは事実である。ただ相良氏は，地主と自作（後述）を峻別せず，一括りに「地主」として取り扱っているため，地主と小作の対立である小作争議と，塩田経営者（自作・小作）と労働者の対立である同盟罷業を同時に扱い，あたかも地主対小作・労働者であるような議論になっている。大会所の構成者が地主中心なのか，それとも自作中心なのかで，大会所の性格は大きく変わる。本章ではこの点を厳密に峻別して，論を進めていきたい。また氏の視点は，前述の太田健一氏らのそれに近いが，本章は大会所の帳簿類を詳しく分析することで，大会所の実態を明らかにしたい。

　なお本章では，地主…塩田を所有するが全て自身では経営せず，小作に貸与する者，自作…塩田を所有し，自ら経営する者，小作…全く塩田を所有せず，地主から借りて経営する者，とする。自作には，地主的性格（所有塩田のうち，一部は自己経営，一部は小作に貸与）・小作的性格（所有塩田のほか，地主から借りた塩田も経営）を持つ場合があるが，基本的には自作としての利害に立脚した行動をとった，との前提で論をすすめたい。

1 組織

(1) 構成員と意志決定システム

　近世の三田尻浜では、大年寄（2人）および三田尻浜内の4浜ごとに年寄（合計7人前後）が任命された。大年寄が勤務し、「寄合」の際に年寄・問屋などが集まる施設が大会所で、4浜各々には会所が置かれた。塩浜組織に属したのは、「地下」や「浜人」と呼ばれる製塩経営者で、制度上は自小作の差別はなかった。しかし安政3年（1856）に「地下」の「惣寄合」が開かれた際、出席要請を受けたのは「地主浜人」（自作）のみで[12]、「預り浜人」（小作）は除外されており、塩浜運営において自作・小作間に一定の格差が存在した。また地主は、塩浜運営に関与できなかった。しかし明治10年以降の山口県庁塩業政策に従い、11年に各会所を大会所へ統合し[13]、塩田所有者（地主・自作）を構成員とした、組織としての「三田尻塩田大会所」が成立した。

　明治12年の塩田所有者名簿[14]に記載された人物のうち、11年の塩田経営者名簿[15]にも載っている人物、すなわち明治12年段階で、自作塩田経営者である可能性が高い人物は72名で、その所有・自己経営塩田は三田尻浜の全152軒のうち125軒にのぼる。また重見之雄氏によれば、明治15年の塩田所有者のうち、52人は「地元」（現防府市域）、33人は「村外」（市域外）に居住していた[16]。さらに明治40年前後の塩田所有者名簿[17]では、全87人のうち三田尻浜が属する中関村居住者が51人、重見氏の「地元」範疇には72名が該当する。また重見氏が提示された別のデータでは、明治40年前後の自作は70人強[18]、塩田所有者の自作率は8割以上とみられる。

　このように、大会所は三田尻周辺地域に居住する自作を中心に構成されており、地主による小作「支配」（＝より多くの小作料収入獲得）が目的ではなく、塩田経営者の相互協力・扶助を目的とした可能性が高いことがわかる。前述の相良氏の議論のうち、塩田経営者対労働者の対立（同盟罷業）は大会所にとっ

て大きな課題だっただろうが、地主対小作の対立（小作争議）は、小作が少ない以上、さほど重要課題ではなかったと考えられる。

　次に大会所の組織について、明治14年の「塩田大会所規則」[19]に基づいた臼杵華臣氏の解説[20]によれば、三田尻浜全体の塩田所有者の投票によって総頭取、頭取、副頭取（各１名）が、その他４浜ごとに総代兼議員（20人）が選出された。また総代兼議員の中から選出された７名の常在委員が大会所の業務に「参与」し、日常の大会所運営は総頭取・頭取・副頭取、および常在委員によって担われた。その後明治22年に大会所規則は「更正」され[21]、以後総頭取を廃止し頭取のみとなった（副頭取は明治18年に廃止）。さらに常在委員は「理事」（５〜８名）、総代兼議員は「地主総代」[22]（12〜25名）と改称した。運営体制自体に変化はなく、通常は「理事会」が、さらに重要事項については「地主総代会」および「地主総会」が開催された。

　「地主総代」や「地主総会」など、名目としては「地主」の語が使われ、本章で言うところの地主も当然含まれている。ただ明治期の実態としては、上記大会所の役員は自作が占めており、地主が大きな権限・発言力を持ったことは無かったと考えられる。

(2)　三田尻製塩売捌所の成立と展開

　近世の三田尻浜における塩販売は塩問屋にすべて委託され、特に北国問屋と称する６軒の塩問屋の独占状態にあった。ところが明治16年、従来の塩問屋は廃止され、「三田尻製塩売捌所」なる組織に改編された。

　売捌所の成立過程について、臼杵華臣氏は次のように整理されている[23]。廃藩置県後も、三田尻浜の塩販売は依然として塩問屋が独占していたが、問屋同士の販売競争が激化し、大会所は改善の必要性を痛感していた。そうしたなか、たまたま１軒の塩問屋が「破産」し、その問屋株を「塩田所有者」が入手した。そして明治16年に旧来の塩問屋を廃止し、彼らを加入させた「株式組織」として売捌所が設立された。さらにその後、合資会社組織に改められ、明治34年に旧塩問屋が所有した「権利」を「総製塩業者」（製塩経営者）が買い取り、全

く「製塩業者」のみの組織となった。

　以上の臼杵氏の説明について，若干補足しておきたい。まず「破産」した塩問屋とは，宮村屋森繁経介である。そもそも森繁は旧来からの塩問屋ではなく，明治15年8月に宮村屋株および付随した土地家屋を2,500円で購入した[24]。しかし明治17年6月，大浜・中浜の塩田所有者中が宮村屋株を入手した[25]。最終的に宮村屋株は，三田尻浜塩田所有者中の共同保有に決し，塩田所有者中は売捌所株の4割を保有することとなった。

　その後，売捌所は明治34年に塩田所有者のみで構成される組織となった（「製塩業者」は誤り）。その際大会所は，旧塩問屋の権利を入手するために多額の資金を必要としたが，12,359円を「売捌所旧株買取ニ付売捌所ヨリ借入」[26]によって調達した。

　明治35年3月13日制定の「合資会社製塩売捌所名義人職務権限及事業方法」[27]によれば，大会所が「名義人」10人を選任し，その中から3名の「社員」，1名の「専務」を置き，売捌所業務の責任者とした。彼らの業務は，例えば「名義人職務権限及事業方法」4条で「議決事項ノ何タルヲ論セス大会所重役会ノ承認ヲ得サレハ履行スルヲ得ス」と定められたように，大会所の意向に規定された。

　こうして売捌所は，完全に大会所―塩田所有者中の傘下に入った。その影響は，特に売捌所から大会所への資金融通面で大きく現れる。この点については，次章で述べたい。

2　財務構造

(1) 資本調達

　本節では，大会所の財務構造[28]を検討したい。まず本項では，大会所の資本調達（表9-1）をみていこう。大会所は自己資本を全く有さず，すべて負債である。まず負債全体の推移をみると，概ね1万～2万円台を推移しつつ，27

表 9-1　大会所負債

(単位：円)

年	負債					
	売捌所	塩田	金融機関	個人・企業	公金	計
1883	8,860(21)	1,324(3)	30,000(71)	1,744(4)	—	41,929
1884	785(10)	3,351(44)	—	3,377(44)	—	7,514
1885	—	3,977(23)	9,000(53)	3,997(23)	—	16,975
1886	305(2)	9,419(70)	—	2,926(21)	800(5)	13,451
1887	600(3)	9,023(52)	4,800(27)	2,887(16)	—	17,311
1888	—	12,765(76)	—	4,013(23)	—	16,778
1889	—	15,547(73)	—	4,534(21)	986(4)	21,069
1890	786(4)	12,653(71)	—	2,441(13)	1,852(10)	17,734
1891	—	11,672(56)	5,000(24)	2,203(10)	1,578(7)	20,591
1892	—	14,791(81)	—	2,807(15)	599(3)	18,198
1893	—	18,334(97)	—	65(0)	315(1)	18,714
1894	1,240(3)	16,065(49)	15,000(46)	—	150(0)	32,455
1895	629(3)	16,247(88)	1,500(8)	34(0)	—	18,411
1896	1,320(5)	19,855(77)	—	4,330(16)	—	25,506
1897	18,060(41)	25,199(58)	—	170(0)	—	43,431
1898	—	21,985(76)	—	6,721(23)	—	28,706
1899	1,805(6)	26,218(93)	—	46(0)	—	28,070
1900	4,405(12)	25,261(70)	2,480(6)	3,688(10)	—	35,834
1901	12,359(19)	25,259(39)	4,934(7)	21,485(33)	—	64,038
1902	39,353(53)	25,936(35)	—	8,387(11)	—	73,677
1903	60,056(59)	29,428(29)	6,977(6)	4,004(3)	—	100,466
1904	10,525(19)	31,650(59)	10,674(20)	439(0)	—	53,289
1905	50,353(61)	26,179(32)	—	5,046(6)	—	81,578
1906	50,102(59)	33,254(39)	—	162(0)	—	83,518
1907	38,053(52)	33,986(47)	—	47(0)	—	72,087

注：（　）内は「計」に占める比率，小数点以下切り捨て．

年に3万円，30年には4万円を超え，さらに34年以降は5万～10万円台に達し，増加傾向にあった．

　次に負債の調達先を分類し，詳しくみてみよう．なお明治41年以降は，40年以前では後述の〈塩田〉や〈金融機関〉に分類した借入項目が，区別されずに一括して「諸向借入金」と記載され，詳しい分析ができない．そのため本節は，明治40年までを対象として，主に専売制成立以前と成立直後における大会所の財務構造を検討したい．

〈売捌所〉…三田尻製塩売捌所からの負債である．明治16年の8,807円は「売捌

表9-2 大会所の金融機関からの負債

(単位：円)

年	防長協同会社	第百十国立銀行	華浦組（銀行）	塩田貯蓄銀行	不明	計
明治16	10,000	20,000				30,000
明治18	9,000					9,000
明治20		4,800				12,692
明治24			5,000			15,900
明治27			15,000			15,000
明治28				1,500		1,500
明治33				2,480		2,480
明治34				4,934		4,934
明治36				6,977		6,977
明治37				674	10,000	10,674

所買附入金分」と、塩代金の前借りである。明治30年は塩代金の「受過分」が18,060円、34年は12,359円と増加したが、理由は次節で述べる。明治35年以降、37年を除いて3万円台後半から6万円と激増し、資本全体に占める比率は5〜6割に達した。第1節で検討したように、明治34年に売捌所が大会所の傘下に入り、多額の売捌所資金が大会所へ流れるようになった。

〈塩田〉…地主・自作・小作からの負債で、大部分を「保持金」が占めており、その詳細については次節で詳述する。それ以外では、製塩経営者（自小作）―大会所間での受払（塩や製塩必需物資の代金）の結果、大会所が「借」となったものである。逆に大会所が「貸」となった分は、次節で〈諸口差引〉として処理した。明治16年以降徐々に増加し、21年には1万円台、29年には2万円台に達し、3万円を超える年もあった。資本全体に占める比率は、明治33年までは7割以上の年が多いが、34年以降は3〜5割程度に低下している。

〈金融機関〉…銀行および銀行類似組織からの負債である。大会所が融資を受けた金融機関（表9-2）は、銀行は第百十国立銀行、三田尻村の華浦銀行、中関村の塩田貯蓄銀行である。銀行類似組織は、近世の「修甫」[29]を引き継いだ防長協同会社や、華浦組（華浦銀行の前身）があった。負債額は、明治16年の合計3万円を除き、さほど多くない。明治24、27年は華浦組（銀行）からの借入である。華浦組は、近世には関屋の屋号で三田尻浜の塩問屋を営み、また

「塩田二〇枚,千石船一一隻を所有」した貞永家の7代正甫が明治22年に開業し,その後24年に私立銀行華浦組,さらに26年7月1日,正甫の子恭一によって株式会社華浦銀行として再出発した。また取締役には当時大会所頭取の山根治六が就いており,華浦組—華浦銀行は,三田尻浜と関係の深い人物を中心に設立された[30]。

明治28年以降は,塩田貯蓄銀行からの調達に移行する。同行も頭取の時政梅吉(当時大会所理事)など,経営陣に大会所の役員を揃え,明治29年2月に開業した[31]。ただ表9-2の借入は,いずれも製塩必需物資の共同購入代金支払に使用された,当座預金口座における一時的な借入であり,額も少額である。

そのほか明治13年には,三田尻町で貸金業や米・紙売買などを行った協力社[32]から融資を受けており[33],大会所は創立当初より,金融機関からの借入に依存していた。しかし全般的には継続的ではなく,〈塩田〉や〈売捌所〉の補完的な役割である。

〈個人・企業〉…個人は地主・自作・小作からの預金や,菰・叺など製塩必需物資を共同購入する際,取扱業者・仲買人との取引で生じた未納金などである。企業は塩・石炭の取引先や塩の輸送を委託した海運業者などである。明治25年までは,時政梅吉,山根治六など,自作からの「借金」「預り金」を中心として,借入全体の1～2割を占めた。しかし明治26～32年には激減し,全く無い年もあった。明治33～36年には再び一定額が計上されたが,内容は以前と大きく異なった(表9-3)。

まず明治33年は,ほとんどが製塩必需物資の取引による預かり金である。明治34年は「古塩」(前年製造の在庫塩)販売の不調を理由に,「広海本店」から2万円もの融資を受けた。「広海本店」とは,加賀国瀬越出身の北前船商人広海二三郎が大阪に置いていた店舗である[34]。大会所と広海の関係は,明治32年10月12日の「広海仁三郎ヨリ製塩売捌所へ向ケ,食塩購買ノ件ニ付上坂ヲ促シ来候」[35]という大会所記録の記事が初見である。また明治40年1月9日・3月4日の記事[36]によれば,大会所と広海は塩の販売委託契約を結び,広海は小樽支店で「食塩」を販売した。大会所にとって広海は,単に塩販売の委託先だっ

表9-3 〈個人・企業〉内訳（主要なもののみ）

明治33年	
中村竹兵衛縄代差引過金	636円
倉田恵三郎縄代差引過預り	317
石炭会社三池炭手数料其他差引過預り	597
三池支店三池炭代差引過預り	1,271
同上杵島炭代金預り	380
明治34年	
縄代差引残金預り蔵田恵三郎分	579
縄代差引残金預り中村竹兵衛分	550
古積塩不捌ノ為広海本店ヨリ一時借入金	20,000
明治35年	
縄代諸口	1,106
山尾出張店三池炭代未払分	673
石炭会社塩代差曵受過分	6,607
明治36年	
福田怡甫	4,000

ただけでなく，2万円もの大金を融資してくれる貴重な存在だった。

〈公金〉…事例は少ないが，田嶋村（明治19年）・中関村（明治22～27年）といった周辺自治体の公金を預かっている。中関村の場合，「預り」や「別段預り」，「共有金」として計上された。事例・額ともに少なく，資本構造全体に影響を与えるほどではなかった。

　以上，項目別に内容を検討した。その結果資本構造の推移を，以下の3期に分けたい。

〈Ⅰ期，明治13～18年〉…金融機関からの借入が中心の時期。明治13年の事例から，データが存在しない明治15年以前も該当すると判断した。

〈Ⅱ期，明治19～34年〉…当該期は〈塩田〉が多かった時期である。その一方で，Ⅰ期に中心的な役割をみせた金融機関は，一時的なものにとどまった。

〈Ⅲ期，明治35年～〉…売捌所の重要性が高まった時期である。売捌所からの借入増加に伴い，全体の額も増加した。また〈塩田〉も漸次増加した。金融機関からの借入は，Ⅱ期同様一時的なものである。

　以上が大会所の資本調達である。個々の借入にいかなる目的があったのか，

表 9-4 大会所資産構造

(単位：円)

年	資産					
	合　計	現　金	個人・企業	金融機関	塩　田	売捌所
1883	41,932	6,545(15)	875(2)	2,430(5)	30,026(71)	2,054(4)
1884	7,516	1,575(20)	3,535(47)	—	257(3)	2,148(28)
1885	16,991	2,134(12)	3,723(21)	—	10,216(60)	916(5)
1886	13,450	309(2)	3,256(24)	—	8,984(66)	899(6)
1887	17,311	526(3)	1,392(8)	—	14,751(85)	640(3)
1888	16,778	1,454(8)	3,060(18)	—	11,685(69)	577(3)
1889	21,069	2,646(12)	5,052(23)	—	13,318(63)	51(0)
1890	17,734	473(2)	4,412(24)	—	12,849(72)	—
1891	20,594	1,725(8)	3,458(16)	—	14,084(74)	1,326(6)
1892	18,199	423(2)	3,419(18)	—	14,352(78)	3 (0)
1893	18,814	801(4)	1,735(9)	—	14,540(77)	1,737(9)
1894	32,455	759(2)	1,993(6)	—	29,702(91)	—
1895	18,411	443(2)	1,924(10)	—	16,043(87)	—
1896	25,509	1,544(6)	3,828(15)	—	18,092(70)	2,043(8)
1897	43,430	622(1)	7,545(17)	7,422(17)	27,840(64)	—
1898	28,706	324(1)	8,546(29)	2,900(10)	16,935(58)	—
1899	28,071	85(0)	3,998(14)	2,909(10)	21,078(75)	—
1900	35,834	225(0)	2,481(6)	1,870(5)	31,257(87)	—
1901	64,037	8(0)	3,221(5)	86(0)	57,117(89)	3,604(5)
1902	73,677	11(0)	9,023(12)	3,519(4)	61,122(82)	—
1903	100,466	1,372(1)	19,851(19)	160(0)	80,454(80)	—
1904	57,810	4,526(7)	5,839(10)	—	47,445(82)	—
1905	81,578	—	6,991(8)	—	74,586(91)	—
1906	83,518	—	6,457(7)	—	77,061(92)	—
1907	72,087	22(0)	20,478(28)	—	51,587(71)	—

注：(　)内は「計」に占める比率．小数点以下切り捨て．

という点については，次節における資産構造分析から明らかにしたい．

(2) 資産構造

　資産の大まかな内訳をみると（表9-4），明治16年や37年は現金保有高が多いが，その他の年は債権が中心である．その貸付先を〈塩田〉〈金融機関〉〈個人・企業〉・〈売捌所〉に分類し，検討を進めたい．

　〈塩田〉…内訳をみると（表9-5），当初から作付金が大きな比重を占め，明治35年までは〈塩田〉の5～8割を占めた．作付金の起源や具体的なシステ

表9-5　大会所資産のうち〈塩田〉内訳

(単位：円)

年	作付金	諸口差引	塩代貸付	浜子前貸	その他	計
1883	15,195(50)	2,338(7)	11,142(37)	—	1,350(4)	30,026
1884	—	52(20)		—	205(79)	257
1885	9,327(91)	106(1)		—	782(7)	10,216
1886	7,760(86)	234(2)		—	990(11)	8,984
1887	7,730(52)	177(1)	5,324(36)	—	1,520(10)	14,751
1888	8,949(76)	177(1)		—	2,559(21)	11,685
1889	10,255(76)	243(1)		—	2,820(21)	13,318
1890	10,255(79)	421(3)		—	2,172(16)	12,849
1891	10,900(77)	654(4)		—	2,529(17)	14,084
1892	12,430(86)	170(1)		—	1,751(12)	14,352
1893	12,430(85)	100(0)		—	2,010(13)	14,540
1894	13,990(47)	81(0)	14,333(48)	—	1,297(4)	29,702
1895	14,000(87)	660(4)	882(5)	—	500(3)	16,043
1896	15,545(85)	1,162(6)		—	1,385(7)	18,092
1897	15,545(55)	126(0)	—	11,592(41)	576(2)	27,840
1898	15,045(88)	559(3)		—	1,330(7)	16,935
1899	17,096(81)	3,350(15)		—	632(3)	21,078
1900	17,096(54)	10,729(34)	324(1)	—	3,107(9)	31,257
1901	17,096(29)	7,438(13)	19,574(34)	—	13,008(22)	57,117
1902	23,200(37)	1,182(1)	17,675(28)	11,726(19)	7,339(12)	61,122
1903	23,330(28)	271(0)	52,398(65)	—	4,453(5)	80,454
1904	23,335(49)	1,068(2)	23,024(48)	—	18(0)	47,445
1905	23,335(31)	2,404(3)	48,640(65)	—	205(0)	74,586
1906	26,418(34)	311(0)	38,175(49)	11,827(15)	328(0)	77,061
1907	26,418(51)	24,847(48)	—	—	321(0)	51,587

注：( )内は「計」に占める比率．小数点以下切り捨て．

ムは次節で検討する。明治34年から，〈塩代貸付〉が比重を増した。なお明治40年以降，〈塩代貸付〉に相当する項目がみられず，〈諸口差引〉の中に一括記載されたと考えられる。

〈塩代貸付〉の展開を詳しくみよう。明治16年は「思寄塩引当貸分」として11,142円が，20年も「思寄貸」5,324円が計上された。「思寄」とは，塩田面積に応じて販売塩を割り当てる「町割」，塩田1軒ごとに均等に割り当てる「平割」に対し，製塩経営者の希望に応じて割り当てる方式で，「古塩」販売の際に用いられた[37]。また明治27年は「先納思寄引当渡」とあり，前年末に大会所の代表が大阪へ出向き，翌春北国へ向け出港予定の廻船業者と「古塩」の売買

契約を結ぶ,「先納塩」にかかる貸付である。明治28年1月17日の大会所記録[38]によると,「先納」に充てる「古塩」92,892石余のうち「思寄売」43,592石余の売買契約が締結できなかった。そのため大会所は15,000円を借り入れて製塩経営者に融資し,「古塩」が売れ次第回収することにした。また明治35年1月29日,大会所は「古塩」の販売代金を製塩経営者へ支払う旨決定したが,その中には売れ残り23,000石の代金が含まれており,これも「借入レ」によって補塡した。明治36年以降も,同様の補塡が「古積塩勘定」として計上されている。「古塩」販売収入は,製塩経営者にとっては3月に開始する製塩経営の準備資本として欠かせなかった。そのため「古塩」販売が不調の際,大会所がさまざまな形で補塡した。

〈塩代貸付〉の主な財源には,明治27年は華浦銀行からの借入15,000円を,明治34年は「古積塩不捌ノ為広海本店ヨリ一時借入金」2万円を充て,金融機関や取引先からの借入によって,「古塩」販売不振に対応した。しかし明治35年以降,売捌所の資金が中心となっており,前節でみた売捌所からの借入増加は,これに起因していた。

次に〈浜子前貸〉は,塩田労働者(年季雇用)である浜子に対して製塩経営者が貸し付ける前貸金の原資として,大会所が製塩経営者に融資した資金である。表9-5に計上された明治30,35,39年の3カ年は,大会所が〈浜子前貸〉を年度内に回収できなかった年である。〈浜子前貸〉は,基本的に毎年1月初めに決定され,年度内に回収されたため,表9-5には現れない。しかし例えば明治30年は,翌年の「新塩」(操業開始後,新たに生産した塩)の代金から回収した[39]ために回収が年度を越え,表9-5に現れた。なお〈浜子前貸〉には,明治39年は全額「売捌所準備積金」が,その他の年も売捌所や保持金,さらには塩田貯蓄銀行からの借入が充てられた。

〈諸口差引〉は,前節で述べたように,製塩経営者との塩・製塩必需物資代金の受払で生じた大会所の「貸」である。明治33年には1万円を超えたが,概ね〈塩田〉の数~15%程度であり,さほど大きな存在ではない。〈その他〉は大会所関係諸費用や「石殻」(石炭の燃えかす)の廃棄場所費用などの未回収

分である。明治34,35年が高額だが,売捌所株の旧塩問屋保有分を買い取る際の資金として,それぞれ12,359円,7,079円を塩田所有者中へ融資したためである。

〈金融機関〉…明治16,30〜36年しかみられず,いずれも華浦銀行および塩田貯蓄銀行に開設した当座預金である。

〈個人・企業〉…地主・自作・小作への個人的な貸付（塩・諸物資代金の受払が伴わない）や,諸物資の納入業者・企業,海運業者との取引で生じた。明治29年までは,秋良貞臣・今井又輔など自作に対する貸付が多い。しかし明治30〜34年は,菰代金の払過が大半を占めた。

三田尻浜の菰取引は,周辺の菰供給地域を「東ノ手」「西ノ手」に分けた「塩菰手仲買人組合」と大会所が売買契約を結んだ[40]。さらに仲買人との取引には,大会所が任命した「菰買入委員」（塩田所有者から選出）があたったが,菰代金はまず大会所から委員に託され,委員から仲買に支払われており,結果菰取引をめぐる貸付は,大会所と委員との間に生じていた。明治30年には3千円余,その他の年は1千〜2千円で推移した。

また明治31年には,「平出支店送塩勘定損失」として3,052円が,さらに36年には「平出商店」に対しての貸付9,315円が計上された。「平出」とは,加賀国橋立出身の北前船商人平出喜三郎であり[41],明治31年10月12日に大会所は「函館港平出商店ニ塩販売ヲ委託スル」旨を決定した[42]。前述の広海と同様,北前船商人との関わりを示す事例である。

その他,石炭や縄・叺等の代金払過がある。特に明治40年は,叺代金払過が1万5千円以上に達したが,詳しい理由は不明である。このように〈個人・企業〉の中心は,明治29年までの地主・自作・小作への貸付から,明治31年以降は塩や諸物資の取引関係で生じた払過・貸付に移行した。地主・自作・小作への貸付は,塩田貯蓄銀行が担ったとみられる[43]。

〈売捌所〉……主に塩代金の受取不足で,資産構造全体への影響は少ない。

以上が大会所の資産,特に貸付の分析である。大会所は,〈塩田〉,特に製塩経営者に対する経営資金の貸付に,資産の大部分を投入していた。具体的には

作付金を軸としつつ,「古塩」の販売不振を補うため,臨時的に金融機関や取引業者からの借入金を製塩経営者へ貸し付けた。明治35年以降は,売捌所からの借入が主に充てられ,額も急増して恒常的になった。前節の検討で提示したⅠ～Ⅲ期に当てはめると,作付金が中心だったⅠ～Ⅱ期と,〈塩代貸付〉が急増したⅢ期に分かれる。こうした転換は,売捌所が大会所の傘下に入ったことにより生じたと考えられる。これにより,大会所は売捌所の資本[44]をフルに活用し,〈塩代貸付〉を拡大して製塩経営者の資本調達を支援したのである。

3 金融システム

(1) 保持金の成立・展開

まず専売局編『塩田組織調査書』[45]（以下『調査書』）における,保持金に関する説明をみておきたい。保持金は明治15年8月に積立が決定され,毎年1,000円の「塩田保持及製塩ノ改良費」を塩田面積に応じて塩田所有者に出資させ,さらに「別途利殖ノ方法」が採られた。大正元年時点での保持金総額は37,995円で,101円余を補塡した38,097円をもとに,保持金証券が発行された（1町5反当り250円）。また「利殖」によって得た利益は従来保持金とともに積み立てられたが,大正元年以降,各塩田所有者が所有する保持金証券の額面に応じて配分された[46]。

以上の『調査書』の記述内容を,他の文献・史料によって吟味しよう。明治39年に改訂された大会所規則[47]によれば,まず84条から,それまで積み立てた保持金をもとに,1町5反当り200円の証券を発行したことがわかる。次に85条では,毎年1,000円ずつの積立を規定したほか,明治39年以降を「第五期」と表現している。また86条では,保持金の確実な運用を行い,その利益は塩田所有者に配当すると定められた。大正元年の大会所規則[48]にもほぼ同内容の条項があるが,証券額面1町5反当り250円に増額され,さらに明治39年大会所規則の85条に相当する条項が無くなっている。『調査書』の保持金に関する記

表9-6　大会所の保持金借入

(単位：円)

年	積立元本	保持金総額	保持金借入	記載文言
明治15	1,000		不明	
明治16	2,000		0	
明治17	3,000		608	保持金杭暫借分金庫払底ニ付
明治18	4,000		1,250	保持金之内借金
明治19	5,000		7,780	貞永正甫杭作附金トシテ借金高
明治20	6,000	6,752	7,892	保持金貞永正甫杭借金
明治21	7,000		9,007	作附金トシテ貞永正甫杭借金
明治22	8,000		10,216	保持金借用分
明治23	9,000		11,255	貞永正甫杭保持金借用方
明治24	10,000		10,900	作附金トシテ貞永正甫杭借金
明治25	11,000		12,430	作附金トシテ保持金借用分
明治26	12,000	14,519	13,955	保持金借用分、保持金暫借分
明治27	13,000		14,000	保持金借用分
明治28	14,000		14,000	保持金借用分
明治29	15,000		15,545	保持金借入之分
明治30	16,000		19,045	作附金トシテ保持金借用分
明治31	17,000		18,654	三拾弐年度作附金ニ当ル保持金借入、縄代支払予備トシテ保持金借入
明治32	18,000	(23,987)	22,097	三十三年度作附金トシテ保持金借入、保持金暫借分
明治33	19,000		22,746	卅四年度作附金トシテ保持金借入、保持金暫借
明治34	20,000		24,026	卅五年度作附金ニ当ル分、三池炭特約之為保証金之分、縄蓙代及三池代トシテ借入分
明治35	21,000		23,200	保持金委員
明治36	22,000		27,155	保持金委員、諸向借入金
明治37	23,000		28,720	保持金委員
明治38	24,000	(30,478)	23,685	保持金委員
明治39	25,000		26,731	保持金委員
明治40	26,000		31,698	保持金委員
明治41	27,000		不明	
明治42	28,000		不明	
明治43	29,000		不明	
明治44	30,000	37,995	不明	
大正元	30,000	38,097	不明	

述は，この大正元年大会所規則に基づいたとみられる。ただし『調査書』には，運用益の配当は大正元年以降とされていたが，実際はそれ以前から行われていた。

　次に保持金の運用，および運用益の配当についてみていこう。明治20年1月4日の大会所総会議[49]は，①運用益が年7％を超えた場合には，保持金委員へ払う「手数料」，および保持金運用を検討する会議に出席した総代兼議員の日当に「謝金」を加える，②保持金運用の損失は，委員個人ではなく塩田所有者全体の損失とするが，委員の「専断」で行われた運用は本人のみの責任とする，

表9-7 保持金利子配当に関する史料

(単位:円)

年月日	期	年度	積立金	配当額	利率	典拠
明治25年3月	2	24	6,752	619	9.1	『三田尻塩業組合文書』箱一四
(明治27年3月か)	3	26	14,519	1,263	8.7	『三田尻塩業組合文書』箱一四
明治40年12月28日	5	40	30,798	3,154	10.2	「諸向計算書綴込」(『三田尻塩田大会所史料』)
明治44年12月24日	5	44	30,478	2,762	9.0	「会議一件書類綴込」(『三田尻塩田大会所史料』)

表9-8 保持金積立・運用の

期	年	期首補充額	証券額面総額	1町5反当り額面	積立額	期末総額	運用益(積立分)	総配当額
第1期	明治15~20		0	0	6,000	6,752	752	0
第2期	明治21~26		6,752	44	6,000	14,519	1,767	(3,646)
第3期	明治27~32		14,519	94	6,000	(23,987)	(3,378)	(7,840)
第4期	明治33~38		(23,987)	(156)	6,000	(30,478)	(491)	(12,902)
第5期	明治39~44		30,478	200	6,000	37,995	(1,517)	(16,577)
	大正1~	101	38,097	250	0			

注:円未満は切り捨て,( )内は推定値,利率は小数点第2位以下切り捨て。

と決定した。保持金の運用は保持金委員を中心に行われ,総代兼議員も関与したことがわかる。なお保持金委員には,前述の貞永正甫や時政梅吉が就いた。明治19年の史料[50]には貞永正甫へ「依頼」とあり,特に選挙などは行わず,金融業に精通した人物(貞永は華浦銀行,時政は塩田貯蓄銀行の頭取)へ保持金運用を委託した。

表9-6は保持金の積立額と,運用益を含んだ総額,および大会所が保持金から借り入れた額である。明治20年のように,借入額が保持金総額を上回る場合は,差額を保持金委員(貞永正甫)が補填した。

保持金の総額が確定・推定できた明治20,26,32,38年をみる限り,保持金のほとんどが大会所への貸付に充てられた。その他明治19年2月27日の大会所総会議[51]では,「処々」への貸付は「貸煩らひ」の恐れがあるため,「金録公債」買入か「駅逓」貯金による運用を決定し,さらに明治29年11月26日の総会議[52]でも,保持金の半額での「公債証書」購入を決定した。また明治27年には,「浜盆ノ予備」(製塩諸経費には盆前に支払うものがあり,「浜盆」と称した)として,製塩経営者に総額5,600円余を貸し付けた。大会所が1千~6千円を

借り入れた事例もあり[53]、公債や郵便貯金以外は、基本的に三田尻浜内部での貸付だった。

次に保持金運用益の配当について、これまで筆者が収集した関係史料を表9－7にまとめた。同一期の明治40年と44年で証券額面総額が異なるが、これは廃止された2軒の塩田に対して発行されていた証券の額面分の保持金が、塩田所有者に返還されたため[54]である。配当利率は一定していないが、概ね年9％前後である。ただし運用益のすべてが配当されたわけではなく、積立に回された分もあった。

表9－7の史料を中心に、保持金の積立・運用・配当の実態を推測しよう（表9－8）。

実態

（単位：円）

1町5反当り配当額	総運用益	利率
	752	12.5
(23.2)	(5,413)	(42.4)
(50.7)	(11,218)	(54.6)
(84.2)	(13,393)	(44.6)
(109.0)	(18,094)	(49.6)

1期は6年で、各期の期末保持金総額をもとに、次期の保持金証券総額が決定された。第1期は積立額6千円に加え、表9－7から運用益は752円である。また運用利率（総運用益÷（証券額面総額＋1期当り積立額6千円）×100）は、第1期全体で12.5％になる。第2期は、第1期末の合計6,752円を保持金証券の額面総額とし、表9－7の明治26年度の配当額が、第2期中は毎年支払われたと仮定した。第2期中の運用利率は42％、塩田1町5反当りの配当総額は23円余である。第3期は、配当年利を9％と仮定し、配当総額は7,840円、塩田1軒当り50円余と推定した。第4期は、1町5反当り14円余（1年分）の配当を行ったとするデータ[55]に基づき、推定値を算出した。1町5反当り配当額は84円余、運用利率は44％である。第5期は1町5反当り配当額109円、運用利率49％と推定した。

『調査書』の記述通り、大正元年以降は積立が停止されて保持金総額（証券額面総額）は固定され、塩田1町5反当り額面250円の証券が発行された。三田尻浜の塩田所有者中は、保持金という形で共有財産を形成し、その多くを託された大会所は、山口県内の塩業組合の中で随一の資本を有したのである[56]。

(2) 製塩経営者への資本供給

　本項では、製塩経営者に対する資本供給システムについて検討する。まず作付金については、管見の限り、明治13年1月16日付「塩田者中」より大会所総頭取山根健索宛ての金員借用書[57]が初見である。それによれば、大会所は塩田1町5反に対し40円を月利1.2%で融資し、7月・9月の2回に分けて回収した。また借入主体は塩田所有者で、小作の場合は地主を通して借り入れた。小作が返済不能に陥った場合、地主に返済させるためである。

　その後の作付金も、借入開始月や、返済回数に若干の違いはあるが、概容は上記明治13年の事例と同じである。利率については、『調査書』は月1%としている[58]。また作付金の額は、毎年末に大会所で決定された[59]。塩田1町5反あたりの額は、表9-9の通りである。

　作付金制度は、いつから開始されたのだろうか。近世の三田尻浜では、文政～天保期、「御恵銀」との名目で、萩藩からすべての製塩経営者に銀1～3貫が融資されていた[60]。その方法は年末融資→翌年秋頃返済であり、作付金との類似点が多い。その後の三田尻浜において「御恵銀」は確認できないが、同浜の有力製塩経営者である有富家の負債を書き記した史料[61]には、弘化元年以降毎年「修甫座」という項目がある。当初は80文銭[62]1～5貫程度だったが、明治元年から急増し、9年には1,319円97銭にまで達した。有富家の負債のうち、明治0年代には3～6割を占めた。

　前述のように、「修甫」とは萩藩にさまざまな形で存在した公的資金であり、その借入が、有富家の資本形成に大きな役割を果たしていた[63]。さらに廃藩置県以降有富家は、明治6、7年は勧業局、8～10年は協同会社、11年は第百十国立銀行と、いずれも公的な金融機関から、塩田1軒ごとに経営資金を借り入れており（表9-10）、「御恵銀」と酷似した資金調達システムを採用していた。そのため本章では、三田尻浜では近世以来続いた公的金融からの経営資金借入を明治6年以降も継続して作付金に相当するシステムを形成し、さらにその原資を保持金に転換することで、塩浜内部の資金循環システムが完成したと理解

表9-9 作付金の推移

(単位：円)

年	一軒	総額	年	一軒	総額
明治16	40	(6,200)	明治29	80	12,430
明治17			明治30	90	13,990
明治18			明治31	90	14,000
明治19	(98)	15,195	明治32	100	15,545
明治20			明治33	100	15,545
明治21	(60)	9,327	明治34	100	15,045
明治22	50	7,760	明治35	110	17,096
明治23	50	7,730	明治36	110	17,096
明治24	(58)	8,949	明治37	110	17,096
明治25	66	10,255	明治38	150	23,200
明治26	66	10,255	明治39	150	23,330
明治27	(70)	10,900	明治40	150	23,335
明治28	80	12,430	明治41	150	23,335

注：( )内は推定値。空白は不明。

表9-10 有富家塩田別借入

(単位：円)

年	真崎屋	但馬屋	富士屋
明治6年	20	53	
明治7年	47	56	56
明治8年	64	47	47
明治9年	58	49	49
明治10年	61	49	49
明治11年	合計161円		

注：円未満切り捨て。

したい。

　また資本供給システムとしては，塩田貯蓄銀行の存在が重要である。第2節で検討した大会所の資産・資本構造をみる限りでは，塩田貯蓄銀行と大会所の関係はさほど深いようにはみえない。しかし『調査書』は，塩田貯蓄銀行を大会所の「機関銀行」と表現している[64]。それは大会所で共同購入した三池炭や菰・叺などの代金，さらに浜子への前貸金など製塩経営にかかる諸費用の多くを，大会所が塩田貯蓄銀行から借り入れて支払い，塩代金をもって製塩経営者から回収し，塩田貯蓄銀行へ返済するシステムが存在したためである。明治39年の概算によれば[65]，塩田1軒当り菰・叺代が250円，三池炭代が140円，縄代

が30円とされており，これだけでも塩田1軒当り420円が，作付金や〈塩代貸付〉もあわせれば，明治39年には約820円（浜子前貸金が含まれていないため，実際はそれ以上）もの経営資本（製塩経費の3割以上）が大会所・塩田貯蓄銀行から製塩経営者へ融資された[66]。

おわりに

　三田尻塩田大会所の特徴として，次の4点を挙げたい。
①構成員が塩田所有者（本章で規定した「地主」と「自作」）に限定されたが，実質は自作が大部分を占め，例えば赤穂浜のような，地主による小作統制目的の組織とは異なった。
②売捌所という販売組織を有し，大会所という生産者組織と結合することで，さらに強力な生産・販売・金融システムを形成した。
③大会所を構成する塩田所有者中が，保持金という共有財産を形成し，幕末以降進んだ塩田所有者間（特に自作間）での資金需給関係[67]を，大会所のもとで一元化した。
④資本供給を行い，製塩経営者（自作・小作）を支えた。
　以上から大会所は，製塩経営安定のための自作による相互協力・扶助を，特に金融面から果たそうとした組織であることがわかる。近世三田尻における製塩経営者組織は製塩作業（製塩時期・時間の同一化など）や労働者との契約内容の統一化などをすすめていたが，明治期の大会所のような金融機能は持たなかった。明治期に入って大会所が金融機能の獲得・強化を果たした理由としては，藩権力からの資本支援が無くなったことや，明治10年代のデフレによる金融逼迫などが想定される。「はじめに」で述べたように，塩業組合研究ではその前近代性が注目されてきた。しかし大会所の場合は，共有資産の形成とその運用，銀行との積極的な連携など，主に金融面で新たなシステムを構築することで，時代の変化に対応したといえよう。
　最後に，本章では十分に検討できなかったが，販売面での変化も重要な論点

として提示しておきたい。この点については，落合功氏による詳細な研究があるが[68]，筆者も本章で確認した大会所と北前船商人との関係など，塩販売構造や取引関係について，今後の課題としたい。

注
1) 本稿では，その性質から，明治期の産地に存在した組織を「組合」と称しているが，実態としては法的根拠に基づかない，加盟者の任意団体である。
2) 近世以来，多くの塩田は数軒～数十軒の単位でまとまって開発され，そのまとまり（地域的集合体）ごとに「～浜」と呼ばれた。そのため本稿では，塩田の集合体を「塩浜」と呼び，集合体ごとの名称を「～浜」とする。なお三田尻には，古浜・中浜・大浜・北浜の4浜があり，それらを総称して「三田尻浜」と呼ぶ。
3) 渡辺則文『広島県塩業史』広島県塩業組合連合会，1960年，第2編第2章「塩業組合の成立」。
4) 太田健一「明治期における塩生産構造(1) 兵庫県」(『日本塩業大系』近代（稿）日本専売公社，1982年）。
5) 加茂詮「日本塩業における産業資本形成過程——地主小作制の展開と崩壊」(『日本塩業の研究』3，1960年)。
6) 相良英輔「明治期塩業における流通機構の特質」(後藤陽一編『瀬戸内海地域の史的展開』福武書店，1978年，のち相良『近代瀬戸内塩業史研究』清文堂，1992年に収録)。
7) 地主資本と問屋資本の結合による地主制。加茂氏は明治10年代頃に成立するとされている。加茂「日本塩業における産業資本形成過程——地主小作制の展開と崩壊」。
8) 赤松道弘『周防小松塩田史』小松塩業組合，1981年，122頁。
9) 相良英輔「明治期の塩田小作争議と浜子同盟罷業」(『史学研究』229，2000年)。
10) 秋良貞臣は大会所の上部組織（山口県全域の塩業組合が所属）である防長塩田会社の社長であり，大会所の要職には就いていない。
11) 相良氏は，土地集積の度合いを基準とされているようだが，後述するように大会所の有力メンバーは地元の銀行設立に関わった者が多く，必ずしも「経済的基盤が弱い」とは言い難く，多様な側面から評価する必要があろう。
12) 安政3年「大会所書留」（防府市立防府図書館蔵『三田尻塩田大会所史料』）。
13) 専売局編『塩業組織調査書』大蔵省，1913年，462頁。
14) 「春定受書綴達」（『三田尻塩田大会所史料』）。

15)　「先年来春定メ受状綴達」(『三田尻塩田大会所史料』)。
16)　重見之雄「山口県防府市三田尻塩田における所有者の変遷について」(『歴史地理学』144, 1989年, 重見『瀬戸内塩田の所有形態』大明堂, 1993年, に収録)。
17)　「会議一件書類綴込」(『三田尻塩田大会所史料』)。
18)　重見「山口県防府市三田尻塩田における所有者の変遷について」。
19)　『三田尻塩田大会所史料』。
20)　「三田尻浜大会所について」(『防府史料第40集　大会所諸事書留帳(1)』解題, 防府市立防府図書館, 1991年)。
21)　明治22年「大会所書留」(『三田尻塩田大会所史料』)。
22)　史料上の「地主」は, 本稿での「塩田所有者」である。
23)　臼杵華臣「塩業」(『防府市史』下第6編第10章第3節　防府市教育委員会, 1957年初版発行, 1969年増補再版, 本章では後者を利用した)。なお相良氏も売捌所に言及されているが(相良「明治期塩業における流通機構の特質」), 大きな違いはない。
24)25)　防府市教育委員会文化財保護課蔵『三田尻塩業組合文書』箱8-71。
26)　「塩田大会所一紙綴込」(『三田尻塩田大会所史料』)。
27)　「決議書綴込」(『三田尻塩田大会所史料』)。
28)　「塩田大会所一紙綴込」。なおこの史料は, 4月～翌年3月を1年度としている。
29)　「修甫」とは, 萩藩の行政諸役所や藩主毛利家が保有していた資産を指し, 現代の特別会計に近い。その全体像の把握は困難であるが, 幕末期には莫大な額にのぼり, 領内外で運用されていた。廃藩置県後, ①毛利家の私的資産, ②政府の資産, ③県(勧業局)の資産, ④旧萩藩領民の資産, と分割され, そのうち④を資本金として設立されたのが協同会社である。伊藤昭弘「産業と地域社会・地域経済——萩藩防長塩田を事例に——」(藪田貫・奥村弘編『地域史の視点　近世地域史フォーラム2』, 吉川弘文館, 2006年), 同「藩財政再考——萩藩を事例に——」(『ヒストリア』203, 3007年)を参照されたい。
30)　『山口銀行史』山口銀行, 1968年, 515～518頁。
31)　『山口銀行史』438頁。
32)　水田耕作「商業・金融」(『防府市史』通史Ⅲ近代編第3章, 防府市, 1998年)。
33)　『三田尻塩業組合文書』箱8-87。
34)　広海については, 佐々木誠治『日本海運業の近代化』海文堂, 1961年, を参考にした。
35)　明治32年「大会所書留」(『三田尻塩田大会所史料』)。
36)　明治40年「大会所書留」(『三田尻塩田大会所史料』)。
37)　以上は近世以来の割付方式である。「塩浜古来ゟ之規定書」(『三田尻塩業組合文

38) 明治28年「大会所書留」(『三田尻塩田大会所史料』)。
39) 明治31年「大会所書留」(『三田尻塩田大会所史料』)。
40) 「東ノ手・西ノ手塩菰手仲買人組合規則」(『三田尻塩田大会所史料』)。
41) 平出については,『函館市史』通説編2, 函館市, 1990年, を参考にした。
42) 明治31年「大会所書留」(『三田尻塩田大会所史料』)。
43) 1911年に山田宇一他8名(自作か)が,塩田貯蓄銀行から計421円余を借り入れた。その返済は,大会所が塩代金から差し引き,塩田貯蓄銀行へ渡した。
44) なぜ売捌所がこれだけの資本を有していたのか,という点が問題となるが,今後の課題としたい。
45) 大蔵省, 1913年。
46) 『調査書』462頁。
47) 「三田尻塩田大会所規約」(『三田尻塩田大会所史料』,『防府市史』史料編Ⅲに収録, 防府市, 1992年)。
48) 『調査書』477～482頁。
49) 明治40年「大会所書留」(『三田尻塩田大会所史料』)。
50)51) 明治19年「人会所書留」(『三田尻塩田大会所史料』)。
52) 明治29年「大会所書留」(『三田尻塩田大会所史料』)。
53) 「要用書類綴込」(『三田尻塩田大会所史料』)。
54) 2軒の塩田のうち,若松屋塩田(～屋とは,塩田の字)の場合には,保持金元利合計181円余が支払われた(「要用書類綴込」)。
55) 臼杵「塩業」。
56) 『調査書』によれば,預貯金・株式などの形で資本を有する山口県内の塩業組合は,小松・福川・三田尻・西浦・長府の各組合であり,その中で三田尻は,保持金だけで3万9千円余という,突出した資本を有した。その他の組合は,最大で西浦の8,900円である。なお西浦は,三田尻の保持金に類似した積立金システムにより資本を蓄積した。
57) 『三田尻塩業組合文書』箱8-87。
58) 『調査書』472頁。
59) 各年の「大会所書留」(『三田尻塩田大会所史料』)。
60) 伊藤昭弘「近世における製塩業者の経営構造──周防国佐波郡三田尻浜の有富家を事例として──」(『ヒストリア』191, 2004年)を参照されたい。
61) 「算用一紙」(『三田尻塩田大会所史料』)。
62) 八〇文銭は18世紀末頃から萩藩領で通用した銭匁通貨で,幕末期には銀1対八〇文銭1.3の比率で通用した。

63) 「修甫」は近世の萩藩体制下でしか存在しないが，廃藩置県以降の有富家の史料に「修甫」の文言がみえるのは，註29に記したように，「修甫」の資産（債権含む）がさまざまな組織に引き継がれたため，有富家はそのまま「修甫座」という表現を継続したのだろう。
64) 『調査書』472頁。
65) 「調査報告書編纂」（『三田尻塩田大会所史料』）。
66) こうした製塩業者への資本供給システムは，香川県の木太塩田株式会社や金山株式会社といった会社組織の事例や，同県の林田塩産会社・宇多津塩田会社と宇多津銀行との密接な関係による事例などが報告されている（伊丹正博「明治期の塩業金融と地域経済　一塩業金融」『日本塩業大系』近代（稿））。しかし大会所のような，組合組織による資本供給については，詳細な研究はみられない。
67) 「周防三田尻塩田における製塩業者の経営構造——幕末・維新期の有富助右衛門家を事例に——」（経営史学会西日本部会報告，2003年）。
68) 落合功「1900年前後における松永塩流通の展開と尾道市場」（『広島修道大学経済科学研究』512，2002年），同「1900年前後の尾道市場の動向と食塩商会」（『広島修道大学経済科学研究』612，2003年），同「塩専売制前後における松永塩商社」（『日本塩業の研究』28，2003年）。

※本稿は2008年度科学研究費補助金（若手研究(B)）「近代日本における塩国家専売制の総合的研究」（課題番号18720170）の研究成果の一部である。

索　引

事　項

〈あ行〉

青木兄弟商会　57
甘木銀行　154
生吉銀行　154
医師　211,213,223,227,228
宇部　22
英印汽船　15
英国炭　15
エージェンシー・コスト　129,131,133,134
Mc. Alister & Co.　15
大蔵住宅街　221
大倉陶園　60
オーストラリア炭　15
大牟田地区　81,85,87,103,110,111
大淀川水力電気（大淀川水電，大淀川）　84-87,108

〈か行〉

海軍共済組合　231
外港渡　15
外傷　224-226
開平　14
『各工場ニ於ケル職工救済其他慈恵的施設ニ関スル調査概要』　201
学卒技術者　174,176,177,180-182,198
学歴身分制度　173
華商　15
片倉製糸（片倉組）　32,34
脚気　203,226-228
加藤石炭　71
嘉穂銀行　148
嘉穂貯蓄銀行　147
釜換　18,19
唐津興業鉄道　124
カルテル　4,22,24
看護手服務規程　213
看護婦（看護手）　209,211,213,223
広東　13-15
広東電灯　15

官費　209,210,212-215,222,223,225,226,231
官役職工人夫扶助令　222
官役人夫　209-211,222
官役人夫死傷手当規則　211,222
汽罐　70
汽罐士制度　48
汽罐取締令　48
汽車積出　10
北野銀行　154
九州共同火力発電（九州共同火力，九同）　22,85,95-102,107,110,111
九州水力電気（九州水力，九水）　84,87,92-98,100,108-111
九州送電（九送）　84-86,94,96,97,100,109-111
九州鉄道　119-134
九州電気軌道　84
九州電力（九電）　84-89,91-94,96-98,100,103-111
九州電力経済圏　85,110
急性伝染病（伝染病）　203,211,215,216,231
九龍倉庫　15
供給職夫　222
共済会（呉）　224,231
────（職員）　201,223
教習工教育　188
基隆　20
草野銀行　154
熊本通信局　94,98
熊本電気（熊電）　84,87,94-98,100,107,109-111
鞍手銀行　144
クリンカー　18,19
呉海軍工廠　231
黒崎窯業　74
郡是製糸株式会社　43-47
経理部（長）　211,215,216
月給職員・日給職員　191-193
健康診断　226

現場型技術者　173,174,177,179,181,184,198
現場主義　173
考課状　13,15,16
工具の貸与制度　184
興産銀行　154
工手学校　196,197
工場費　219
工場法　201,228,229,231
工場名手の征伐　177
構内繃帯所　223
購買会　201,218,227
工部大学校　175
香蘭社　56,57
コークス　10,21,22-24
呼吸器病　229
国費　208,209,231
小倉製紙所　74
骨折　224
小松組　44
駒橋発電所　186
コレラ　203,216,231

〈さ行〉

サイゴン　14
西條炭　33
佐賀県窯業試場（試験場）　61,63,64,74
作業収入　210
作業費　204,207,209
挫創　224
山陽鉄道　129
GE　187,197
椎田合同銀行　144
歯牙疾患　229
直払職夫　222
自家用炭　10,18,24
四脚亭炭　17
事業費　208
磁田鉄心発電機（岸式直流発電機）　184
自費　210,213,215,221,223,225
上海　13,15,20
上海事変　13
十七銀行　146
住宅（官舎）　201,206,207,216-218,223
修甫　243,254
宿直　213
種痘　217
準自家用炭　18,23

浚渫船　18
常磐炭　33-36
昭和恐慌　5,6,8,11,17,25
昭和石炭　23
職工政治　179
職工長屋（納屋）　204-206
庶務課　222,228
シンガポール　13,15-17
身体検査　228
住友（住友財閥）　127
スライサー　18,19
諏訪索道株式会社　33
製鋼部　213,214
製銑部　213,214
製鉄事業調査会（調査会）　204-206
「製鉄所工事竣功年度割表」　204
（製鉄所）職工規則　211,212,222
（製鉄所）長官　211,215,216,222
（製鉄所附属病院）医務内規　210-213,215
製鉄所附属病院治療費後払手続　223
製品部　213,214
石炭化学工業　24
石炭鉱業連合会　21,22
1920年恐慌　5,18
専製権制度　68
送炭調節　12,22,24
創立費　204,208,209,219
創立費追加予算　209
創立補足費　205-207

〈た行〉

第一期拡張工事　219,226
太古社　15
大東銀行　154
台湾炭　17
田川　18,21,25
田川後藤寺　72
焚き方指導　17,19
武石銀行　148
田主丸銀行　154
打撲傷　214
筑後銀行　154
筑肥銀行　154
筑邦銀行　150
筑豊炭　18
筑豊貯蓄銀行　147
筑豊鉄道　120

索　引　263

貯金会　　201, 218, 223, 224
貯炭　　10
青島セメント　　15
通風　　18, 19
帝国銀行　　148
適材教育　　189
電気化学工業（電化）　　23, 87-89, 96, 108, 111
電機学校　　195
伝染病予防法　　215, 216
天然痘　　231
電力協調　　81, 110, 112
電力融通　　85, 108, 110, 111
東京高等工業学校　　179, 185, 187
東京職工学校　　56
東邦電力（東邦）　　84, 86, 87, 94-100, 109-111
東洋高圧工業（東洋高圧，東圧）　　21, 87, 92-100
登用職員　　193
東洋陶器株式会社　　74
富岡製糸場　　31
トラホーム　　229

〈な行〉

内務省　　213
名古屋製陶所　　68
南亜炭　　15
日貨排斥　　13
日本水電　　84
日本窒素肥料　　84
日本鉄道　　120
日本陶器　　62, 74
入院患者心得　　213
入院患者面会人心得　　213
熱傷　　224
捻挫　　224
農商務省　　205, 230
　　——工務局長　　228
　　——商工局　　201
　　——臨時部　　204
農商務大臣　　204, 209
野田銀行　　154
登川炭　　70

〈は行〉

（肺）結核　　201, 217
売炭会議　　11
売炭手取　　25

バターフィールド　　15
（皮下）挫傷　　214, 217, 224
曳船　　10, 18, 19
肥後丸　　19
病院諸費　　208
（病）院長　　211-213, 216, 223, 228
ファイヤバー　　18, 19
賦課金　　24
副院長　　223
福岡県知事　　215, 216
福岡貯蓄銀行　　147
撫順炭　　14, 17, 45
附属病院宿直規程　　213
附属病院大蔵出張所　　223
附属病院入院規則　　213
ペスト　　203, 216, 231
豊州鉄道　　124
北豊銀行　　146
北海道炭礦汽船株式会社（北炭）　　17, 70
香港　　13-15

〈ま行〉

松村式石炭窯　　56-58, 60, 73
マニラ　　13, 15-17
三池銀行　　148
三池鉱業所（三鉱，三池鉱山，三池炭鉱）　　83, 85, 88, 91, 92, 100, 104-108
三池製煉所　　21, 22
三池染料工業所（染料工業所，染料工場）　　20-22, 87, 91
三池築港　　17
三池窒素工業（三池窒素，三窒，クロード工場，クロード式窒素，三池クロード）　　21, 22, 87, 88, 91, 95, 96, 103-108, 111
三池貯蓄銀行　　147
御笠銀行　　154
水田銀行　　154
三田尻塩田大会所　　238, 239, 256
三井（三井財閥）　　3, 119-121, 127
三井銀行　　148
三井鉱山（三井鉱山本店，鉱山）　　3, 11, 12, 23-25, 70, 85-89, 91, 92, 94-98, 100, 103-105, 107-111
三井物産石炭部　　11
三井物産船舶部　　18, 19, 23
三菱（三菱財閥）　　121-124, 127, 129
三菱商事　　14

三奈木銀行　154
明治鉱業　127
明十銀行　154
門司港　71
森村組　68,74

〈や行〉

薬剤師　209,211,223
火傷　214,217
彌壽銀行　154
安田興業　142
安田商事　142
山野　18,21,25
山焚料　21-24
八女銀行　154
夕張炭　17

輸入税率　13
柳河銀行　150,154
溶鉱炉　213,214
横須浜積出　10
四山汽船積　10
四山帆船積　10

〈ら行〉

蘭領印度炭　15
練習員・教習生　193
ロストル　62

〈わ行〉

若松港　71
和田意見書　204

人　名

〈あ行〉

相良英輔　237,238
赤松道弘　237
秋山仁蔵　154
麻生太吉　148
麻生義之助　158
飯田延太郎　70
井尻芳郎　147,158,160,165
伊勢本一郎　62
伊藤伝右衛門　147,148,157,165
井上馨　121,124
今井五介　32
今西林三郎　129
岩田恒三郎　60,61
上羽勝衛　123
臼杵華臣　240
大倉和親　74
太田黒重五郎　177-181,186
太田健一　237,238
尾形次郎　98
奥田英信　134
落合功　257

〈か行〉

梶原幸七　57
粕谷誠　119

加藤惣十　57
加茂詮　237
岸敬二郎　176,184,185,187
北澤満　32
小堀聡　48
久住久　61,64,74
小池潔　147,165
後藤新一　138
小林作太郎　177,178,181,183-187,189,198

〈さ行〉

斉藤純　134
斎藤広路　165
佐藤政則　138
島岡亮太郎（文書課長）　227
初代田中久重　174,175
進藤寛　138
杉山和雄　138
鈴木淳　33
仙石貢　121-124,127

〈た行〉

高橋重威　165
高橋綱吉　181-184
高村直助　33
武石政右衛門　148
堤宗郷（初代附属病院長）　211

手島精一　189
東條正　120
富重仁三郎　148, 157

〈な行〉

永江眞郷　147, 158, 160, 165
中野次郎　148
中上川彦次郎　120
中村嘉次郎　165
中村浩理　138
中村雄次郎（中村長官，第3代製鉄所長官）
　205-207, 218, 220, 221, 226, 227
名草由之介　19
新鞍拓生　17

〈は行〉

間宏　202
林国蔵　33
平出喜三郎　249
広海二三郎　244
藤木保道　58, 59
堀三太郎　147, 157

〈ま行〉

牧田環　11, 12

松田均平　154, 165
松村九助　56, 57
松村八次郎　56, 57, 59
松本健次郎　158
南清　129
南亮進　37
森建資　202
森川英正　119

〈や行〉

安岡重明　120
安田善五郎　147
山口為男　61
山崎貞吉　154, 158, 165
山之内梓　148
結城虎五郎　70
吉田温　154

〈わ行〉

和田維四郎（和田長官，第2代製鉄所長官）
　209
渡邊四郎　11
渡辺則文　237

【執筆者紹介】（執筆順）

北澤　満（きたざわ・みつる）
　1972年生まれ
　名古屋大学大学院経済学研究科博士課程修了，博士（経済学）
　現在，九州大学大学院経済学研究院准教授
　主な業績：「第一次大戦後の北海道石炭業と三井財閥」（『経営史学』第35巻第4号，2001年），
　　「1930年代における送炭調節の展開(1)・(2)」（『経済学研究』第72巻5・6号，第73巻
　　2・3号，2006年）

榎　一江（えのき・かずえ）
　1973年生まれ
　九州大学大学院比較社会文化研究科博士課程修了，博士（比較社会文化）
　現在，法政大学大原社会問題研究所准教授
　主な業績：『近代製糸業の雇用と経営』（吉川弘文館，2008年）

宮地英敏（みやち・ひでとし）
　1974年生まれ
　東京大学大学院経済学研究科博士課程修了，博士（経済学）
　現在，九州大学記録資料館准教授
　主な業績：『近代日本の陶磁器業』（名古屋大学出版会，2008年）

中村尚史（なかむら・なおふみ）
　1966年生まれ
　九州大学大学院文学研究科博士課程単位取得，博士（文学）
　現在，東京大学社会科学研究所准教授
　主な業績：『日本鉄道業の形成』（日本経済評論社，1998年）

迎　由理男（むかい・ゆりお）
　1948年生まれ
　早稲田大学大学院商学研究科博士課程単位取得
　現在，北九州市立大学教授
　主な業績：『近代福岡博多の企業者活動』（編著，九州大学出版会，2007年）

市原　博（いちはら・ひろし）
　1955年生まれ
　一橋大学大学院経済学研究科博士課程単位取得，博士（経済学）
　現在，駿河台大学経済学部教授
　主な業績：『炭鉱の労働社会史』（多賀出版，1997年）

時里奉明（ときさと・のりあき）
　1963年生まれ
　九州大学大学院文学研究科博士課程単位取得
　現在，筑紫女学園大学文学部准教授
　主な業績：「官営八幡製鉄所の創業と都市社会の形成」（『福岡県史　通史編近代　産業経済（一）』
　　　2003年），「官営八幡製鉄所の企業福祉について」（筑紫女学園大学『紀要』第5号，
　　　2010年）

伊藤昭弘（いとう・あきひろ）
　1971年生まれ
　九州大学大学院文学研究科修了，博士（文学）
　現在，佐賀大学地域学歴史文化研究センター准教授
　主な業績：「明治初期山口県における「防長塩田会社」の成立過程」（『社会経済史学』70-(2)，
　　　2004年）

【編著者紹介】

荻野　喜弘（おぎの・よしひろ）
　1944年　群馬県生まれ
　1967年　東京大学経済学部経済学科卒業
　1988年　東京大学大学院経済学研究科経済学専攻博士課程単位取得退学
　　　　　久留米大学，九州大学を経て，
　現　在　九州産業大学商学部教授，博士（経済学）
　著　書　『戦前期筑豊炭鉱業の経営と労働』（編著，啓文社，1990年）
　　　　　『筑豊炭鉱労資関係史』（単著，九州大学出版会，1993年）
　　　　　『福岡県史　通史編近代　産業経済』（二）（編著，福岡県，2000年）
　　　　　『九州電気事業史』（共著，九州電力，2007年）

近代日本のエネルギーと企業活動
――北部九州地域を中心として――

| 2010年3月31日 | 第1刷発行 | 定価（本体4900円＋税） |

　　　　　　編著者　荻　野　喜　弘
　　　　　　発行者　栗　原　哲　也
　　　　　　発行所　株式会社　日本経済評論社
　　　　〒101-0051　東京都千代田区神田神保町3-2
　　　　　電話　03-3230-1661　FAX　03-3265-2993
　　　　　　　　info@nikkeihyo.co.jp
　　　　　URL：http://www.nikkeihyo.co.jp/
装幀＊渡辺美知子　　印刷＊藤原印刷・製本＊高地製本所

乱丁落丁本はお取替えいたします。　　Printed in Japan
Ⓒ OGINO Yoshihiro et. al. 2010　　ISBN978-4-8188-2091-3

・本書の複製権・翻訳権・上映権・譲渡権・公衆送信権（送信可能化権を含む）は，
　㈳日本経済評論社が保有します。
・JCOPY　〈㈳出版者著作権管理機構　委託出版物〉
本書の無断複写は著作権法上での例外を除き禁じられています。複写される場合は，そのつど事前に，㈳出版者著作権管理機構（電話 03-3513-6969，FAX 03-3513-6979，e-mail: info@jcopy.or.jp）の許諾を得てください。

長廣利崇著
戦間期日本石炭鉱業の再編と産業組織
―カルテルの歴史分析―

A5判　6200円

第一次大戦ブーム期の好景気から一転して不況期となった一九二〇年代。この時期の石炭鉱業再編過程において、カルテルがいかなる役割を果たしたのかを多面的に考察。

岡部牧夫編
南満州鉄道会社の研究

A5判　8500円

植民地経営体満鉄の活動を大豆商品化と国際競争、戦時下港湾経営の実相、企業投資の性質や業態、中央試験所の技術開発、後期調査機関の制度と実践を軸に検証。

雨宮昭彦／J・シュトレープ編著
管理された市場経済の生成
―介入的自由主義の比較経済史―

A5判　3800円

資本主義は「管理された市場経済」へと進化し、経済的自由主義は、〈統治のテクノロジー〉へと変容する。比較経済史の可能性を追求。

小野塚知二編著
自由と公共性
―介入的自由主義と思想的起点―

四六判　3300円

介入的自由主義の思想と、それが反映した政策や制度がいかなる社会的文脈で登場し個人の自由・尊厳との緊張関係でいかに正当化され、定着したか。その可能性と限界を検討。

坂巻清著
イギリス毛織物工業の展開
―産業革命への途―

A5判　6500円

世界最初の産業革命はどのようにして始まったのか。欧米の最近の研究動向をふまえ、イングランド西部、ヨークシャー、ランカシャーなど地域繊維工業に即して実証的に分析。

（価格は税抜）　　日本経済評論社